U0095167

思维导图 剑桥PET
词汇巧学巧记

王鑫 盛会杰 编著
伊田文化 绘

中国宇航出版社

·北京·

图书在版编目（CIP）数据

思维导图剑桥PET词汇巧学巧记 / 王鑫，盛会杰编著；
伊田文化绘. -- 北京：中国宇航出版社，2023.5
ISBN 978-7-5159-2027-6

Ⅰ. ①思… Ⅱ. ①王… ②盛… ③伊… Ⅲ. ①英语水
平考试－词汇－自学参考资料 Ⅳ. ①H313

中国版本图书馆CIP数据核字（2022）第005648号

策划编辑	冯佳佳	**封面设计**	宋　航
责任编辑	冯佳佳	**责任校对**	刘　杰

出　版
发　行　**中国宇航出版社**

社　址　北京市阜成路8号　　　　邮　编　100830
　　　　（010）68768548
网　址　www.caphbook.com
经　销　新华书店
发行部　（010）68767386　　　　（010）68371900
　　　　（010）68767382　　　　（010）88100613（传真）
零售店　读者服务部
　　　　（010）68371105
承　印　天津画中画印刷有限公司
版　次　2023年5月第1版　　　2023年5月第1次印刷
规　格　787×1092　　　　　　开　本　1/16
印　张　15　　　　　　　　　　字　数　310千字
书　号　ISBN 978-7-5159-2027-6
定　价　59.80元

序言

PET（Preliminary English Test，2020 年剑桥考试机构重新命名为 B1 Preliminary）是剑桥通用英语五级考试（MSE）的第二级，旨在全面测试考生的听、说、读、写四个方面的英语能力水平，对应欧洲语言共同参考框架（CEFR）B1 级别。

剑桥官方所要求的 PET 词汇量大概是 3500 个单词，对于广大备考 PET 的考生来说，背单词还真是一个不小的挑战！很多考生都会有这样的苦恼，就是单词很难记住，特别是如果按照字母表，从 A 开始背的话，会很枯燥，很难坚持下来，单词背了又忘，陷入痛苦的恶性循环。

对于 2020 年改版后的 PET 考试，我们可以很明显看到的变化是，新版考试对词汇输出的能力要求大大加强，这对考生的词汇输出能力提出了更高的要求！

经过多年的一线教学经验总结，我们发现，孤立死板地记忆单词，对于很多考生来说，往往会比较吃力。而学会用思维导图来记忆单词，把很多关联的词汇按照一定的规则进行分类和归纳，不仅可以帮助考生轻松完成记单词的任务，还可以帮助考生养成良好的思维习惯，让词汇记忆事半功倍！

本书特色 🍎

❶ 考试大纲词汇

我们把 3500 多个 PET 考试大纲词汇按照考试常考话题进行划分，绘制成了 77 张思维导图。每张思维导图都从一个熟词出发，按照一定的规则拓展大量衍生词汇，让词汇理解更加轻松，让词汇记忆更加牢固！

② 思维导图

　　思维导图形式多样，除了使用较多的气泡图外，书中还根据不同主题的特点，精心绘制了更能体现该主题特色和风格的导图，如色轮和家谱图等，让单词的呈现方式更加多元。通过视觉化的思维引导，将传统单词单个孤立的记忆模式，转变成单词群记忆模式，让考生轻轻松松记单词。

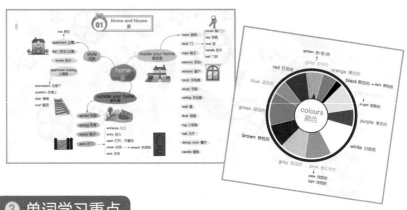

③ 单词学习重点

　　大部分单词均搭配例句，并归纳衍生词、固定搭配、同义词、反义词等，帮助考生正确理解单词。

- **appearance** [əˈpɪərəns] 名 外貌，外表，外观
  例 There was nothing unusual in her physical appearance. 她的外表并没有什么特别之处。
  近 look 名 样子
  扩 appear 动 出现；显得；看来

- **pretty** [ˈprɪti] 形 漂亮的 副 相当
  近 beautiful 形 漂亮的
  反 ugly 形 丑陋的

- **attractive** [əˈtræktɪv] 形 吸引人的
  近 charming 形 有魅力的

- **attract** [əˈtrækt] 动 吸引

　搭 beauty salon 美容院

- **good-looking** [ˌɡʊdˈlʊkɪŋ] 形 好看的

- **charming** [ˈtʃɑːmɪŋ] 形 迷人的
  近 attractive 形 有吸引力的
  反 unattractive 形 没有吸引力的
  扩 charm 名 魅力

- **cute** [kjuːt] 形 可爱的
  近 lovely 形 可爱的；漂亮的

- **handsome** [ˈhænsəm] 形 帅的；漂亮的
  例 He was clever, handsome and exceedingly rich. 他聪明、帅气，还非常富有。

④ 自测练习

　　根据考试真题设计多种趣味练习，题型多样，针对性强，让考生快乐练会单词，及时巩固学习成果。

⑤ 彩绘插画

　　为了让单词记忆不再枯燥，强化图像记忆的优点，我们精心原创了大量全彩插图。插图生动有趣，考生看一遍就能记住。

单词词性及其他符号缩写说明

n 名词　　v 动词　　adj 形容词　　adv 副词　　pron 代词

det 限定词　　prep 介词　　conj 连词　　modal 情态动词

例 例句　　近 近义词　　搭 固定搭配　　反 反义词　　扩 扩充词

目录

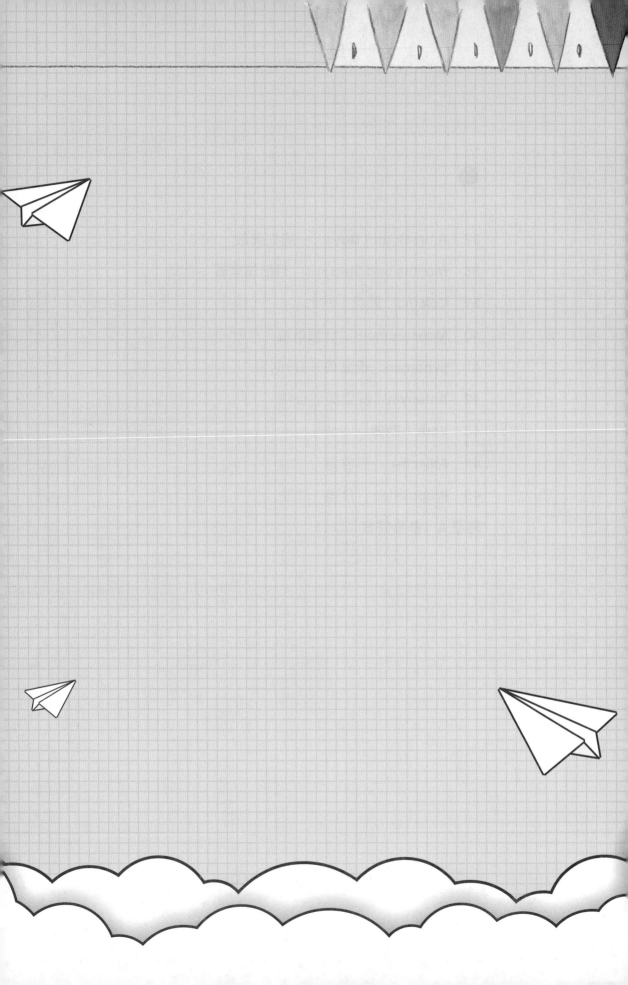

Home and House 家

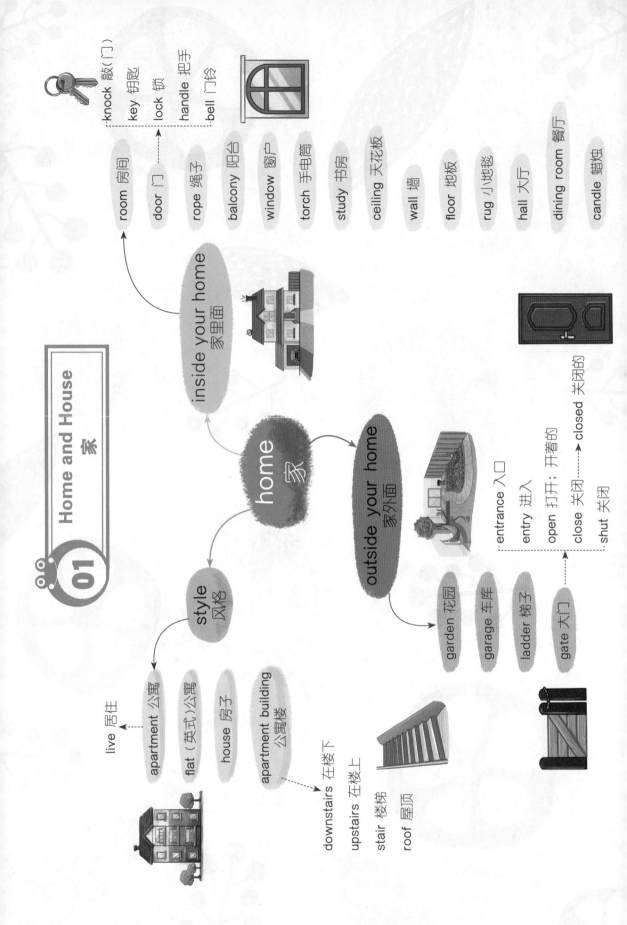

home 家

inside your home 家里面

- room 房间
- door 门
  - knock 敲(门)
  - key 钥匙
  - lock 锁
  - handle 把手
  - bell 门铃
- rope 绳子
- balcony 阳台
- window 窗户
- torch 手电筒
- study 书房
- ceiling 天花板
- wall 墙
- floor 地板
- rug 小地毯
- hall 大厅
- dining room 餐厅
- candle 蜡烛

style 风格

- apartment 公寓 → live 居住
- flat (英式)公寓
- house 房子
- apartment building 公寓楼
- downstairs 在楼下
- upstairs 在楼上
- stair 楼梯
- roof 屋顶

outside your home 家外面

- garden 花园
- garage 车库
- ladder 梯子
- gate 大门
  - entrance 入口
  - entry 进入
  - open 打开；开着的
  - close 关闭 → closed 关闭的
  - shut 关闭

- **room** [ruːm] n 房间

搭 a single room 单人房；double room 双人房

- **door** [dɔːr] n 门

搭 the front door 前门；the back door 后门

- **knock** [nɒk] v 敲（门、窗等）

例 She knocked on the window to attract his attention. 她敲敲窗想引起他的注意。

- **key** [kiː] n 钥匙

- **lock** [lɒk] n 锁 v 锁，锁住

- **handle** ['hændəl] n 把手 v 处理

例 She turned the handle and slowly opened the door. 她转动把手，慢慢地打开门。

搭 handle with 处理

- **bell** [bel] n 门铃

例 I stood at the front door and rang the bell several times. 我站在前门，按了好几次门铃。

搭 ring the bell 响铃

近 ring n 铃声

- **rope** [rəʊp] n 绳子

例 We tied his hands together with rope. 我们用绳子把他的手绑在一起。

- **balcony** ['bælkəni] n 阳台

- **window** ['wɪndəʊ] n 窗户

搭 by the window 在窗边

- **torch** [tɔːtʃ] n 手电筒

例 She shone the torch into the dark room. 她用手电筒照了照黑暗的房间。

搭 the Olympic torch 奥林匹克火炬

近 flashlight n 手电筒

- **study** ['stʌdi] n 书房 v 学习，研究

例 That evening we sat together in his study. 那天晚上我们一起坐在他的书房里。

- **ceiling** ['siːlɪŋ] n 天花板

- **wall** [wɔːl] n 墙

搭 on the wall 在墙上

- **floor** [flɔːr] n 地板

例 The children sat playing on the floor. 孩子们正坐在地板上玩。

搭 on the floor 在地板上

- **rug** [rʌg] n 小地毯

例 My dog loves lying on the rug in front of the fire. 我的狗喜欢趴在炉火前的小地毯上。

近 blanket n 毯子

- **hall** [hɔːl] n 大厅

搭 a concert hall 音乐厅

- **dining room** ['daɪnɪŋ ˌruːm] 餐厅

- **candle** ['kændəl] n 蜡烛

例 Shall I light a candle? 我点支蜡烛好吗？

搭 light a candle 点蜡烛

- **garden** ['gɑːdən] n 花园

- **garage** ['gærɑːʒ] n 车库

- **ladder** ['lædər] n 梯子，阶梯

搭 climb up a ladder 爬上梯子

• **gate** [geɪt] n 大门

• **entrance** ['entrəns] n 入口

搭 entrance ticket 门票
反 exit n 出口

• **entry** ['entri] n 进入

例 I can't go down that street—there's a "No entry" sign. 我不能走那条街——那儿有"禁止入内"的标志。
近 access n 进入
扩 entryway n 入口通道

• **open** ['əʊpən] v 打开 adj 开着的；开放的

搭 an open field 空旷处；be open to sb. 对某人开放

• **close** [kləʊz] v 关闭 adj 亲密的，亲近的

搭 close down 停产，歇业；be close to 接近于；become close to sb. 和某人变得亲近；get close to 靠近，接近

• **closed** [kləʊzd] adj 关闭的

• **shut** [ʃʌt] v 关闭

例 Please shut the gate. 请关上大门。
搭 shut (sth.) down 关闭；shut up 住口，住嘴

• **style** [staɪl] n 风格

搭 in style 流行；out of style 过时的

• **apartment** [ə'pɑːtmənt] n 公寓

近 flat n（英式）公寓

• **live** [lɪv] v 居住；生活

搭 live for a long time 寿命长；live on land 生活在陆地上；live alone 独居；live on 靠……为生

• **flat** [flæt] n（英式）公寓

• **house** [haʊs] n 房子

• **apartment building**
[ə'pɑːtmənt 'bɪldɪŋ] 公寓楼

• **downstairs** [ˌdaʊn'steəz] adv 在楼下 adj 楼下的

例 I went downstairs to answer the phone. 我下楼去接电话。
搭 go downstairs 下楼

• **upstairs** [ʌp'steəz] adv 在楼上 adj 楼上的

搭 go upstairs 上楼

• **stair** [steər] n 楼梯

例 We are going to carpet the stairs. 我们打算把楼梯铺上地毯。
搭 go up the stairs 上楼；go down the stairs 下楼

• **roof** [ruːf] n 屋顶

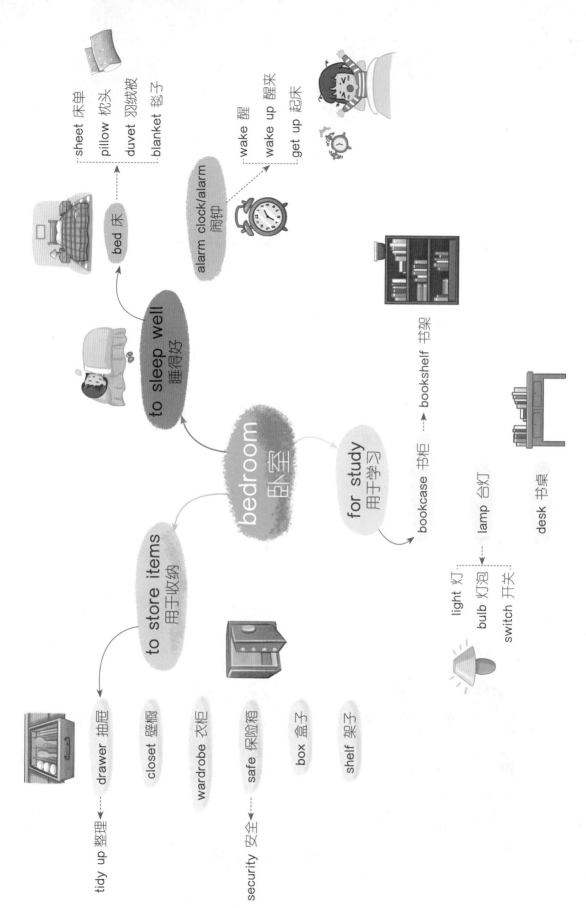

sheet 床单
pillow 枕头
duvet 羽绒被
blanket 毯子

bed 床

wake 醒
wake up 醒来
get up 起床

alarm clock/alarm 闹钟

to sleep well 睡得好

bookshelf 书架

bedroom 卧室

for study 用于学习

bookcase 书柜 —→ bookshelf 书架

lamp 台灯

desk 书桌

light 灯
bulb 灯泡
switch 开关

to store items 用于收纳

tidy up 整理 ----> drawer 抽屉
closet 壁橱
wardrobe 衣柜
security 安全 ---- safe 保险箱
box 盒子
shelf 架子

- **bedroom** [ˈbedruːm] n 卧室

- **sheet** [ʃiːt] n 床单；纸张

- **pillow** [ˈpɪləʊ] n 枕头

- **duvet** [ˈduːveɪ] n 羽绒被

- **blanket** [ˈblæŋkɪt] n 毯子，毛毯

例 She wrapped the baby in a blanket. 她用毛毯包裹着宝宝。

- **alarm clock** [əˈlɑːm klɒk] 闹钟

例 My alarm clock went off at 7:30. 闹钟七点半响了。

- **wake** [weɪk] v 醒

- **wake up** [weɪk ʌp] 醒来

搭 wake sb. up 弄醒某人

例 I woke up to find myself in the hospital. 我醒来发现自己在医院里。

- **get up** [ˈget ʌp] 起床

例 It was an effort to get up. 起床是件费劲的事。

- **bookcase** [ˈbʊkkeɪs] n 书柜

- **bookshelf** [ˈbʊkʃelf] n 书架

- **lamp** [læmp] n 台灯

例 She switched on the bedside lamp. 她打开了床头灯。

- **light** [laɪt] n 灯；光

例 Could you turn the light on, please? 请把灯打开，好吗？

- **bulb** [bʌlb] n 灯泡

例 The room was lit by a single bulb. 房间只有一盏灯照明。

搭 light bulb 电灯泡

- **switch** [swɪtʃ] n 开关 v 转换；调换

例 Can you flip the switch? 你能打开那个开关吗？

搭 a light switch 电灯开关；switch sth. off/on 关/开（电灯、机器等）

- **desk** [desk] n 书桌

- **drawer** [drɔːr] n 抽屉

例 I keep my socks in the bottom drawer. 我把袜子放在最下面的抽屉里。

- **tidy up** [ˈtaɪdi ʌp] 整理

例 Can you tidy up your office? 你可以把你办公室收拾干净吗？

- **closet** [ˈklɒzɪt] n 壁橱

- **wardrobe** [ˈwɔːdrəʊb] n 衣柜

例 He hung his suit in the wardrobe. 他把西装挂进衣柜里。

- **safe** [seɪf] n 保险箱 adj 安全的

例 The files are now in a safe to which only he has the key. 那些文件如今在一个保险柜里，只有他有钥匙。

搭 safe and sound 安然无恙

- **security** [sɪˈkjʊərəti] n 安全

近 safety n 安全

扩 secure adj 安全的

- **box** [bɒks] n 盒子

搭 a box of matches 一盒火柴

- **shelf** [ʃelf] n 架子

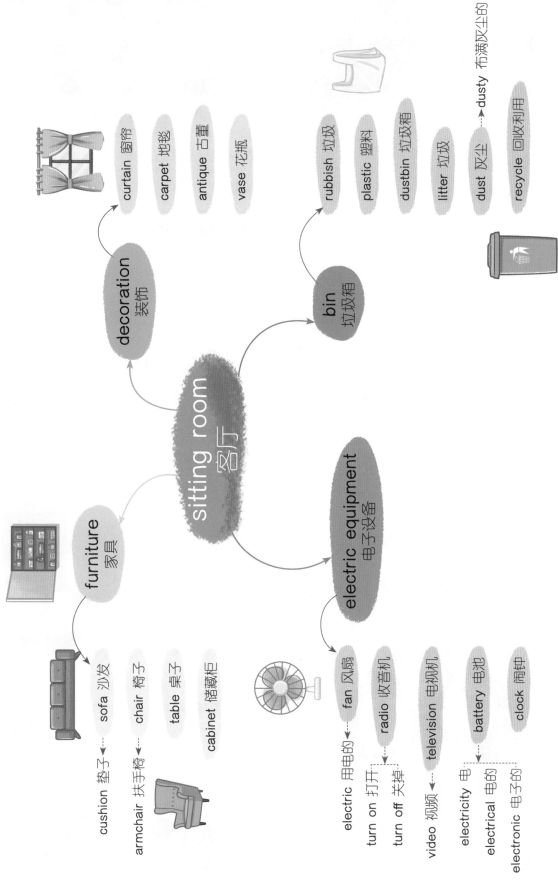

sitting room 客厅

decoration 装饰
- curtain 窗帘
- carpet 地毯
- antique 古董
- vase 花瓶

bin 垃圾箱
- rubbish 垃圾
- plastic 塑料
- dustbin 垃圾箱
- litter 垃圾
- dust 灰尘 ---→ dusty 布满灰尘的
- recycle 回收利用

furniture 家具
- cushion 垫子
- armchair 扶手椅 ---
- chair 椅子
- table 桌子
- cabinet 储藏柜
- sofa 沙发

electric equipment 电子设备
- fan 风扇
- electric 用电的 ---
- turn on 打开
- turn off 关掉
- radio 收音机
- video 视频 ---
- television 电视机
- electricity 电
- battery 电池
- electrical 电的
- clock 闹钟
- electronic 电子的

- **decoration** [ˌdekəˈreɪʃən] n 装饰；装饰品

例 He's good at cake decoration. 他擅长做蛋糕装饰。

- **curtain** [ˈkɜːtən] n 窗帘；幕布

例 Heavy curtains blocked out the sunlight. 厚厚的窗帘挡住了阳光。

搭 open the curtains 拉开窗帘

- **carpet** [ˈkɑːpɪt] n 地毯

例 We've just had a new carpet laid in our bedroom. 我们刚在卧室里铺了新地毯。

- **antique** [ænˈtiːk] n 古董 adj 古老的；古董的

例 My mother collects antiques. 我母亲收藏古玩。

搭 antique furniture 古典家具

近 ancient adj 古老的

- **vase** [vɑːz] n 花瓶

例 You can use that glass as a vase. 你可以把那个玻璃杯当作花瓶用。

搭 a vase of flowers 一瓶花

- **bin** [bɪn] n 垃圾箱

扩 dustbin n 垃圾桶

- **rubbish** [ˈrʌbɪʃ] n 垃圾

搭 rubbish bin 垃圾桶

近 garbage n 垃圾

- **plastic** [ˈplæstɪk] n 塑料 adj 塑料的

搭 the plastics industry 塑料工业；a plastic bag 塑料袋

- **dustbin** [ˈdʌstbɪn] n 垃圾箱

例 Dustbins are cleaned every morning. 垃圾箱每天早上都会被清理。

近 bin n 垃圾箱

- **litter** [ˈlɪtər] n 垃圾

例 Bottles and cans are common litter. 瓶子和罐子是常见的垃圾。

近 rubbish n 垃圾

- **dust** [dʌst] n 灰尘，尘土

例 The furniture was covered in dust. 家具上落满了灰尘。

近 dirt n 泥土

- **dusty** [ˈdʌsti] n 布满灰尘的

例 Piles of dusty books lay on the floor. 一堆堆落满灰尘的书摊在地板上。

扩 dust n 灰尘

- **recycle** [ˌriːˈsaɪkəl] v 回收利用

例 The Japanese recycle more than half their waste paper. 日本人将一半以上的废纸回收利用。

近 reuse v 再利用

扩 recyclable adj 可回收利用的

- **fan** [fæn] n 风扇

例 Turn on the electric fan, will you? 把电风扇打开，好吗？

- **electric** [iˈlektrɪk] adj 用电的；电的

例 He invented the first electric clock. 他发明了第一个电动钟。

- **radio** [ˈreɪdiəʊ] n 收音机

例 I switched on the radio quickly. 我快速

打开了收音机。

- **turn on** [ˈtɜːn ɒn] 打开

例 Turn on the television, will you? 把电视打开，好吗？

- **turn off** [ˈtɜːn ɒf] 关掉

例 Turn off that stove—you're smoking the place out! 快把炉子关上——你把这儿弄得都是烟。

- **television** [ˈtelɪvɪʒən] n 电视机

搭 television programme 电视节目；on television 在电视上

- **video** [ˈvɪdiəʊ] n 视频

例 We had a video made of our wedding. 我们的婚礼录了像。

搭 a video recording 录像

- **battery** [ˈbætəri] n 电池

例 I think the battery has lost its power. 我认为电池用完了。

- **electricity** [ˌɪlekˈtrɪsəti] n 电

例 The electricity has been turned off. 电已被断掉了。

搭 an electricity bill 电费

- **electrical** [ɪˈlektrɪkəl] adj 电的

例 The company is a world leader in electrical goods. 这家公司的电器产品在全世界处于领先地位。

扩 electrically adv 电力地；有关电地

- **electronic** [ˌɪlekˈtrɒnɪk] adj 电子的

例 His desk is covered with electronic devices. 他的书桌上摆满了各种电子设备。

扩 electron n 电子

- **clock** [klɒk] n 闹钟，钟

搭 alarm clock 闹钟

- **furniture** [ˈfɜːnɪtʃər] n 家具

例 How can we make room for all the furniture? 我们怎么腾得出地方放这些家具呢？

搭 a piece of furniture 一件家具

- **sofa** [ˈsəʊfə] n 沙发

搭 sofa bed 沙发床

- **cushion** [ˈkʊʃən] n 垫子

例 She sank back against the cushions. 她向后靠在垫子上。

近 mat n 垫子

- **chair** [tʃeər] n 椅子

- **armchair** [ˈɑːmtʃeər] n 扶手椅

- **table** [ˈteɪbəl] n 桌子

搭 on the table 在桌子上；under the table 在桌子底下

- **cabinet** [ˈkæbɪnət] n 储藏柜

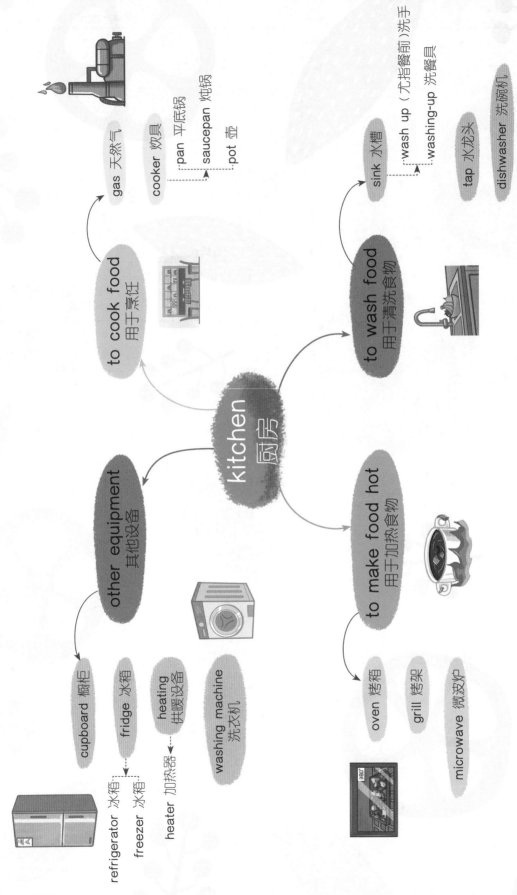

kitchen 厨房

to cook food 用于烹饪
- gas 天然气
- cooker 炊具
  - pan 平底锅
  - saucepan 炖锅
  - pot 壶

to wash food 用于清洗食物
- sink 水槽
  - wash up（尤指餐前）洗手
  - washing-up 洗餐具
- tap 水龙头
- dishwasher 洗碗机

other equipment 其他设备
- cupboard 橱柜
- fridge 冰箱
  - refrigerator 冰箱
  - freezer 冰箱
- heating 供暖设备
  - heater 加热器
- washing machine 洗衣机

to make food hot 用于加热食物
- oven 烤箱
- grill 烤架
- microwave 微波炉

- **kitchen** [ˈkɪtʃən] n 厨房

- **gas** [gæs] n 天然气；气体

- **cooker** [ˈkʊkər] n 炊具；厨灶

搭 a gas cooker 煤气灶

- **pan** [pæn] n 平底锅

例 Heat the milk in a small pan. 用小平底锅热牛奶。

搭 a frying pan 煎锅

- **saucepan** [ˈsɔ:spən] n 炖锅

近 stewpot n 炖锅

- **pot** [pɒt] n 壶；锅；瓶

例 Fill a large pot with water. 用一个大壶装满水。

- **sink** [sɪŋk] n 水槽 v 下沉，下陷

搭 a kitchen sink 厨房洗涤池；sink into 陷入

- **wash up** [wɒʃ ʌp] （尤指餐前）洗手

例 Go wash up—your dinner's ready. 去洗一洗手——晚饭准备好了。

- **washing-up** [ˌwɒʃɪŋˈʌp] n 洗餐具

例 You do the washing-up and I'll do the drying. 你来洗碗，我来把它们擦干。

- **tap** [tæp] n 水龙头 v 轻敲，轻拍

例 She turned off the tap and dried her hands. 她关上水龙头，把手擦干。

搭 tap water 自来水

- **dishwasher** [ˈdɪʃˌwɒʃər] n 洗碗机

例 We bought a dishwasher to make life easier. 为使生活轻松些，我们买了一台洗碗机。

- **oven** [ˈʌvən] n 烤箱，烤炉

搭 microwave oven 微波炉

- **grill** [grɪl] n 烤架

例 Jerry bought a new grill for the picnic. 杰里为野餐买了新烤架。

- **microwave** [ˈmaɪkrəweɪv] n 微波炉

例 Put the fish in the microwave and it'll only take five minutes. 把鱼放到微波炉里，只需 5 分钟就可以了。

- **cupboard** [ˈkʌbəd] n 橱柜

例 These cupboards are built into the walls. 这些食品橱是嵌在墙里的。

- **fridge** [frɪdʒ] n 冰箱

- **refrigerator** [rɪˈfrɪdʒəreɪtər] n 冰箱

- **freezer** [ˈfri:zər] n 冰箱

扩 freeze v 使结冰

- **heating** [ˈhi:tɪŋ] n 供暖设备

例 Is the heating on? 暖气开着吗？

- **heater** [ˈhi:tər] n 加热器；热水器

例 There's an electric heater in the bedroom. 卧室里有一台电暖器。

扩 heat n 高温；heated adj 加热的

- **washing machine** [ˈwɒʃɪŋ məˌʃi:n] 洗衣机

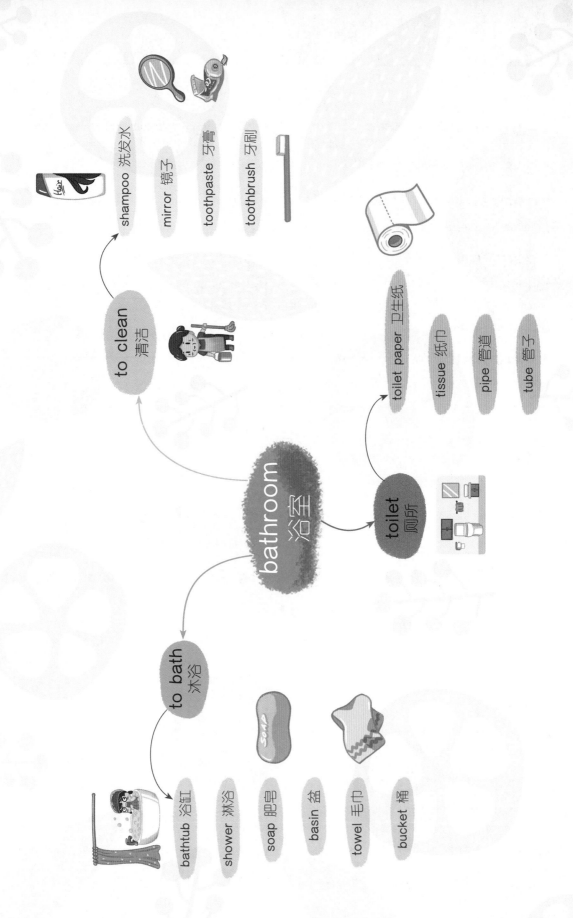

bathroom 浴室

to clean 清洁
- shampoo 洗发水
- mirror 镜子
- toothpaste 牙膏
- toothbrush 牙刷

toilet 厕所
- toilet paper 卫生纸
- tissue 纸巾
- pipe 管道
- tube 管子

to bath 沐浴
- bathtub 浴缸
- shower 淋浴
- soap 肥皂
- basin 盆
- towel 毛巾
- bucket 桶

- **bathroom** [ˈbɑːθruːm] n 浴室

- **shampoo** [ʃæmˈpuː] n 洗发水

- **mirror** [ˈmɪrər] n 镜子

搭 bathroom mirror 浴室镜子

- **toothpaste** [ˈtuːθpeɪst] n 牙膏

- **toothbrush** [ˈtuːθbrʌʃ] n 牙刷

- **toilet** [ˈtɔɪlət] n 厕所；马桶

搭 toilet paper 卫生纸

- **tissue** [ˈtɪʃuː] n 纸巾

例 I always keep a box of tissues in the car. 我总是在车里放一盒纸巾。

- **pipe** [paɪp] n 管道

例 Water was leaking from the pipe. 水从管道里漏出来。

- **tube** [tʃuːb] n 管子

- **bath** [bɑːθ] n 沐浴；浴缸 v 洗澡

例 I took a bath this morning. 我今天早上洗了个澡。

- **bathtub** [ˈbɑːθtʌb] n 浴缸

- **shower** [ˈʃaʊər] n 淋浴；阵雨

搭 have a shower 洗澡；take a shower 洗澡

- **soap** [səʊp] n 肥皂

- **basin** [ˈbeɪsən] n 盆

例 Water dripped into a basin at the back of the room. 水滴入房间后面的一个盆里。

- **towel** [ˈtaʊəl] n 毛巾

- **bucket** [ˈbʌkɪt] n 桶

1 用下面单词的正确形式填空。

litter   tube   basin   tap   freezer

❶ He is fed by a _____ that enters his nose.

❷ We were given a _____ of water to wash our hands in.

❸ If you see _____ in the classroom, pick it up.

❹ There's always food in the _____ if necessary.

❺ A _____ in the kitchen was dripping.

single 单身的

get married 结婚

husband 丈夫

wife 妻子

housewife 家庭主妇

parent 父母

son 儿子

daughter 女儿

grandparent (外)祖父;(外)祖母

grandchild (外)孙子;(外)孙女

grandson (外)孙子

granddaughter (外)孙女

grandma (外)祖母

granny (外)祖母

grandmother (外)祖母

aunt 婶婶;舅妈;姑姑;阿姨

uncle 叔叔;舅舅;姑父;伯父

cousin 堂(表)兄弟姐妹

boy 男孩

brother 哥哥;弟弟

dad 爸爸

father 父亲;爸爸

grandfather (外)祖父

grandpa (外)祖父

grandad (外)祖父

mother 母亲;妈妈

mum 妈妈

me 我

sister 姐姐;妹妹

girl 女孩

- **grandparent** [ˈɡrænpeərənt] n（外）祖父母

- **parent** [ˈpeərənt] n 父母

- **grandchild** [ˈɡræntʃaɪld] n（外）孙子；（外）孙女

- **grandfather** [ˈɡrænfɑːðər] n（外）祖父

- **grandpa** [ˈɡrænpɑː] n（外）祖父

- **grandad** [ˈɡrændæd] n（外）祖父

- **grandmother** [ˈɡrænmʌðər] n（外）祖母

- **granny** [ˈɡræni] n（外）祖母
  搭 granny glasses 老花镜

- **grandma** [ˈɡrænmɑː] n（外）祖母

- **father** [ˈfɑːðər] n 父亲，爸爸
  搭 father-in-law n 岳父

- **dad** [dæd] n 父亲，爸爸

- **mother** [ˈmʌðər] n 母亲，妈妈

- **mom** [mɒm] n 母亲，妈妈

- **uncle** [ˈʌŋkəl] n 叔叔；舅舅；姑父；姨夫

- **aunt** [ɑːnt] n 婶婶；舅妈；姑姑；阿姨

- **grandson** [ˈɡrænsʌn] n（外）孙子

- **granddaughter** [ˈɡrændɔːtər] n（外）孙女

- **son** [sʌn] n 儿子

- **daughter** [ˈdɔːtər] n 女儿
  例 Liz and Phil have a daughter and three sons. 莉兹和菲尔有一个女儿和三个儿子。

- **sister** [ˈsɪstər] n 姐姐；妹妹
  搭 younger/little sister 妹妹；older/big sister 姐姐

- **husband** [ˈhʌzbənd] n 丈夫

- **wife** [waɪf] n 妻子
  例 I met Greg's wife for the first time. 我是第一次见到格雷格的妻子。
  扩 housewife n 家庭主妇

- **cousin** [ˈkʌzən] n 堂（表）兄（弟姐妹）

- **brother** [ˈbrʌðər] n 哥哥；弟弟
  搭 older brother 哥哥；younger brother 弟弟

- **married** [ˈmærɪd] adj 结婚的；已婚的
  例 We've been happily married for five years. 我们结婚五年了，生活很幸福。
  反 divorced adj 离婚的

搭 get married 结婚

• **marriage** [ˈmærɪdʒ] n 婚姻

例 They had a long and happy marriage. 他们的婚姻长久而幸福。

近 wedding n 婚礼

• **marry** [ˈmæri] v （和某人）结婚；娶；嫁

例 Paul married Lucy four years ago. 保罗四年前和露西结婚了。

搭 marry sb. 嫁给某人

近 get married 结婚

• **single** [ˈsɪŋɡəl] adj 单一的；单身的

搭 a single woman 单身女子；single room 单间；single ticket 单程票

• **housewife** [ˈhaʊswaɪf] n 家庭主妇

例 She was a traditional housewife and mother of four children. 她是个传统的家庭主妇，也是四个孩子的母亲。

• **housework** [ˈhaʊswɜːk] n 家务

例 Housework is not so bad if you put on some music. 放点音乐，做家务也不是一件很枯燥的事。

搭 do housework 做家务

动手练练看

1 选出每组中不匹配的单词。

❶ sister brother grandfather cousin

❷ grandson granddaughter grandchild uncle

❸ aunt sister uncle cousin

❹ granny grandma mother grandmother

❺ grandson grandchild bride granddaughter

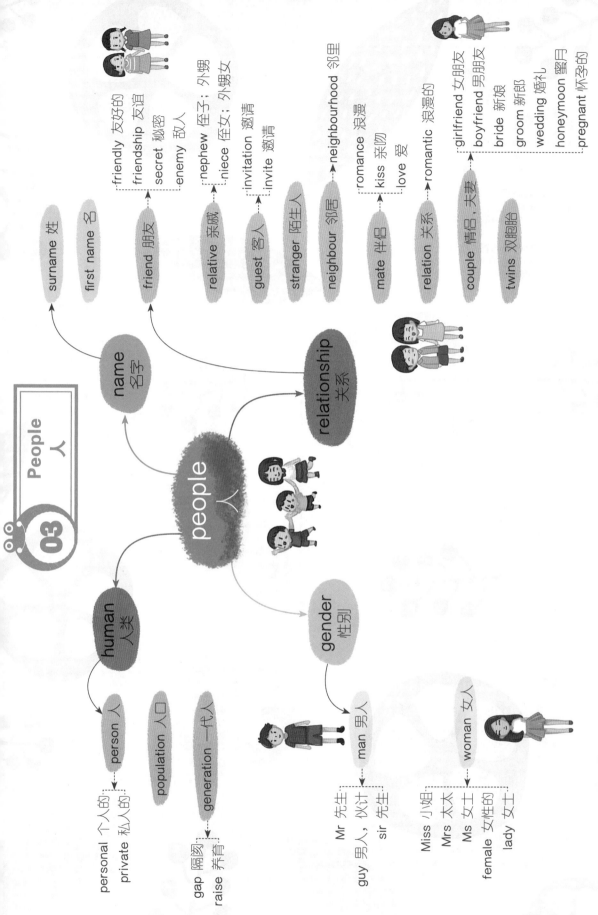

people
人

name
名字

surname 姓
first name 名

friend 朋友
- friendly 友好的
- friendship 友谊
- secret 秘密
- enemy 敌人

relative 亲戚
- nephew 侄子；外甥
- niece 侄女；外甥女

guest 客人
- invitation 邀请
- invite 邀请

stranger 陌生人

neighbour 邻居
- neighbourhood 邻里

mate 伴侣
- romance 浪漫
- kiss 亲吻
- love 爱

relation 关系
- romantic 浪漫的

couple 情侣，夫妻
- girlfriend 女朋友
- boyfriend 男朋友
- bride 新娘
- groom 新郎
- wedding 婚礼
- honeymoon 蜜月
- pregnant 怀孕的

twins 双胞胎

relationship
关系

human
人类

person 人
- personal 个人的
- private 私人的

population 人口

generation 一代人
- gap 隔阂
- raise 养育

gender
性别

man 男人
- Mr 先生
- guy 男人，伙计
- sir 先生

woman 女人
- Miss 小姐
- Mrs 太太
- Ms 女士
- female 女性的
- lady 女士

- **name** [neɪm] n 名字

搭 full name 全名；name after 以……命名；first name 名

- **surname** [ˈsɜːneɪm] n 姓

近 last name 姓氏

- **relationship** [rɪˈleɪʃənʃɪp] n 关系；联系；关联

例 He has a very good relationship with his uncle. 他和他叔叔的感情很深。

近 connection n 关系

扩 relative n 亲戚

- **friend** [frend] n 朋友

扩 friendship n 友谊

- **friendly** [ˈfrendli] n 友好的

搭 a friendly smile 友好的微笑；be friendly to sb. 友好对待某人

- **friendship** [ˈfrendʃɪp] n 友谊

例 I value her friendship above anything else. 我把她的友谊看得比什么都重。

- **secret** [ˈsiːkrət] n 秘密

搭 in secret 秘密地

近 privacy n 秘密，隐私

扩 secretly adv 秘密地

- **enemy** [ˈenəmi] n 敌人，仇人

例 The enemy was caught after two days. 敌人两天后被抓住了。

搭 natural enemy 天敌

- **relative** [ˈrelətɪv] n 亲戚 adj 比较的，相对的

例 All her close and distant relatives came to the wedding. 她所有的近亲和远亲都来参加她的婚礼了。

- **nephew** [ˈnefjuː] n 侄子；外甥

例 I am planning a 5th birthday party for my nephew. 我正在为侄子筹划他的五岁生日聚会。

- **niece** [niːs] n 侄女；外甥女

例 Emily is his niece, the daughter of his eldest sister. 艾米丽是他的外甥女，他大姐的女儿。

- **guest** [gest] n 客人

扩 guest room 客房

- **invitation** [ˌɪnvɪˈteɪʃən] n 邀请；请帖

搭 a wedding invitation 婚礼邀请函

- **invite** [ɪnˈvaɪt] v 邀请；请求

例 We're invited to Lola's party. 我们受邀参加洛拉的晚会。

搭 invite sb. to do sth. 邀请某人做某事；invite sb. to a place 邀请某人去某地

- **stranger** [ˈstreɪndʒər] n 陌生人

例 My mother always warned me not to talk to strangers. 我母亲总是告诫我不要和陌生人讲话。

扩 strange adj 奇怪的；陌生的

- **neighbour** [ˈneɪbər] n 邻居

- **neighbourhood** [ˈneɪbəhʊd] n 邻里；邻近地区；街区

例 There were lots of kids in my neighbourhood when I was growing up. 我是在有很多孩子的街区里长大的。

- **mate** [meɪt] n 伴侣，朋友，伙伴

扩 team mate 队友

- **romance** [rəʊˈmæns] n 浪漫

例 He loves the romance of travelling on a steam train. 他喜欢乘蒸汽火车旅行的那种浪漫感觉。

近 legend n 传奇

扩 romantic adj 浪漫的

- **kiss** [kɪs] v n 亲吻

- **love** [lʌv] v 爱，热爱 n 爱

搭 be in love 相爱；would love to do sth. 很想做某事；love doing/love to do sth. 喜爱做某事

- **relation** [rɪˈleɪʃən] n 关系

例 Britain enjoys friendly relations with Canada. 英国和加拿大的关系非常友好。

搭 in relation to 关于；与……相比较

近 relationship n 关系

- **romantic** [rəʊˈmæntɪk] adj 浪漫的；富有情调的

例 I suppose he is quite romantic—he sends me flowers on my birthday. 我猜他是很浪漫的——我生日的时候，他送了花给我。

扩 romance n 传奇；浪漫史

- **couple** [ˈkʌpəl] n（尤指）夫妻，情侣，两人；两件事物

例 An elderly couple live next door. 一对老夫妻住在隔壁。

搭 a couple of 一对

近 pair n 对

- **girlfriend** [ˈgɜːlfrend] n 女朋友

- **boyfriend** [ˈbɔɪfrend] n 男朋友

- **bride** [braɪd] n 新娘

- **groom** [gruːm] n 新郎

例 The bride and groom walked down the stairs together. 新娘和新郎一起走下楼梯。

搭 bride and groom 新娘和新郎

- **wedding** [ˈwedɪŋ] n 婚礼

例 It was their 25th wedding anniversary last week. 上周是他们结婚二十五周年纪念。

- **honeymoon** [ˈhʌnɪmuːn] n 蜜月

例 Where are you going on your honeymoon? 你们要去哪里度蜜月？

- **pregnant** [ˈpregnənt] adj 怀孕的

例 She's five and a half months pregnant. 她怀孕有五个半月了。

扩 pregnancy n 怀孕

- **twins** [twɪnz] n 双胞胎

例 Sarah was looking after the twins. 萨拉当时正在照看双胞胎。

- **gender** [ˈdʒendər] n 性别

例 Women are sometimes denied opportunities because of their gender. 妇女有时因为性别而无法获得种种机会。

- **man** [mæn] n 男人

- **Mr** [ˈmɪstər] n 先生

- **guy** [gaɪ] n 男人，伙计

- **sir** [sɜːr] n 先生
近 gentleman n 先生

- **woman** [ˈwʊmən] n 女人
扩 chairwoman n 女主席；女主持人

- **Miss** [mɪs] n 小姐
例 She is crowned Miss Universe. 她荣获环球小姐冠军。

- **Mrs** [ˈmɪsɪz] n 太太

- **Ms** [məz] n 女士
例 What can I do for you, Ms Wood? 有什么需要我帮忙吗，伍德女士？

- **female** [ˈfiːmeɪl] n 女性的；雌的
例 She was voted the best female vocalist. 她当选最佳女歌手。
近 feminine adj 女性的

- **lady** [ˈleɪdi] n 女士；淑女；女子
例 There's a young lady here to see you. 这里有位年轻的女士要见你。
近 Miss n 小姐

- **human** [ˈhjuːmən] n 人类
例 Human should live with animals in peace. 人类要和动物和平共处。
搭 human being 人

- **person** [ˈpɜːsən] n 人
搭 in person 亲自，本人

- **personal** [ˈpɜːsənəl] adj 个人的；亲自的
例 It is my personal opinion. 这是我的个人意见。

近 individual adj 个人的，个别的
扩 personally adv 亲自地；personality n 个性

- **private** [ˈpraɪvət] adj 私人的；私密的
搭 in private 私下地；private information 私人信息
扩 privately adv 私下地

- **population** [ˌpɒpjəˈleɪʃən] n 人口
例 China has a large population. 中国有庞大的人口。
搭 population growth 人口增长

- **generation** [ˌdʒenəˈreɪʃən] n 一代人；同代人；同辈
例 The younger generation smokes less than their parents did. 年轻的一代比他们父母这一代人吸烟要少。
搭 new generation 新世代
扩 generate v 形成，产生

- **gap** [ɡæp] n 隔阂；开口；差距
例 What is the reason of generation gap is the lack of communication. 代沟的原因是缺乏沟通。
搭 generation gap 代沟

- **raise** [reɪz] v 养育；举起；筹募
例 Her parents died when she was a baby and she was raised by her grandparents. 她从小父母就去世了，是祖父母把她抚养大的。
搭 raise one's hands 举手；raise money for 为……筹集资金

1 读句子，将画线部分的字母按照正确的顺序排列，拼写在右侧横线上。

❶ My sister is <u>erpnnagt</u> with twins. _____

❷ He has a very good <u>alerointpshi</u> with his uncle. _____

❸ I was reading some trashy <u>amornce</u> novel. _____

❹ In 1992 the <u>ppuolaniot</u> of Cairo was approximately 6,500,000. _____

❺ I caught him looking through my <u>irptaev</u> papers. _____

2 用下面单词的正确形式填空。

birthday   childhood   gender   enemy   stranger   period

❶ The 1990s were a _____ of rapid change.

❷ She gave away state secrets to the _____.

❸ She never forgets her daddy's _____.

❹ The story book recalls the memories of my _____.

❺ Does this test show the _____ of the baby?

❻ My mother always warned me not to talk to _____.

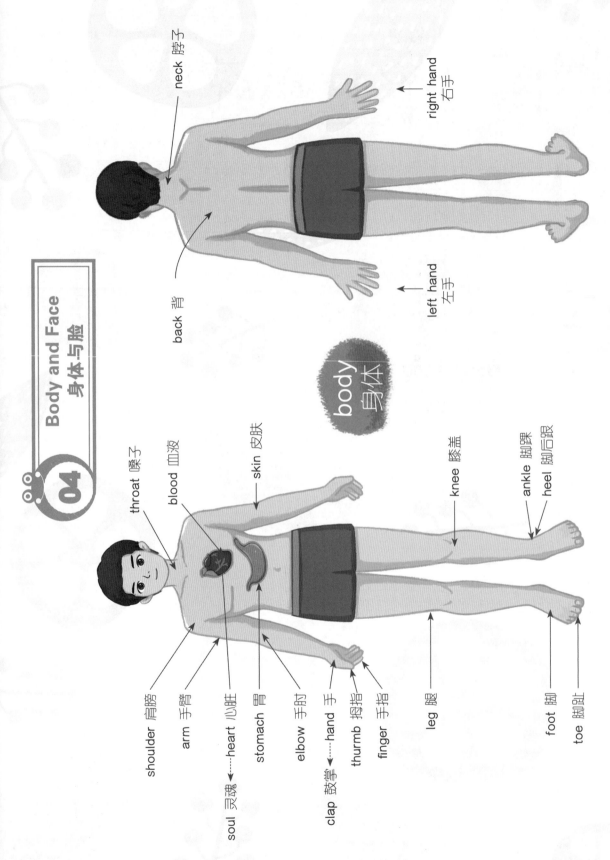

body 身体

neck 脖子

right hand 右手

left hand 左手

back 背

throat 喉子

blood 血液

skin 皮肤

knee 膝盖

ankle 脚踝

heel 脚后跟

shoulder 肩膀

arm 手臂

soul 灵魂 ----- heart 心脏

stomach 胃

elbow 手肘

clap 鼓掌 ----- hand 手

thumb 拇指

finger 手指

leg 腿

foot 脚

toe 脚趾

- **body** [ˈbɒdi] n 身体，肢体

搭 body language 肢体语言

- **arm** [ɑːm] n 手臂；上肢

搭 take/hold sb. in one's arms 把某人搂在怀中

- **elbow** [ˈelbəʊ] n 手肘

例 Your elbow is the part of your arm. 手肘是手臂的一部分。

- **shoulder** [ˈʃəʊldər] n 肩膀 v 承担；担负

例 I rested my head on her shoulder. 我把头靠在她的肩上。

搭 shoulder to shoulder 肩并肩地

- **foot** [fʊt] n 脚

复 feet pl 脚

搭 on foot 走路；set foot on 踏上；at the foot of 在……的脚下

- **heel** [hiːl] n 脚后跟

- **ankle** [ˈæŋkəl] n 脚踝；踝关节

例 I fell over and hurt my ankle. 我摔倒了，伤了脚踝。

搭 break your ankle 折断踝关节

- **back** [bæk] n 背；后面

搭 back to back 背靠背；back up 支持，为（某人）作证；on the back 在背后，在后面；back and forth 来来回回地

- **toe** [təʊ] n 脚趾

- **hand** [hænd] n 手；帮助，协助

搭 give a hand 帮助；hand in hand 手拉手；on the other hand 另一方面；shake hands with sb. 与某人握手

- **clap** [klæp] v 鼓掌

例 Everybody clapped after the wonderful concert. 这场精彩的演唱会结束后大家都在鼓掌。

搭 clap hands 拍手

- **thumb** [θʌm] n 拇指

搭 thumbs up 竖起大拇指（表示赞许或满意）

- **finger** [ˈfɪŋɡər] n 手指

搭 index finger 食指；middle finger 中指；ring finger 无名指；little finger 小拇指

- **skin** [skɪn] n 皮肤；皮

例 Babies have soft skins. 婴儿皮肤柔嫩。

搭 dark skin 深色皮肤

扩 skinny adj 皮包骨的

- **knee** [niː] n 膝盖

例 He sat with the bag on his knees. 他坐着，书包放在大腿上。

- **leg** [leg] n 腿

- **stomach** [ˈstʌmək] n 胃

- **heart** [hɑːt] n 心脏

扩 heartbeat n 心跳

- **soul** [səʊl] n 灵魂；内心；心灵

近 mind n 心灵

扩 soulless adj 没有灵魂的

- **blood** [blʌd] n 血液

- **throat** [θrəʊt] n 嗓子，喉咙

搭 have a sore throat 嗓子疼

- **neck** [nek] n 脖子，颈部

face
脸

bald 秃顶的 ←----- head 头

sight 视力 ⌐
        ├← eye 眼睛
tear 眼泪 ⌐

hear 听到 ←----- ear 耳朵

breath 呼吸 ⌐
          ├← nose 鼻子
breathe 呼吸 ⌐

cheek 脸颊

shave 剃须 ← ----- beard 胡须
              ↓
          moustache
          上唇的胡子

brain 大脑

                    ⌐ curly 卷曲的
                    │ comb 梳子
hair 头发 →----   │ haircut 理发
                    ⌐ hairdryer 吹风机

face 脸

lip 嘴唇

mouth 嘴巴 -----→ tongue 舌头

tooth 牙齿 →----- toothache 牙疼

chin 下巴

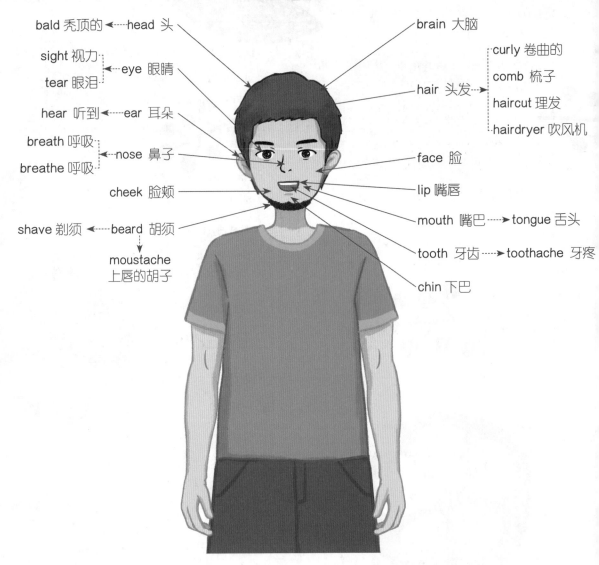

• **face** [feɪs] **n** 脸，面孔 **v** 面对

搭 make a face 扮鬼脸；face to face 面对面；lose face 丢面子

• **beard** [bɪəd] **n** 胡须

搭 shave beard 刮胡子

• **shave** [ʃeɪv] **v** 剃须，刮胡子

例 John has to shave twice a day. 约翰每天得刮两次脸。

搭 shave off 剃掉

• **moustache** [məˈstɑːʃ] **n** 上唇的胡子，髭

例 He had a thick, black moustache. 他留着浓密的黑色八字须。

• **head** [hed] **n** 头 **v** 朝（某方向）行进

• **bald** [bɔːld] **adj** 秃顶的，秃头的；光秃的

例 At 20 he was already going bald. 他二十岁就开始谢顶了。

搭 go bald 秃头

近 hairless **adj** 无毛的；秃顶的

• **brain** [breɪn] **n** 大脑

例 The accident left him with permanent brain damage. 事故给他造成了永久性大脑损伤。

• **lip** [lɪp] **n** 嘴唇

例 He licked his lips. 他舔了舔嘴唇。

• **chin** [tʃɪn] **n** 下巴；颏

近 jaw **n** 下巴

• **hair** [heər] **n** 头发

搭 haircut **n** 理发；发型

• **curly** [ˈkɜːli] **adj** 卷曲的

搭 curly hair 卷发

反 straight **adj** 直的

• **comb** [kəʊm] **n** 梳子

• **haircut** [ˈheəkʌt] **n** 理发

例 I wish he'd have a haircut. 我希望他去理个发。

搭 get a haircut 剪头发

近 hairstyle **n** 发型

• **hairdryer** [ˈheəˌdraɪər] **n** 吹风机

• **eye** [aɪ] **n** 眼睛

搭 eye contact 眼神交流；turn a blind eye to 对……视而不见；keep one's eyes on 注视，盯着看

• **sight** [saɪt] **n** 视力；景象

搭 out of sight 看不见；at the sight of 当看到……时，一见……就；at first sight 乍一看，初见

近 vision **n** 视力

扩 sightless **adj** 盲的，看不见的

• **tear** [tɪə(r)] **n** 眼泪；[teər] **v** 撕裂，撕碎

例 Her eyes are filled with tears. 她眼里噙满了泪水。

搭 tear sth. apart 把……撕开（或撕成碎片）；tear off 迅速脱掉衣服

• **ear** [ɪər] **n** 耳朵

扩 earphones **n** 耳机

搭 turn a deaf ear to 对……充耳不闻

- **hear** [hɪər] ✓ 听到

搭 hear sb. doing sth. 听到某人正在做某事；hear about 听说；hear from 收到……的信

- **mouth** [maʊθ] n 嘴巴

搭 keep your mouth shut 守口如瓶

- **tongue** [tʌŋ] n 舌头；语言

例 I burned my tongue on some soup last night. 我昨晚喝汤时烫着了舌头。

搭 mother tongue 母语

- **cheek** [tʃiːk] n 脸颊

- **tooth** [tuːθ] n 牙齿

搭 brush/clean your teeth 刷牙

- **toothache** [ˈtuːθeɪk] n 牙疼

搭 have toothache 牙痛

- **nose** [nəʊz] n 鼻子

- **breath** [breθ] n 呼吸

搭 take a deep breath 深呼吸；out of breath 喘不过气来；hold one's breath 屏住呼吸

- **breathe** [briːð] ✓ 呼吸

例 Let's drive out of town to breathe clean air. 让我们开车出城去呼吸清洁的空气吧。

搭 breathe in 吸入；breathe out 呼出

动手练练看

1 从方框中选择合适的单词填空。

> tongue stomach throat beard brain blood

❶ He has decided to grow a _____ and a moustache.

❷ He lost a lot of _____ in the accident.

❸ He suffered severe _____ damage after a motorbike accident.

❹ I've got a tight feeling in my _____.

❺ Karl cleared his _____ and spoke in low, polite tones.

❻ Crocodiles cannot stick out the _____.

05 Appearance and Character 外貌与性格

appearance 外貌

age 年龄
- elderly 年老的 → elder 年龄较大的
- aged 年迈的
- old 年老的
- middle-aged 中年的
- young 年轻的

figure 身材
- slim 苗条的
- thin 瘦的
- fat 胖的
- heavy 重的
- strong 强壮的 → energy 精力

face 脸
- pretty 漂亮的
- attractive 吸引人的 → attract 吸引; attraction 吸引力
- beautiful 漂亮的 → beauty 美人
- good-looking 好看的
- charming 迷人的
- cute 可爱的
- handsome 帅的
- gorgeous 极其漂亮的
- ugly 丑陋的
- similar 相似的 → alike 相似的

height 身高；高度
- tall 高的
- short 短的；矮的

- **appearance** [əˈpɪərəns] n 外貌，外表，外观

例 There was nothing unusual in her physical appearance. 她的外表并没有什么特别之处。

近 look n 样子

扩 appear v 出现；显得；看来

- **pretty** [ˈprɪti] adj 漂亮的 adv 相当

近 beautiful adj 漂亮的

反 ugly adj 丑陋的

- **attractive** [əˈtræktɪv] adj 吸引人的

近 charming adj 有魅力的

- **attract** [əˈtrækt] v 吸引

例 These flowers are colourful in order to attract butterflies. 这些花朵鲜艳的色彩是为了吸引蝴蝶。

搭 attract a lot of interest 吸引很多人的兴趣

扩 attractive adj 有吸引力的

- **attraction** [əˈtrækʃən] n 吸引力，吸引；向往的地方

例 Children have huge attraction to toys. 玩具对孩子有很大吸引力。

搭 tourist attraction 观光胜地

- **beautiful** [ˈbjuːtɪfəl] adj 漂亮的

近 pretty adj 漂亮的；good-looking adj 好看的

- **beauty** [ˈbjuːti] n 美丽；美人

例 She was a great beauty when she was young. 她年轻时是个大美人。

搭 beauty salon 美容院

- **good-looking** [ˌɡʊdˈlʊkɪŋ] adj 好看的

- **charming** [ˈtʃɑːmɪŋ] adj 迷人的

近 attractive adj 有吸引力的

反 unattractive adj 没有吸引力的

扩 charm n 魅力

- **cute** [kjuːt] adj 可爱的

近 lovely adj 可爱的；漂亮的

- **handsome** [ˈhænsəm] adj 帅的；漂亮的

例 He was clever, handsome and exceedingly rich. 他聪明、帅气，还非常富有。

- **gorgeous** [ˈɡɔːdʒəs] adj 极其漂亮的

例 The bride looked gorgeous. 新娘看上去美极了。

近 brilliant adj 华丽的

- **ugly** [ˈʌɡli] adj 丑陋的

例 I feel really fat and ugly today. 今天我感觉自己真是又胖又丑。

- **similar** [ˈsɪmɪlər] adj 相似的

例 My father and I have similar views. 我和父亲观点相似。

近 alike adj 相似的

搭 be similar to 与……相似

- **alike** [əˈlaɪk] adj 相似的

例 The children all look very alike. 孩子们长得都很像。

搭 look alike 看起来像

- **height** [haɪt] n 身高；高度

搭 in height 在高度上；at the height of 在……顶点；在……的顶峰或鼎盛时期

扩 high adj 高的；heighten v 升高

- **tall** [tɔ:l] adj 高的

- **short** [ʃɔ:t] adj 短的，矮的；简短的

搭 in short 简而言之，总之；for short 作为简称缩写，为了简便起见；be short for 是……的简称；be short of 缺乏

- **figure** [ˈfɪɡər] n 身材；数字

例 She's got a beautiful figure. 她身材很好。

- **slim** [slɪm] adj 苗条的；纤细的；微薄的

- **thin** [θɪn] adj 瘦的

- **fat** [fæt] adj 胖的

搭 get fat 变胖

- **heavy** [ˈhevi] adj 重的；大而结实的

反 light adj 轻的

- **strong** [strɒŋ] adj 强壮的；强烈的

近 powerful adj 强有力的

反 weak adj 弱的

- **energy** [ˈenədʒi] n 精力；能量；能源

例 Since I started eating more healthily, I've got so much more energy. 自从更加注意饮食健康以来，我精力愈发充沛了。

扩 energetic adj 精力充沛的

近 vigor n 精力

- **age** [eɪdʒ] n 年龄

搭 of all ages 全年龄段；at the age of 在……岁的时候；from an early age 从小时候

- **elderly** [ˈeldəli] adj 年老的

搭 the elderly （总称）老人

- **elder** [ˈeldər] adj 年龄较大的 n 长辈

例 The elder girl tried to encourage the little boy. 年龄较大的女孩试图鼓励小男孩。

近 older adj 年长的

- **aged** [ˈeɪdʒɪd] adj 年迈的

例 An aged man can not walk very fast. 上了年纪的人，不能走得很快。

- **old** [əʊld] adj 年老的；古老的

搭 an old man 一位老人

- **middle-aged** [ˌmɪdəlˈeɪdʒd] adj 中年的

例 They're a middle-aged couple, with grown-up children. 他们是一对中年夫妇，孩子们都已成年。

- **young** [jʌŋ] adj 年轻的

搭 young adults 年轻人；from a young age 从小时候起

character
性格

careful 小心的	⟷	careless 粗心的
kind 和蔼的 easygoing 脾气随和的	⟷	unkind 不友善的 cruel 残忍的
friendly 友善的	⟷	unfriendly 不友好的
lovely 可爱的	⟷	unattractive 不吸引人的
funny 有趣的	⟷	boring 无聊的
quiet 安静的 peaceful 平静的	⟷	noisy 喧闹的 noise 噪音
confident 自信的	⟷	shy 害羞的
polite 礼貌的	⟷	rude 无礼的
cool 冷静的	⟷	crazy 疯狂的 mad 发疯的
just 公正的	⟷	unjust 不公正的
honest 诚实的	⟷	dishonest 不诚实的
intelligent 智慧的 sensible 明智的；理智的	⟷	fool 傻的
active 活跃的；主动的	⟷	passive 被动的
generous 慷慨的	⟷	selfish 自私的
brave 勇敢的	⟷	afraid/scared 害怕的
sociable 擅交际的	⟷	lonely 孤独的 alone 单独的

- **character** [ˈkærəktər] n 性格；特征，特点；人物，角色
  - 搭 main character 主要人物
  - 近 role n 角色
  - 扩 characteristic n 特征

- **careful** [ˈkeəfəl] adj 小心的；仔细的
  - 搭 be careful of sth. 小心某物

- **careless** [ˈkeələs] adj 粗心的
  - 搭 a careless mistake 疏忽造成的错误

- **kind** [kaɪnd] adj 和蔼的；体贴的 n 种类
  - 搭 be kind to sb. 对某人友好

- **easygoing** [ˌiːziˈɡəʊɪŋ] adj 脾气随和的

- **unkind** [ʌnˈkaɪnd] adj 不友善的

- **cruel** [ˈkruːəl] adj 残忍的；刻薄的
  - 例 Don't tease him about his weight—it's cruel. 别拿他的体重开玩笑，这样太刻薄了。
  - 近 brutal adj 野蛮的，残忍的
  - 扩 cruelty n 残酷

- **unfriendly** [ʌnˈfrendli] adj 不友好的

- **lovely** [ˈlʌvli] adj 可爱的
  - 搭 a lovely meal 愉快的晚餐

- **unattractive** [ˌʌnəˈtræktɪv] adj 不吸引人的

- **funny** [ˈfʌni] adj 有趣的；滑稽的

- 近 humorous adj 滑稽的，幽默的

- **boring** [ˈbɔːrɪŋ] adj 无聊的
  - 反 interesting adj 有趣的

- **quiet** [ˈkwaɪət] adj 安静的
  - 搭 keep quiet 保持安静
  - 反 noisy adj 吵闹的

- **peaceful** [ˈpiːsfəl] adj 平静的，平和的
  - 例 I was amazingly light-hearted and peaceful. 我当时出奇得轻松和平静。
  - 搭 peaceful co-existence 和平共处

- **noisy** [ˈnɔɪzi] adj 喧闹的；嘈杂的
  - 搭 noisy neighbours 吵闹的邻居

- **noise** [nɔɪz] n 噪音
  - 搭 make noise 发出噪音

- **confident** [ˈkɒnfɪdənt] adj 自信的
  - 例 Be a bit more confident in yourself! 你应该再自信一点！
  - 搭 be confident about 对……有信心
  - 扩 confidence n 信心

- **shy** [ʃaɪ] adj 害羞的

- **polite** [pəˈlaɪt] adj 礼貌的
  - 搭 be polite to 对……有礼貌
  - 反 impolite adj 没礼貌的

- **rude** [ruːd] adj 无礼的，粗鲁的
  - 近 impolite adj 粗鲁的，无礼的
  - 扩 rudeness n 无礼，粗蛮

- **cool** [kuːl] adj 冷静的，镇静的；凉爽的

搭 stay/keep cool 保持镇静

• **crazy** [ˈkreɪzi] adj 疯狂的

搭 go crazy 发疯

• **mad** [mæd] adj 发疯的；气愤的；愚蠢的，不明智的

搭 be mad at 对……生气

• **just** [dʒʌst] adj 公正的

• **unjust** [ʌnˈdʒʌst] adj 不公正的

例 The attack on him was unjust. 对他的攻击是不公正的。

• **honest** [ˈɒnɪst] adj 诚实的

搭 be honest with sb. 对某人坦诚；to be honest 老实说
近 truthful adj 诚实的
扩 honesty n 诚实

• **dishonest** [dɪˈsɒnɪst] adj 不诚实的

• **intelligent** [ɪnˈtelɪdʒənt] adj 智慧的；智能的

反 stupid adj 愚蠢的

• **sensible** [ˈsensəbəl] adj 明智的，理智的

例 I think the sensible thing to do is call and ask for directions. 我觉得明智之举是打个电话问好路。
扩 sensitive adj 敏感的

• **fool** [fuːl] adj 傻的 n 傻瓜，笨蛋

搭 make a fool of sb. 愚弄某人
近 stupid n 傻瓜
扩 foolish adj 愚蠢的

• **active** [ˈæktɪv] adj 活跃的；主动的

例 You have to try to keep active as you grow older. 年岁大了，应该尽量保持身心活跃。
搭 be active in sth. 在……方面积极
近 positive adj 积极的
扩 activity n 活动

• **passive** [ˈpæsɪv] adj 被动的

• **generous** [ˈdʒenərəs] adj 慷慨的

• **selfish** [ˈselfɪʃ] adj 自私的

例 I think I've been very selfish. I've been mainly concerned with myself. 我觉得我一直很自私。我总是只关心自己。
反 unselfish adj 无私的；selfless adj 无私的

• **brave** [breɪv] adj 勇敢的

扩 bravery n 勇敢，英勇

• **afraid** [əˈfreɪd] adj 害怕的

搭 be afraid of sb./sth. 害怕某人或某物；be afraid of doing sth. 害怕做某事

• **scared** [skeəd] adj 害怕的

搭 feel scared 感到害怕的
近 frightened adj 害怕的

• **sociable** [ˈsəʊʃəbəl] adj 擅交际的

• **lonely** [ˈləʊnli] adj 孤独的

扩 lone adj 单身的

• **alone** [əˈləʊn] adj 单独的；孤独的

例 He likes being alone in the house. 他喜欢自己一个人待在家里。
搭 let alone 更不用提，更别说

1 将下面单词按照正确的顺序排列，组成完整的句子。

❶ the main/the opportunity/this job/travel/is/one/to/of/attractions/of

_____

❷ more/be/confident/a bit/yourself/in

_____

❸ I/my/elderly/to/look/some/new/at/houses/parents/took

_____

❹ umbrella/sensible/it/be/to/take/an/would

_____

❺ of/passive/they/less/ways/filling/time/want/their

_____

2 读句子，将画线部分的字母按照正确的顺序排列，拼写在右侧横线上。

❶ She tried to <u>ttacrat</u> the waiter's attention. _____

❷ She is known as a great <u>ebatuy</u>. _____

❸ She is such a <u>ucet</u> little girl. _____

❹ He was tall, lean and <u>hnadsmoe</u>. _____

❺ The brothers look very <u>sliiamr</u>. _____

06 Feelings and Emotions
感受与情绪

feelings and emotions
感受与情绪

pleased 高兴的 ⟺ upset 沮丧的

 excited 兴奋的
exciting 令人兴奋的 ⟺ worried 担心的

interested 感兴趣的
interesting 有趣的
amusing 有趣的 ⟺ bored 感到无聊的
boring 枯燥的

calm 平静的
peaceful 平静的 ⟺ amazed/surprised 感到惊讶的
surprising/amazing 令人惊讶的

 relaxed 放松的
comfortable 令人舒服的 ⟺ tired 疲劳的
exhausted 筋疲力尽的

cheerful/delighted 高兴的 ⟺ depressed 沮丧的

proud 自豪的 ⟺ ashamed 羞耻的
embarrassed 尴尬的
embarrassing 令人尴尬的

curious 好奇的 ⟺ uninterested 不感兴趣的

 pleasant 令人愉快的 ⟺ unpleasant 令人讨厌的

satisfied 满意的 ⟺ disappointed 失望的

• **pleased** [pliːzd] adj 高兴的；满意的

搭 be pleased with sb. 对某人感到满意

• **pleasant** [ˈplezənt] adj 令人愉快的

• **upset** [ʌpˈset] adj 沮丧的

搭 get upset about 对……感到难过

• **excited** [ɪkˈsaɪtɪd] adj 兴奋的

搭 be excited about 对……激动

• **exciting** [ɪkˈsaɪtɪŋ] adj 令人兴奋的

扩 excitement n 兴奋；刺激

• **worried** [ˈwʌrɪd] adj 担心的

搭 be worried about 对……感到担心；feel worried 感到担忧；get worried 变得担心

扩 worrying adj 令人担忧的

• **interested** [ˈɪntrəstɪd] adj 感兴趣的

搭 be interested in (doing) sth. 对（做）某事感兴趣

• **interesting** [ˈɪntrəstɪŋ] adj 有趣的

• **amusing** [əˈmjuːzɪŋ] adj 有趣的；好笑的

例 It's a very amusing game to play. 这种游戏玩起来非常有趣。

扩 amuse v 娱乐，消遣；amused adj 被逗乐的；amusement n 消遣，娱乐

• **bored** [bɔːd] adj 感到无聊的

搭 be bored with/of 对……感到厌烦；get bored of 对……感到无聊

• **boring** [ˈbɔːrɪŋ] adj 枯燥的，无聊的

反 interesting adj 有趣的

• **calm** [kɑːm] adj 平静的；冷静的 v 使平静

搭 calm down 平静下来；stay calm 保持冷静

近 peaceful adj 平静的

扩 calmness n 冷静

• **peaceful** [ˈpiːsfəl] adj 平静的；安静的；和平的

例 She found a peaceful place in the forest. 她在树林里找到了一个安静的地方。

• **amazed** [əˈmeɪzd] adj 感到惊讶的

近 astonished adj 感到惊奇的

扩 amaze v 使吃惊

• **surprised** [səˈpraɪzd] adj 感到惊讶的

搭 be surprised at 对……感到意外；feel/be surprised to do sth. 做某事感到惊讶

• **surprising** [səˈpraɪzɪŋ] adj 令人惊讶的

例 It is not surprising that children learn to read at different rates. 孩子们的识字速度不同，这并不令人惊讶。

• **amazing** [əˈmeɪzɪŋ] adj 令人惊讶的

近 surprising adj 令人惊讶的

• **relaxed** [rɪˈlækst] adj 放松的

反 nervous adj 紧张的

扩 relaxation n 放松；relax v 放松

- **comfortable** [ˈkʌmfətəbəl]

adj 令人舒服的

反 uncomfortable adj 不舒适的

- **tired** [taɪəd] adj 疲劳的；厌倦的

搭 be tired of sth./sb. 对……感到厌倦

- **exhausted** [ɪgˈzɔːstɪd] adj 筋疲力尽的

例 By the time they reached the summit they were exhausted. 他们登到山顶时，已经筋疲力尽了。

近 tired adj 疲惫的

- **cheerful** [ˈtʃɪəfəl] adj 高兴的，令人愉快的

例 He's usually fairly cheerful. 他总是乐呵呵的。

扩 cheer v 欢呼

- **delighted** [dɪˈlaɪtɪd] adj 高兴的

例 I'm absolutely delighted that you can come. 你能来，我特别高兴。

近 pleased adj 高兴的

反 upset adj 难过的，沮丧的

扩 delight v 使高兴；delightful adj 令人愉快的

- **depressed** [dɪˈprest] adj 沮丧的

例 He seemed a bit depressed about his work situation. 他似乎对自己的工作状况感觉有些沮丧。

近 disappointed adj 沮丧的，失望的

反 cheerful adj 高兴的

扩 depress v 使沮丧；depression n 沮丧

- **proud** [praʊd] adj 自豪的；骄傲的

搭 be proud of 为……而感到骄傲

- **ashamed** [əˈʃeɪmd] adj 羞耻的

例 I'm so ashamed of you! 我真为你的行为感到羞耻！

搭 be ashamed of 对……感到惭愧

反 proud adj 骄傲的；自豪的

扩 shame v 使羞愧；shameful adj 可耻的

- **embarrassed** [ɪmˈbærəst]

adj 尴尬的

例 He looked a bit embarrassed. 他看上去有点尴尬。

搭 be embarrassed about 对……感到尴尬

近 awkward adj 窘迫的

扩 embarrass v 使尴尬；embarrassment n 尴尬

- **embarrassing** [ɪmˈbærəsɪŋ]

adj 令人尴尬的

例 It's embarrassing to be caught telling a lie. 说谎被人当场识破是件很尴尬的事情。

搭 an embarrassing situation 尴尬的处境

- **curious** [ˈkjʊəriəs] adj 好奇的

搭 be curious about 对……感到好奇

近 interested adj 感兴趣的

反 uninterested adj 不感兴趣的

扩 curiosity n 好奇心

- **uninterested** [ʌnˈɪntərestɪd]

adj 不感兴趣的；漠不关心的

例 I was so uninterested in the result that I didn't even bother to look at it. 我对结果

一点都不感兴趣，连看都没看。

近 bored adj 无聊的

反 interested adj 感兴趣的

• **pleasant** [ˈplezənt] adj 令人愉快的；舒适的

• **unpleasant** [ʌnˈplezənt] adj 令人讨厌的，不愉快的

例 She thought he was an unpleasant man. 她曾认为他是个令人讨厌的人。

反 pleasant adj 令人愉快的

• **satisfied** [ˈsætɪsfaɪd] adj 满意的

搭 be satisfied with 对……满意

• **disappointed** [ˌdɪsəˈpɔɪntɪd] adj 失望的

搭 be disappointed with 对……失望

近 depressed adj 沮丧的

反 hopeful adj 抱有希望的

扩 disappoint v 使失望；disappointment n 失望

动手练练看

1 从表格中找出 8 个与情绪相关的单词。

e	g	l	a	d	s
d	k	t	m	e	a
a	x	i	u	l	t
d	c	r	s	i	i
z	c	e	i	g	s
s	a	d	n	h	f
z	l	o	g	t	i
s	m	r	n	e	e
p	r	o	u	d	d

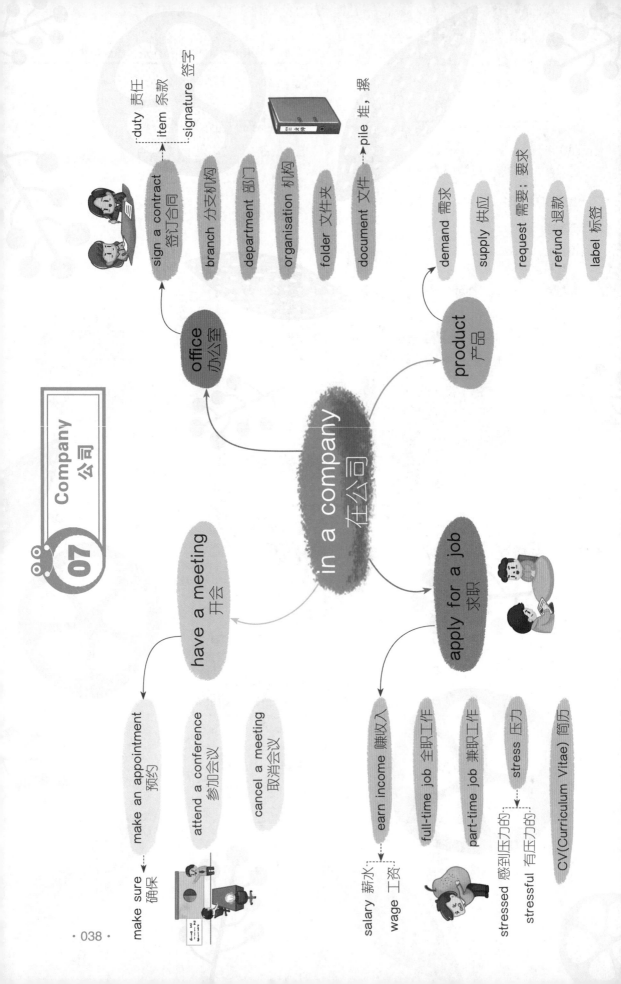

07 Company 公司

in a company 在公司

office 办公室

sign a contract 签订合同
- duty 责任
- item 条款
- signature 签字

branch 分支机构

department 部门

organisation 机构

folder 文件夹

document 文件 → pile 堆，摞

product 产品

demand 需求

supply 供应

request 需要；要求

refund 退款

label 标签

have a meeting 开会

make an appointment 预约
- make sure 确保

attend a conference 参加会议

cancel a meeting 取消会议

apply for a job 求职

earn income 赚收入
- salary 薪水
- wage 工资

full-time job 全职工作

part-time job 兼职工作

stress 压力
- stressed 感到压力的
- stressful 有压力的

CV(Curriculum Vitae) 简历

- **office** [ˈɒfɪs] n 办公室；办事处

搭 office hour 工作时间；take office 就职，就任；post office 邮局

- **duty** [ˈdʒuːti] n 责任；义务

例 The duty of the agency is to act in the best interests of the child. 这个机构的责任就是为孩子谋取最大利益。

近 responsibility n 责任

- **item** [ˈaɪtəm] n 条款；一件商品（或物品）；项目；一则，一条（新闻）

例 Can I pay each item separately? 我能否一件一件地分别付钱？

搭 item by item 逐项，逐件

- **signature** [ˈsɪɡnətʃər] n 签字，签名

例 I was writing my signature at the bottom of the page. 我当时正把我的签名写在本页的底部。

- **branch** [brɑːntʃ] n 分支机构；树枝；支流

例 In the US, the president is part of the executive branch of the government. 在美国，总统是政府行政分支的一部分。

搭 branch company 分公司

反 headquarter n 总部

- **department** [dɪˈpɑːtmənt] n 部门，部；系

- **organisation** [ɔːɡənəˈzeʃən] n 机构；组织

例 She works in an educational organisation. 她在一家教育机构上班。

近 group n 组织

- **folder** [ˈfəʊldər] n 文件夹

- **document** [ˈdɒkjəmənt] n 文件；证件；文档

- **pile** [paɪl] n 堆，摞 v 堆放，叠放

例 He swept the leaves up into a pile. 他把树叶扫成一堆。

搭 a pile of 一堆……

- **product** [ˈprɒdʌkt] n 产品；产物

例 The product is so good that it sells itself. 这种产品非常好，不需要促销。

- **demand** [dɪˈmɑːnd] n 需求；要求 v 强烈要求

例 Demand is outpacing production. 需求正在超过生产。

搭 demand for 对……的需求

近 need n 需要

扩 demanding adj 苛求的

- **supply** [səˈplaɪ] n v 供应，提供

例 There is a large supply of cheap labour. 这里有大量的廉价劳动力供应。

近 afford v 提供；负担得起

扩 supplier n 供应厂商

- **request** [rɪˈkwest] n v 需要；要求

例 They received hundreds of requests for more information. 数以百计的人要求他们提供更多的信息。

搭 request for 对……的需求或要求

- **refund** [ˈriːfʌnd] n v 退款

例 We insisted on a refund of the full amount. 我们坚持要求全额退款。

搭 tax refund 退税；get a refund 退款
近 return v 退还

• **label** [ˈleɪbəl] n 标签；标记
例 Remember to put some address labels on the suitcases. 别忘了把地址标签贴在行李箱上。
搭 price labels 价格标签

• **apply** [əˈplaɪ] v 申请，请求；应用
例 If you want to apply for a job at my office where I work, I can help you. 如果你想申请我单位的工作，我可以帮你。
搭 apply for 申请，请求；apply to 应用

• **earn** [ɜːn] v 赚；赢得
例 Who taught you that you could only earn income while working? 谁又告诉你只有在工作的时候才能得到报酬？
搭 earn income 赚收入

• **salary** [ˈsæləri] n 薪水；薪金
例 He took a drop in salary when he changed jobs. 换工作时，他接受了较低的薪水。
搭 basic salary 基本薪金

• **wage** [weɪdʒ] n 工资；工钱
例 His wages have gone up. 他的工资涨了。
近 salary n 薪水

• **full-time** [ˌfʊl ˈtaɪm] adj 全职的；全日的
搭 full-time job 全职工作

• **part-time** [ˌpɑːt ˈtaɪm] adj 兼职的
搭 part-time job 兼职工作

• **stress** [stres] n 压力；强调；紧张
例 Yoga is a very effective way of relieving stress. 练瑜伽是舒缓压力的非常有效的方法。
搭 under stress 在压力之下
近 pressure n 压力
扩 stressful adj 紧张的

• **stressed** [strest] adj 感到压力的；紧张的
例 Work out what situations or people make you feel stressed and avoid them. 弄清是什么样的情况或什么样的人使你焦虑不安，并避开他们。
搭 be stressed out 紧张的

• **stressful** [ˈstresfəl] adj 有压力的
例 I think I've got one of the most stressful jobs there is. 我想我找了一个压力最大的工作。
近 tense adj 紧张的

• **meeting** [ˈmiːtɪŋ] n 开会；集会
例 Do you have a meeting today? 你今天要开会吗？
搭 have a meeting 开会

• **appointment** [əˈpɔɪntmənt] n 预约；约会
搭 make an appointment 预约；make an appointment with sb. 与某人约会

• **make sure** [meɪk ʃʊə(r)] 确保
例 Make sure you lock the door when you go out. 出门的时候一定要锁好门。
近 ensure v 确保

• **attend** [əˈtend] v 参加，出席
搭 attend a meeting 出席会议

• **cancel** [ˈkænsəl] v 取消
搭 cancel a meeting 取消会议

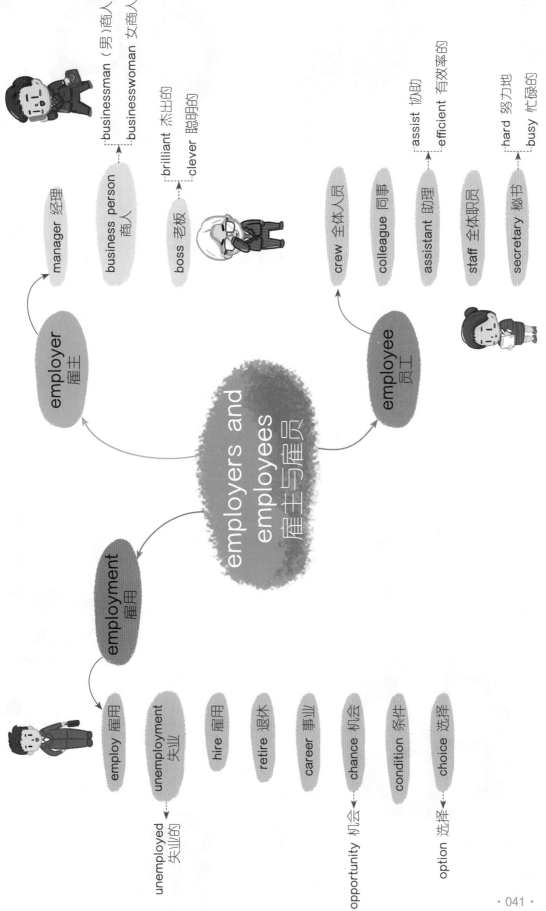

employers and employees
雇主与雇员

employer
雇主

manager 经理

business person
商人
└─ businessman (男)商人
└─ businesswoman 女商人

boss 老板
└─ brilliant 杰出的
└─ clever 聪明的

employee
员工

crew 全体人员

colleague 同事

assistant 助理
└─ assist 协助
└─ efficient 有效率的

staff 全体职员

secretary 秘书
└─ hard 努力地
└─ busy 忙碌的

employment
雇用

employ 雇用
└─ unemployed 失业的

unemployment 失业

hire 雇用

retire 退休

career 事业

chance 机会
└─ opportunity 机会

condition 条件

choice 选择
└─ option 选择

- **employer** [ɪmˈplɔɪər] n 雇主；老板

近 boss n 老板

- **manager** [ˈmænɪdʒər] n 经理；管理者

搭 a bank manager 银行经理

扩 manage v 管理

- **businessman** [ˈbɪznɪsmæn] n（男）商人

近 business person 商人

- **businesswoman** [ˈbɪznɪsˌwʊmən] n 女商人

- **boss** [bɒs] n 老板

- **brilliant** [ˈbrɪljənt] adj 杰出的；巧妙的

例 Her mother was a brilliant scientist. 她母亲是一位杰出的科学家。

- **clever** [ˈklevər] adj 聪明的

近 smart adj 聪明的

- **employee** [ɪmˈplɔɪiː] n 员工；雇员

近 staff n 职员

扩 employed adj 被雇用的

- **crew** [kruː] n 全体人员；全体船员

例 The mission for the crew is very difficult. 全体成员的这次任务很难。

- **colleague** [ˈkɒliːg] n 同事

近 co-worker n 同事

- **assistant** [əˈsɪstənt] n 助理，助手

例 The assistant carried on talking. 那个助理接着谈了下去。

- **assist** [əˈsɪst] v 协助，帮助，援助

例 The army arrived to assist in the search. 军队到达后协助搜寻。

扩 assistant n 助手；assistance n 帮助

- **efficient** [ɪˈfɪʃənt] adj 有效率的，效率高的

例 The city's transport system is one of the most efficient in Europe. 这座城市的交通系统运行效率很高，在欧洲名列前茅。

- **staff** [stɑːf] n 全体职员，工作人员

例 There are over a hundred staff in the company. 公司有一百多名员工。

- **secretary** [ˈsekrətəri] n 秘书

- **hard** [hɑːd] adv 努力地；费力地 adj 努力的；困难的；坚硬的

搭 be hard on 对……苛刻，对……严格；have a hard time 度过艰难的时光；study hard 努力学习

反 easy adj 容易的

- **busy** [ˈbɪzi] adj 忙碌的，繁忙的

搭 be busy with 忙于……；be busy doing sth. 忙于做某事

- **employment** [ɪmˈplɔɪmənt] n 雇用；职业；就业

例 Employment rate is pretty low this year. 今年的就业率很低。

反 unemployment n 失业

扩 employed adj 被雇用的

- **employ** [ɪmˈplɔɪ] v 雇用

例 How many people does your company employ? 你们公司雇有多少员工?

近 hire v 聘用

反 fire v 解雇

- **unemployment** [ˌʌnɪmˈplɔɪmənt] n 失业，无业

例 High unemployment rate is a serious social problem. 高失业率是严重的社会问题。

搭 unemployment rate 失业率

- **unemployed** [ˌʌnɪmˈplɔɪd] adj 失业的；未受雇用的

例 He's been unemployed for over a year. 他失业一年多了。

近 jobless adj 无业的；laid-off adj 下岗的

- **hire** [haɪər] v 雇用；租用，租借

扩 hirer n 雇主

- **retire** [rɪˈtaɪər] v 退休；退出（比赛等）

例 Since retiring from the company, she has done voluntary work for a charity. 从公司退休后，她就一直在为一家慈善机构做志愿工作。

搭 retire from 从……退休

扩 retirement n 退休

- **career** [kəˈrɪər] n 事业；职业；生涯

搭 begin one's career 开始某人的职业生涯；end one's career 结束某人的事业

- **chance** [tʃɑːns] n 机会，机遇；风险，冒险

搭 by chance 偶然地；take a chance 冒险，碰运气

- **opportunity** [ˌɒpəˈtʃuːnəti] n 机会，时机

例 Everyone will have an opportunity to comment. 每个人都有机会发表意见。

搭 seize the opportunity 抓住机遇；have the opportunity to do sth. 有机会做某事

- **condition** [kənˈdɪʃən] n 条件，状况；状态

例 It's easy to make a wrong turn here under bad weather conditions. 恶劣天气条件下很容易在这里拐错弯。

搭 good condition 状态良好

近 situation n 情况

- **choice** [tʃɔɪs] n 选择；挑选；抉择

搭 make a choice 做出选择；have no choice 没有选择的余地

近 option n 选择

扩 choose v 选择

- **option** [ˈɒpʃən] n 选择；选项；选择权

例 The best option would be to cancel the trip altogether. 最好的选择是彻底取消这次行程。

动手练练看

1 根据单词释义，将方框中的单词填写在右侧横线处。

product　department　pile　demand　signature

❶ your name written by yourself, always in the same way ＿＿＿＿＿＿＿

❷ a part of an organization such as a government ＿＿＿＿＿＿＿

❸ objects that have been placed on top of each other ＿＿＿＿＿＿＿

❹ something that is made to be sold ＿＿＿＿＿＿＿

❺ to ask for something forcefully ＿＿＿＿＿＿＿

2 用下面单词的正确形式填空。

branch　label　salary　refund　condition　unemployment

❶ The problems of poverty, homelessness and ＿＿＿＿＿＿＿ are all interconnected.

❷ Remember to put some address ＿＿＿＿＿＿＿ on the suitcases.

❸ They're raising three kids on one small ＿＿＿＿＿＿＿ so money is very tight.

❹ Working ＿＿＿＿＿＿＿ here are primitive（简陋的）.

❺ I used to work in the local ＿＿＿＿＿＿＿ of a large bank.

❻ I took the radio back to the shop and asked for a ＿＿＿＿＿＿＿.

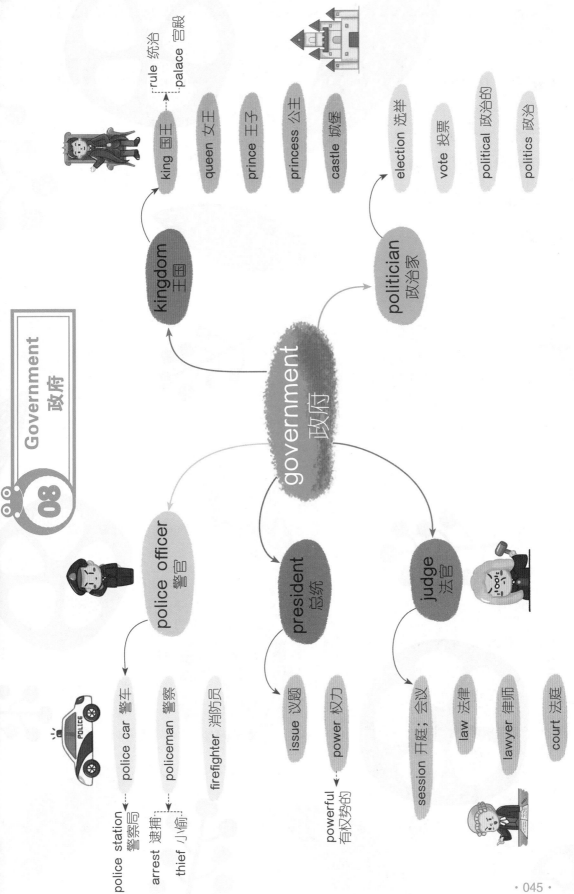

government 政府

kingdom 王国
rule 统治
palace 宫殿
king 国王
queen 女王
prince 王子
princess 公主
castle 城堡

politician 政治家
election 选举
vote 投票
political 政治的
politics 政治

police officer 警官
police station 警察局
arrest 逮捕
thief 小偷
police car 警车
policeman 警察
firefighter 消防员

president 总统
issue 议题
power 权力
powerful 有权势的

judge 法官
session 开庭；会议
law 法律
lawyer 律师
court 法庭

- **government** [ˈgʌvənmənt] n 政府

扩 governmental adj 政府的

- **kingdom** [ˈkɪŋdəm] n 王国

- **king** [kɪŋ] n 国王；君主

- **rule** [ruːl] v 统治；控制 n 规则，规章

例 He says foreigners have ruled this country for centuries. 他说外国人数世纪以来一直统治这个国家。

搭 break the rule 违反规则

扩 ruler n 统治者

- **palace** [ˈpælɪs] n 宫殿；王宫

例 Buckingham Palace is open to the public. 金汉宫向公众开放。

搭 Summer Palace 颐和园；children's palace 少年宫

- **queen** [kwiːn] n 女王；王后

- **prince** [prɪns] n 王子；王孙

- **princess** [prɪnˈses] n 公主；王妃

- **castle** [ˈkɑːsəl] n 城堡

- **politician** [ˌpɒlɪˈtɪʃən] n 政治家；政客

近 statesman n 政治家

- **election** [iˈlekʃən] n 选举

例 Local government elections will take place in May. 地方政府选举将在五月份举行。

扩 elector n 选举人；elect v 选举

- **vote** [vəʊt] n 投票 v 投票；表决

例 She was too young to vote in the election. 她的年龄太小，不能在选举中投票。

搭 vote against 投票反对，表决(不支持)；vote for 投票赞成，表决（支持）

- **political** [pəˈlɪtɪkəl] adj 政治的；政权的；政府的

例 Education is back at the top of the political agenda. 教育问题又回到了政府议事日程的首位。

搭 political party 政党

- **politics** [ˈpɒlətɪks] n 政治

例 He quickly involved himself in local politics. 他很快就参与到地方政治活动中了。

搭 international politics 国际政治

- **judge** [dʒʌdʒ] n 法官 v 判断；断定，认为

例 His father is a judge. 他爸爸是一位法官。

搭 judge by 根据……作出判断

- **session** [ˈseʃən] n 开庭；会议；一场；一节

例 The Arab League is meeting in emergency session today. 阿拉伯国家联盟今天正在举行紧急会议。

- **law** [lɔː] n 法律

例 Of course robbery is against the law! 抢劫当然是违法的！

- **lawyer** [ˈlɔɪər] n 律师

- **court** [kɔːt] n 法庭；球场

例 He is a county court judge. 他是一名县法院的法官。

搭 tennis court 网球场；in court 在法庭上

• **president** [ˈprezɪdənt] n 总统；主席；院长；董事长

例 The President hits town tomorrow. 总统明天到镇子上来。

近 chairman n 主席；principal n 校长

• **issue** [ˈɪʃuː] n 议题；争论的问题；v 宣布，公布

例 The issue of prize-money for next year's match will be launched. 明年比赛的奖金问题会发布。

• **power** [paʊər] n 权力；力量

例 Superman is a symbol of power. 超人是力量的象征。

搭 in power 执政

近 force n 力量

• **powerful** [ˈpaʊəfəl] adj 有权势的；强大的，强有力的

• **police officer** [pəˈliːs ˌɒfɪsər] 警官

• **police car** [pəˈliːs ˌkɑːr] 警车

• **police station** [pəˈliːs ˌsteɪʃən] 警察局

• **policeman** [pəˈliːsmən] n 警察

例 An injured policeman was led away by colleagues. 一位受伤的警察被同事们带走了。

搭 traffic police 交通警察

• **arrest** [əˈrest] v 逮捕；阻止，中止

例 The police arrested her for drinking and driving. 她因酒后驾车被警察拘捕。

搭 get arrested 遭到逮捕

• **thief** [θiːf] n 小偷

例 The thief used a false identity. 窃贼使用的是假身份。

• **firefighter** [ˈfaɪəˌfaɪtər] n 消防员

例 It took the firefighters several hours to put out the flames. 消防队员花了好几个小时才把火扑灭。

近 fireman n 消防队员

在这里完成自己的思维导图吧！

动手练练看

1 根据句意和字母提示，完成句子。

❶ Local government e__e__ti__ns will take place in May.

❷ The police a__ __ e__t__d her for drinking and driving.

❸ The lack of evidence means that the case is unlikely to go to c__u__t.

❹ It took the f__r__f__ __h__e__s several hours to extinguish the flames.

❺ Only people over 18 are eligible（有资格的） to v__t__.

2 从方框中选择正确的单词，填写在右侧横线处。

palace kingdom prince law government

❶ What does it call a group of people who officially control a country? _____

❷ What does it call a country ruled by a king or queen? _____

❸ What does it call a large house that is the official home of a king? _____

❹ What does it call an important male member of a royal family? _____

❺ What does it call a rule usually made by a government? _____

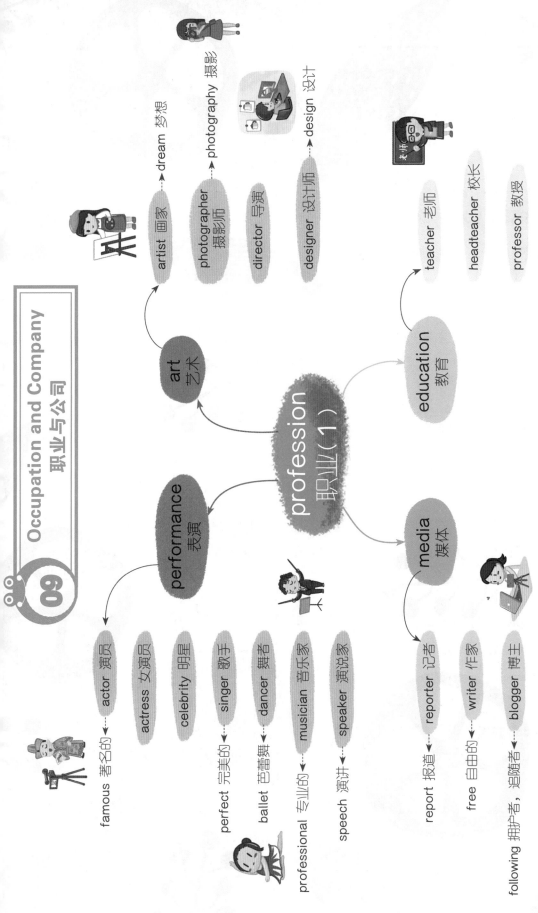

profession 职业（1）

art 艺术

artist 画家 ----> dream 梦想

photographer 摄影师 ----> photography 摄影

director 导演

designer 设计师 ----> design 设计

education 教育

teacher 老师

headteacher 校长

professor 教授

performance 表演

actor 演员 ----> famous 著名的

actress 女演员

celebrity 明星

singer 歌手 ----> perfect 完美的

dancer 舞者 ----> ballet 芭蕾舞

musician 音乐家 ----> professional 专业的

speaker 演说家 ----> speech 演讲

media 媒体

reporter 记者 ----> report 报道

writer 作家 ----> free 自由的

blogger 博主 ----> following 拥护者，追随者

journalist 新闻记者 ----> qualified 有资格的

- **profession** [prəˈfeʃən] n 职业，行业

近 occupation n 职业

扩 professional adj 职业的；专业的

- **art** [ɑːt] n 艺术；美术；美术作品

- **artist** [ˈɑːtɪst] n 画家，艺术家

例 Monet is one of my favourite artists. 莫奈是我最喜欢的画家之一。

- **dream** [driːm] n 梦想；梦

搭 sweet dream 美梦；achieve one's dream 实现某人的梦想

- **photographer** [fəˈtɒɡrəfər] n 摄影师

例 She's a professional photographer. 她是一名专业的摄影师。

- **photography** [fəˈtɒɡrəfi] n 摄影

例 She's taking an evening class in photography. 她在夜校学摄影。

- **director** [daɪˈrektər] n（电影、戏剧等的）导演；（某一活动的）负责人；（公司部门的）主任

搭 managing director 总经理

扩 direct adj 直接的

- **designer** [dɪˈzaɪnər] n 设计师

搭 fashion designer 时装设计师

近 stylist n 设计师

- **design** [dɪˈzaɪn] v n 设计；构思

例 This range of clothing is specially designed for shorter women. 该系列服装

是专为身材较矮的女性设计的。

搭 design for 为……设计

- **education** [ˌedʒuˈkeɪʃən] n 教育

搭 higher education 高等教育

扩 educational adj 教育的

- **teacher** [ˈtiːtʃər] n 老师

- **headteacher** [ˌhedˈtiːtʃər] n 校长

近 principal n 校长

- **professor** [prəˈfesər] n 教授；（大学的）讲师

例 He is a professor of economics at university. 他是大学经济学教授。

搭 university professor 大学教授

- **media** [ˈmiːdiə] n 媒体

- **reporter** [rɪˈpɔːtər] n 记者

例 He is a 24-year-old trainee reporter. 他是一个二十四岁的实习记者。

搭 news reporter 新闻记者

近 journalist n 新闻记者

- **report** [rɪˈpɔːt] n 报道；报告 v 汇报，报告

例 The event was reported in all the newspapers. 所有报纸都报道了这起事件。

- **writer** [ˈraɪtər] n 作家；作者

搭 a fiction writer 小说作家

- **free** [friː] adj 自由的；免费的；不受限制的

扩 freedom n 自由

搭 in one's free time 在某人休闲时间; be free from 免于，摆脱; for free 免费; set free 释放，解放

• **blogger** ['blɒgə(r)] n 博主

扩 blog n 博客

• **following** ['fɒləʊɪŋ] n 拥护者，追随者

例 The football team enjoys a huge following in New Zealand. 这支足球队在新西兰有一大批支持者。

• **journalist** ['dʒɜ:nəlɪst] n 新闻记者

• **qualified** ['kwɒlɪfaɪd] adj 有资格的; 具备……技能

例 What makes you think that you are qualified for this job? 什么使你觉得自己有资格从事这份工作?

扩 qualification n 资格

• **performance** [pə'fɔ:məns] n 表演; 演出

例 Inside the theatre, they were giving a performance of ballet. 他们正在剧院里表演芭蕾。

近 show n 表演

扩 perform v 表演; performer n 表演者

• **actor** ['æktər] n 演员

扩 actress n 女演员

• **famous** ['feɪməs] adj 著名的

搭 be famous for 因……出名; be famous as 作为……而出名

• **actress** ['æktrəs] n 女演员

• **celebrity** [sə'lebrəti] n 明星; 名声

例 At the age of 30, she suddenly became a celebrity. 三十岁的她突然成了一位名人。

近 superstar n 明星

反 nobody n 小人物

• **singer** ['sɪŋər] n 歌手

• **perfect** ['pɜ:fɪkt] adj 完美的 [pə'fekt] v 使完善，使完美

扩 perfection n 完善，完美

• **dancer** ['dɑ:nsər] n 舞者

• **ballet** ['bæleɪ] n 芭蕾舞

例 By the age of 15 he had already composed his first ballet. 他十五岁就写出了第一首芭蕾舞曲。

搭 ballet dancer 芭蕾舞蹈家

• **musician** [mju:'zɪʃən] n 音乐家

• **professional** [prə'feʃənəl] adj 专业的; 职业的

搭 professional skills 专业技能

近 occupational adj 职业的

• **speaker** ['spi:kər] n 演说家; 说话者

• **speech** [spi:tʃ] n 演讲

例 She is due to make a speech on the economy next week. 她将在下周作有关经济的演说。

近 lecture n 演讲

扩 speechless adj 说不出话的

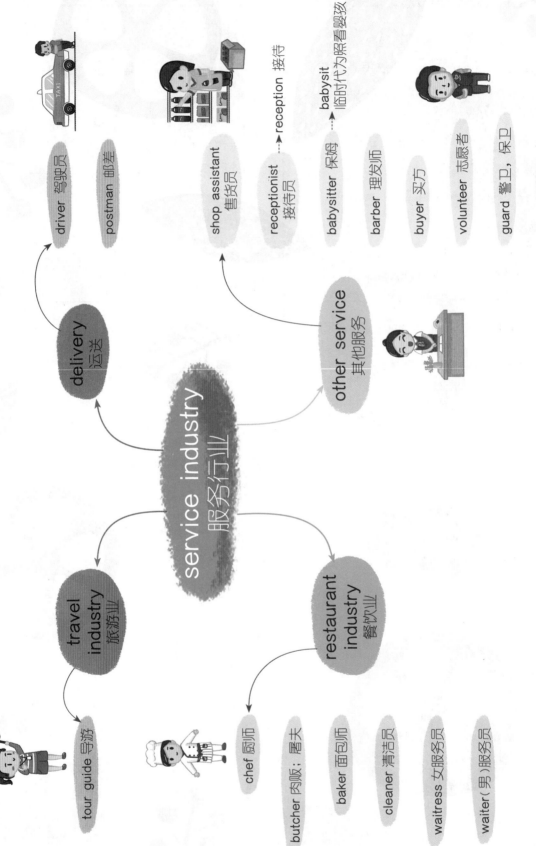

service industry 服务行业

delivery 运送
- driver 驾驶员
- postman 邮差

other service 其他服务
- shop assistant 售货员
- receptionist 接待员 ----→ reception 接待
- babysitter 保姆 ----→ babysit 临时代为照看婴孩
- barber 理发师
- buyer 买方
- volunteer 志愿者
- guard 警卫，保卫
- keeper 饲养员

travel industry 旅游业
- tour guide 导游

restaurant industry 餐饮业
- chef 厨师
- butcher 肉贩；屠夫
- baker 面包师
- cleaner 清洁员
- waitress 女服务员
- waiter (男) 服务员

- **delivery** [dɪˈlɪvəri] n 运送；投递
扩 deliver v 递送，传送；交付

- **driver** [ˈdraɪvər] n 驾驶员，司机
搭 a taxi driver 出租车司机

- **postman** [ˈpəʊstmən] n 邮差，邮递员
扩 post n 邮件；postal adj 邮政的

- **shop assistant** [ˈʃɒp əˌsɪstənt] 售货员

- **receptionist** [rɪˈsepʃənɪst] n 接待员

- **reception** [rɪˈsepʃən] n 接待；接待处
例 The president gave a reception for the visiting heads of state. 总统举行招待会款待来访的外国元首。
搭 the reception desk 服务台
扩 receive v 接收，收到；receptionist n 招待员

- **babysitter** [ˈbeɪbiˌsɪtər] n 保姆；代人临时照看小孩的人
近 carer n 看护者

- **babysit** [ˈbeɪbisɪt] v 临时代为照看婴孩
例 I babysit for Jane on Tuesday evenings while she goes to her yoga class. 每逢周二晚简去练瑜伽时，我都替她看孩子。

- **barber** [ˈbɑːbər] n 理发师

近 hairdresser n 理发师
扩 barbershop n 理发店

- **buyer** [ˈbaɪər] n 买主，买方
近 customer n 顾客
反 seller n 卖家

- **volunteer** [ˌvɒlənˈtɪər] n 志愿者 v 自愿做；义务做
扩 voluntary adj 自愿的

- **guard** [gɑːd] n 警卫，保卫 v 看守；监视
搭 a security guard 安全警卫
近 defend v 保护，保卫

- **keeper** [ˈkiːpər] n 饲养员；保管人
例 He is a zoo keeper. 他是动物园饲养员。
扩 supervisor n 监督人

- **chef** [ʃef] n 厨师

- **butcher** [ˈbʊtʃər] n 肉贩；屠夫 v 屠杀
例 A butcher is a shopkeeper who cuts up and sells meat. 屠夫是在店里切肉卖肉的人。

- **baker** [ˈbeɪkər] n 面包师
扩 bake v 烘面包；bakery n 面包店

- **cleaner** [ˈkliːnər] n 清洁员

- **waitress** [ˈweɪtrəs] n 女服务员

- **waiter** [ˈweɪtər] n（男）服务员

- **tour guide** [tʊr gaɪd] 导游

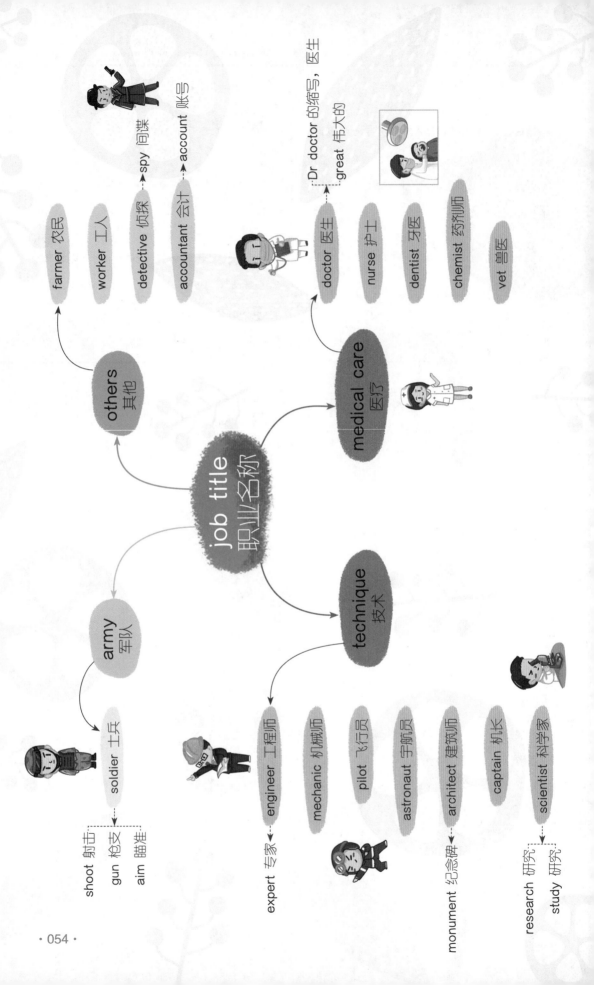

job title 职业名称

others 其他
- farmer 农民
- worker 工人
- detective 侦探 ---> spy 间谍
- accountant 会计 ---> account 账号

medical care 医疗
- doctor 医生 ---> Dr doctor 的缩写，医生
                ---> great 伟大的
- nurse 护士
- dentist 牙医
- chemist 药剂师
- vet 兽医

army 军队
- soldier 士兵 --- shoot 射击
                --- gun 枪支
                --- aim 瞄准

technique 技术
- engineer 工程师 ---> expert 专家
- mechanic 机械师
- pilot 飞行员
- astronaut 宇航员
- architect 建筑师 ---> monument 纪念碑
- captain 机长
- scientist 科学家 ---> research 研究
                   ---> study 研究

- **farmer** ['fɑ:mər] n 农民，农夫

- **worker** ['wɜ:kər] n 工人
搭 a skilled worker 技术熟练的工人

- **detective** [dɪ'tektɪv] n 侦探
例 She hired a private detective to find out the truth. 她雇了一名私家侦探查明真相。
扩 detect v 察觉；detection n 侦查

- **spy** [spaɪ] n 间谍 v 从事间谍活动

- **accountant** [ə'kaʊntənt] n 会计
扩 accounting n 会计

- **account** [ə'kaʊnt] n 账号，账户；描述；解释 v 认为是
例 I paid the money into my account this morning. 今天上午我把钱存入了我的账户。
搭 account for 说明，解释；（数量上）占；open an account 开账户；take sth. into account 把……考虑进去

- **medical** ['medɪkl] adj 医学的；医疗的
搭 medical care 医疗

- **doctor** ['dɒktər] n 医生
搭 see a doctor 看医生；at the doctor's 在诊所；在医院

- **great** [greɪt] adj 伟大的；好极的
搭 a great success 很大的成功

- **nurse** [nɜ:s] n 护士

- **dentist** ['dentɪst] n 牙医
搭 go to the dentist's 去看牙医；at the dentist's 在牙科诊所

- **chemist** ['kemɪst] n 药剂师；化学家

- **vet** [vet] n 兽医

- **technique** [tek'ni:k] n 技术
近 skill n 技巧
扩 technology n 技术

- **engineer** [ˌendʒɪ'nɪə] n 工程师
例 He started his working life as an engineer but later became a teacher. 他一开始是工程师，后来当了老师。
搭 a software engineer 软件工程师

- **expert** ['ekspɜ:t] n 专家
例 I don't claim to be an expert. 我不敢自称为专家。
搭 expert at 擅长
近 specialist n 专家
扩 expertise n 专门知识

- **mechanic** [mə'kænɪk] n 机械师，机修工
搭 a bike mechanic 自行车修理工

- **pilot** ['paɪlət] n 飞行员

- **astronaut** ['æstrənɔ:t] n 宇航员
扩 astronomy n 天文学；astronomer n 天文学家

- **architect** ['ɑ:kɪtekt] n 建筑师
扩 architecture n 建筑学

- **monument** ['mɒnjəmənt] n 纪念碑
例 In the square in front of the hotel stands a monument to all the people killed in the war. 在那家宾馆前的广场上矗立着纪念所有战争死难者的纪念碑。

近 memorial n 纪念碑

• **captain** [ˈkæptɪn] n 机长；船长

例 The captain gave the order to abandon ship. 船长下令弃船。

• **scientist** [ˈsaɪəntɪst] n 科学家

扩 scientific adj 科学的；science n 科学

• **research** [rɪˈsɜːtʃ] n v 研究

例 He conducted a lot of research in the community. 他在社区做了大量研究。

搭 do research on sth. 做关于……的研究
扩 researcher n 研究员

• **study** [ˈstʌdi] v n 研究

例 Recent studies have proved the phenomenon. 最近的研究证实了这一现象。

• **army** [ˈɑːmi] n 军队

例 When did you join the army? 你什么时候参的军？

搭 join army 加入军队
近 military n 军队

• **soldier** [ˈsəʊldʒər] n 士兵

例 Soldiers were patrolling the streets. 士兵们正在街上巡逻。

• **shoot** [ʃuːt] v 射击

例 The kids were shooting arrows at a target. 孩子们正对着靶子射箭。

• **gun** [gʌn] n 枪支

例 The British police do not carry guns. 英国警察不佩带枪支。

• **aim** [eɪm] v 瞄准；力求达到 n 目的，目标

例 When he appeared again, he was aiming the gun at Wade. 当他再次出现时，便将枪瞄准维德。

搭 aim at 瞄准；针对；致力于
近 target v 把……作为目标；n 目标

动手练练看

1 根据描述，写出对应的职业名称。

❶ a person whose job is to take care of people's teeth _____

❷ someone whose job is to discover information _____

❸ someone who is skilled in playing music _____

❹ a person who gives a speech at a public event _____

❺ a person who takes care of someone's baby or child while that

person is out _____

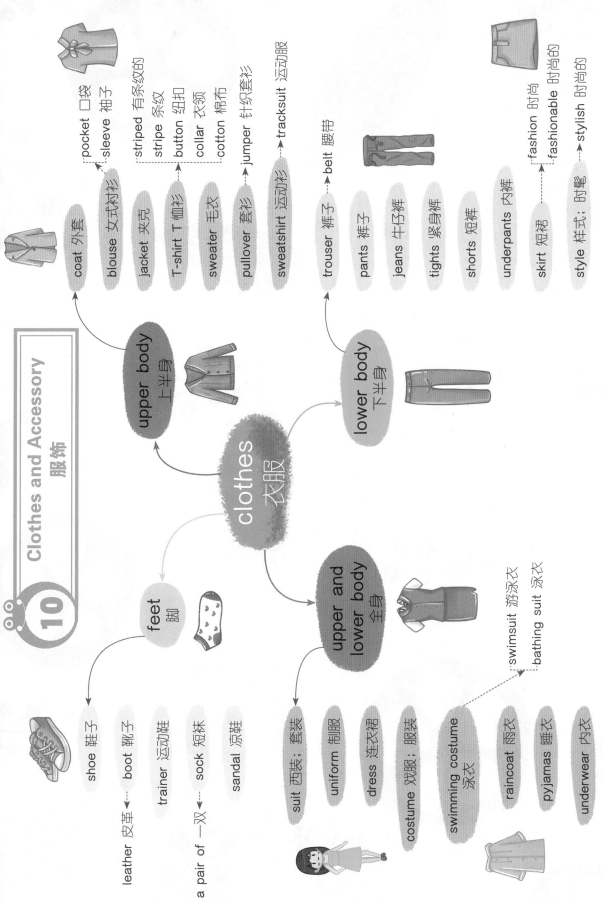

clothes
衣服

upper body
上半身

pocket 口袋
sleeve 袖子

striped 有条纹的
stripe 条纹
button 纽扣
collar 衣领
cotton 棉布

jumper 针织套衫

coat 外套
blouse 女式衬衫
jacket 夹克
T-shirt T恤衫
sweater 毛衣
pullover 套衫
sweatshirt 运动衫
tracksuit 运动服

lower body
下半身

trouser 裤子 → belt 腰带
pants 裤子
jeans 牛仔裤
tights 紧身裤
shorts 短裤
underpants 内裤
skirt 短裙

fashion 时尚
fashionable 时尚的

style 样式；时髦 → stylish 时尚的

feet
脚

leather 皮革 --→ boot 靴子
trainer 运动鞋
a pair of 一双 --→ sock 短袜
shoe 鞋子
sandal 凉鞋

upper and lower body
全身

suit 西装；套装
uniform 制服
dress 连衣裙
costume 戏服；服装

swimming costume 泳衣

swimsuit 游泳衣
bathing suit 泳衣

raincoat 雨衣
pyjamas 睡衣
underwear 内衣

- **coat** [kəʊt] n 外套，外衣；大衣
扩 raincoat n 雨衣

- **blouse** [blaʊz] n 女式衬衫
例 She wore a white blouse. 她穿着一件白色衬衫。

- **pocket** [ˈpɒkɪt] n 口袋
搭 pocket money 零花钱

- **sleeve** [sliːv] n 袖子
搭 long sleeve 长袖
扩 sleeveless adj 无袖的

- **jacket** [ˈdʒækɪt] n 夹克
搭 jacket pocket 夹克口袋

- **T-shirt** [ˈtiːʃɜːt] n T 恤衫

- **shirt** [ʃɜːt] n 衬衫

- **striped** [straɪpt] adj 有条纹的
搭 striped shirts 条纹衬衫

- **stripe** [straɪp] n 条纹
搭 black and white stripes 黑白条纹

- **button** [ˈbʌtən] n 纽扣；按钮

- **collar** [ˈkɒlər] n 衣领
例 His tie was pulled loose and his collar hung open. 他的领带被扯松了，衣领敞开着。

- **cotton** [ˈkɒtən] n 棉布；棉
例 The sheets are 100% pure cotton. 这些被单是 100% 的纯棉。

- **sweater** [ˈswetər] n 毛衣

- **pullover** [ˈpʊlˌəʊvər] n 套衫

例 This pullover fits you well. 这件套衫你穿很合身。

- **jumper** [ˈdʒʌmpər] n 针织套衫

- **sweatshirt** [ˈswetʃɜːt] n 运动衫
例 She was dressed casually in jeans and a sweatshirt. 她很随意地穿着一条牛仔裤和一件运动衫。

- **tracksuit** [ˈtræksuːt] n 运动服
例 He likes to wear tracksuit on weekends. 他在周末喜欢穿运动服。
近 sports wear 运动服

- **trouser** [ˈtraʊzər] n 裤子
搭 a pair of trousers 一条裤子

- **belt** [belt] n 腰带，皮带；传送带
搭 safety belt 安全带

- **pants** [pænts] n 裤子
例 Don't tell me you've split another pair of pants! 你不会又把一条裤子撑破了吧！
搭 a pair of pants 一条裤子

- **jeans** [dʒiːnz] n 牛仔裤

- **tights** [taɪts] n 紧身裤

- **shorts** [ʃɔːts] n 短裤
例 She put on a pair of shorts and a T-shirt. 她穿上短裤和 T 恤衫。

- **underpants** [ˈʌndəpænts] n 内裤

- **skirt** [skɜːt] n 短裙
例 The skirt has a side opening. 这裙子是侧面开口的。

- **fashion** [ˈfæʃən] n 时尚

例 Fashion magazines have lots of beautiful illustrations. 时尚杂志有很多漂亮的插图。

搭 out of fashion 过时的

- **fashionable** [ˈfæʃənəbəl] adj 时尚的

近 popular adj 流行的

- **style** [staɪl] n 风格，样式；时髦

搭 in style 流行；out of style 过时的

- **stylish** [ˈstaɪlɪʃ] adj 时尚的，时髦的

例 She is a very attractive and very stylish woman of 27. 她是一个非常迷人又非常时髦的二十七岁女子。

反 outdated adj 过时的

- **suit** [suːt] n 西装；套装

例 All the businessmen were wearing pinstripe suits. 所有的商人都穿着细条纹的套装。

- **uniform** [ˈjuːnɪfɔːm] n 制服 adj 统一的；一致的

搭 school uniform 校服

- **dress** [dres] n 连衣裙 v 穿衣服

搭 dress up 打扮，装扮；get dressed 穿衣服

- **costume** [ˈkɒstjuːm] n 戏服；服装

例 Our host was wearing a clown costume. 我们的主持人穿着小丑服。

- **swimming costume** [ˈswɪmɪŋ ˌkɒstjuːm] 泳衣

- **swimsuit** [ˈswɪmsuːt] n 游泳衣

- **bathing suit** [ˈbeɪðɪŋ ˌsuːt] 泳衣

- **raincoat** [ˈreɪŋkəʊt] n 雨衣

例 I took off my raincoat. 我脱下了我的雨衣。

- **pyjamas** [pɪˈdʒɑːməz] n 睡衣

例 I need a new pair of pyjamas. 我需要一套新的睡衣裤。

- **underwear** [ˈʌndəweər] n 内衣

近 underclothes n 内衣

- **shoe** [ʃuː] n 鞋子

搭 running shoes 跑鞋；a pair of shoes 一双鞋

- **boot** [buːt] n 靴子

- **leather** [ˈleðər] n 皮革

例 The soles are made of leather. 鞋底是皮革做的。

- **trainer** [ˈtreɪnə] n 运动鞋

近 sneaker n 运动鞋

- **sock** [sɒk] n 短袜

搭 a pair of socks 一双短袜

- **sandal** [ˈsændəl] n 凉鞋

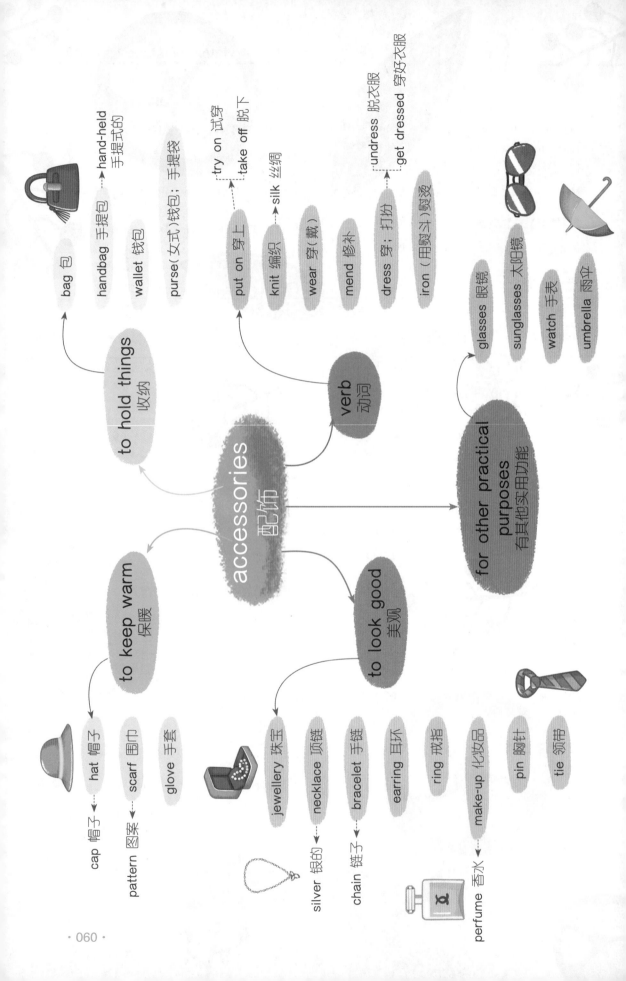

accessories 配饰

to hold things 收纳
- bag 包
- handbag 手提包 ----→ hand-held 手提式的
- wallet 钱包
- purse(女式)钱包; 手提袋

verb 动词
- put on 穿上 ----→ try on 试穿 / take off 脱下
- knit 编织 ----→ silk 丝绸
- wear 穿(戴)
- mend 修补
- dress 穿; 打扮 ----→ undress 脱衣服 / get dressed 穿好衣服
- iron(用熨斗)熨烫

for other practical purposes 有其他实用功能
- glasses 眼镜
- sunglasses 太阳镜
- watch 手表
- umbrella 雨伞

to keep warm 保暖
- cap 帽子 / hat 帽子
- scarf 围巾 ----→ pattern 图案
- glove 手套

to look good 美观
- jewellery 珠宝 ----→ silver 银的
- necklace 项链 ----→ chain 链子
- bracelet 手链
- earring 耳环
- ring 戒指
- make-up 化妆品 ----→ perfume 香水
- pin 胸针
- tie 领带

- **accessory** [əkˈsesəri] n 配饰；附属品

- **bag** [bæg] n 包
搭 a plastic bag 塑料袋

- **handbag** [ˈhændbæg] n 手提包
搭 women's handbag 女式手提包

- **hand-held** [hænd held] adj 手提式的
例 My company is promoting a new kind of hand-held computer. 我的公司正在推广一种新式手提电脑。
近 portable adj 手提式的，便携式的

- **wallet** [ˈwɒlɪt] n 钱包
辨 wallet 一般指男士钱包，purse 多表示女式钱包。

- **purse** [pɜːs] n（女式）钱包

- **put on** [ˈpʊt ɒn] 穿上
例 She put on her coat and went out. 她穿上外套，出去了。
反 put/take off 脱下（衣服）

- **try on** [traɪ ɒn] 试穿
例 I'd like to try on that blue wool coat. 我想试穿那件蓝色的毛外衣。

- **take off** [ˈteɪk ɒf] 脱下

- **knit** [nɪt] v 编织，针织 n 针织衫
例 She's busy knitting baby clothes. 她忙着织婴儿衣服。

- **silk** [sɪlk] n 丝绸

- **wear** [weər] v 穿（戴）
例 He wears glasses for reading. 他阅读时戴眼镜。

- **mend** [mend] v 修补；修理
例 Could you mend this hole in my shirt? 你能把我衬衫上的这个洞补一下吗？
近 repair v 修补

- **dress** [dres] v 穿；打扮 n 连衣裙
例 He told Sarah to wait while he dressed. 他让莎拉等着他穿好衣服。

- **undress** [ʌnˈdres] v 脱衣服
例 Could you undress the kids for bed, Steve? 史蒂夫，你给孩子们脱衣服准备睡觉好吗？
搭 get undressed 脱衣服
近 take off 脱下

- **dressed** [drest] adj 打扮好的；穿好衣服的
例 I usually get dressed before I eat breakfast. 我通常在早饭前穿好衣服。
搭 get dressed 穿好衣服

- **iron** [aɪən] v（用熨斗）熨烫 n 熨斗；铁
例 Can I use this plug for my iron? 我能用这个插座插一下熨斗吗？

- **glasses** [ˈglɑːsɪz] n 眼镜
搭 a pair of glasses 一副眼镜

- **sunglasses** [ˈsʌnˌglɑːsɪz] n 太阳镜；墨镜
例 These sunglasses are designed to

reduce glare. 这些太阳镜是为减少刺眼的强光而设计的。

搭 a pair of sunglasses 一副墨镜

• **watch** [wɒtʃ] n 手表 v 观看

搭 watch out for 警戒，当心；watch over 密切注视，当心

• **umbrella** [ʌmˈbrelə] n 雨伞

例 I felt a few drops of rain, so I put my umbrella up. 我感到有几滴雨点，于是便撑起了雨伞。

• **jewellery** [ˈdʒuːəlri] n 珠宝，首饰

例 She has some lovely pieces of jewellery. 她有几件漂亮的首饰。

• **necklace** [ˈnekləs] n 项链

搭 a gold necklace 金项链

• **silver** [ˈsɪlvər] adj 银的 n 银

例 We gave them a dish made of solid silver as a wedding present. 我们送给他们一个纯银盘子作为结婚礼物。

搭 a silver ring 银戒指

• **bracelet** [ˈbreɪslət] n 手链；手镯

搭 a diamond bracelet 钻石手镯

• **chain** [tʃeɪn] n 链子；一系列

例 The fierce lion burst free from the chains. 那头凶猛的狮子一下子就挣脱了锁链。

• **earring** [ˈɪərɪŋ] n 耳环

搭 a pair of gold earrings 一对金耳环

• **ring** [rɪŋ] n 戒指 v 打电话

例 The ring was only plated with gold. 那枚戒指不过是镀了金。

• **make-up** [meɪkʌp] n 化妆品

例 She put in some clothes, odds and ends, and make-up. 她把一些衣服、零碎物品和化妆品放进去了。

搭 eye make-up 眼妆

• **perfume** [ˈpɜːfjuːm] n 香水

• **pin** [pɪn] n 胸针；大头针 v（用大头钉等）固定，别上，钉住

例 She wore a small silver pin. 她戴着银质小胸针。

• **tie** [taɪ] n 领带 v 系，拴，绑

例 He always wears a jacket and tie to work. 他上班时总是穿西服打领带。

搭 tie up 捆绑，系住

• **hat** [hæt] n 帽子

辨 cap 多表示的是鸭舌帽。

• **cap** [kæp] n 帽子；（尤指有帽舌的）帽子

例 She carefully sewed it to the cap. 她仔细地把它缝在帽子上。

• **scarf** [skɑːf] n 围巾

搭 a silk scarf 丝绸围巾

• **pattern** [ˈpætən] n 图案；模式

例 The black and white pattern is relieved by tiny coloured flowers. 五彩缤纷的小花使得黑白图案不那么单调。

• **glove** [glʌv] n 手套

搭 a pair of gloves 一副手套

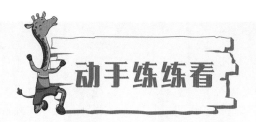

1 用下面单词的正确形式填空。

> *fashionable   trainer   pocket   collar*
> *get dressed   sunglasses   iron*

❶ Let's _____ and leave at once.

❷ I had finished _____ your shirt before you got up.

❸ White _____ workers（白领职工）now work longer hours.

❹ This pair of _____ fit me well.

❺ I realized my wallet was in my _____ all along.

❻ What you wear should be _____ and clean, and must definitely fit well.

❼ These _____ are designed to reduce glare.

2 将下面单词按照分类填入合适的方框内。

> *trousers pyjamas blouse uniform jacket raincoat underpants*
> *swimsuit T-shirt tights shorts pullover sweatshirt skirt suit*

upper body	lower body	upper and lower body

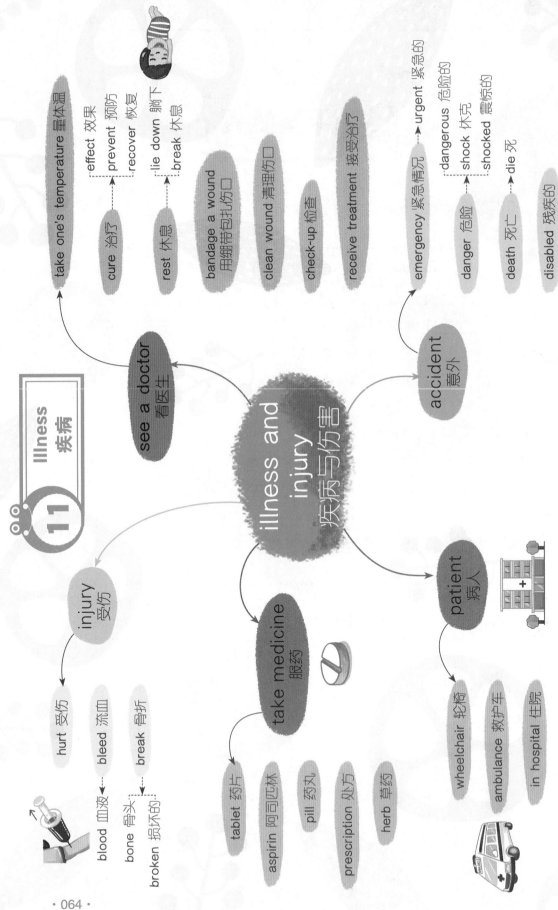

11 Illness 疾病

illness and injury 疾病与伤害

see a doctor 看医生

- take one's temperature 量体温
  - effect 效果
  - prevent 预防
  - recover 恢复
- cure 治疗
  - lie down 躺下
  - break 休息
- rest 休息
- bandage a wound 用绷带包扎伤口
- clean wound 清理伤口
- check-up 检查
- receive treatment 接受治疗

accident 意外
- emergency 紧急情况
  - urgent 紧急的
  - dangerous 危险的
- danger 危险
  - shock 休克
  - shocked 震惊的
- death 死亡
  - die 死
- disabled 残疾的

injury 受伤
- hurt 受伤
- bleed 流血
  - blood 血液
- break 骨折
  - bone 骨头
  - broken 损坏的

take medicine 服药
- tablet 药片
- aspirin 阿司匹林
- pill 药丸
- prescription 处方
- herb 草药

patient 病人
- wheelchair 轮椅
- ambulance 救护车
- in hospital 住院

- **temperature** [ˈtemprətʃər] n
体温；温度

搭 take one's temperature 量体温

- **cure** [kjʊər] v 治疗；治愈

例 An operation finally cured his bone injury. 手术最终治愈了他的骨损伤。
近 heal v 治愈，痊愈

- **effect** [ɪˈfekt] n 效果；影响；结果

例 The effect has proved hard to reproduce. 这种效果经证实很难再造。
搭 take effect 产生效果；in effect 实际上；have an effect on 对……有影响
近 influence v n 影响
扩 effective adj 有效的

- **prevent** [prɪˈvent] v 预防；阻止

例 Further treatment will prevent cancer from developing. 进一步治疗将预防癌症恶化。
搭 prevent sb. from doing sth. 阻止某人做某事
扩 prevention n 预防

- **recover** [rɪˈkʌvər] v 恢复；康复

例 It took her a long time to recover from her heart operation. 她心脏做完手术后很长时间身体才复原。
近 restore v 恢复
扩 recovery n 恢复

- **rest** [rest] n v 休息

搭 have a rest 休息一下

- **lie** [laɪ] v 躺下；说谎

搭 lie down 躺下

- **break** [breɪk] n 休息，间歇；骨折 v（使）破，裂，碎

例 We'll take another break at 3:30. 我们三点半再休息一次。

- **bandage** [ˈbændɪdʒ] v 用绷带包扎伤口 n 绷带

搭 bandage a wound 用绷带包扎伤口

- **wound** [wuːnd] n 伤口 v 使受伤

例 Clean the wound with large amounts of salty water. 用大量盐水清洗伤口。

- **check-up** [ˈtʃek ʌp] n 检查，（尤指）体格检查

例 Come back in a week for a check-up. 一周后再来检查。

- **treatment** [ˈtriːtmənt] n 治疗，诊治；对待

搭 receive treatment 接受治疗

- **accident** [ˈæksɪdənt] n 意外；（交通）事故

搭 by accident 意外地

- **emergency** [ɪˈmɜːdʒənsi] n 紧急情况；突发事件

例 How would disabled people escape in an emergency? 如果发生紧急情况，伤残人士如何逃离？
近 urgency n 紧急

- **urgent** [ˈɜːdʒənt] 紧急的；迫切的；催促的

扩 urgently adv 迫切地

- **danger** [ˈdeɪndʒər] n 危险

搭 in danger 处于危险中

- **dangerous** [ˈdeɪndʒərəs] adj 危险的

- **shock** [ʃɒk] n 休克；震惊 v 使震惊，使惊愕

例 He was found beaten and in shock. 他被发现遭到殴打，处于休克中。

搭 in shock 休克

- **shocked** [ʃɒkt] adj 震惊的

扩 shocking adj 令人震惊的

- **death** [deθ] n 死亡

- **die** [daɪ] v 死

搭 die from 因……而死；die out 逐渐消失，灭绝

- **disabled** [dɪsˈeɪbəld] adj 残疾的

例 The accident left him severely disabled. 那次事故致使他严重残疾。

搭 the disabled 残疾人

扩 disable v 使失去能力；disability n 残疾

- **patient** [ˈpeɪʃənt] n 病人 adj 耐心的

搭 be patient with 对……有耐心

反 impatient adj 没耐心的

扩 patience n 耐心

- **wheelchair** [ˈwiːltʃeər] n 轮椅

- **ambulance** [ˈæmbjələns] n 救护车

- **medicine** [ˈmedɪsən] n 药；医学

例 Please don't forget to take medicine.

请不要忘记吃药。

搭 take medicine 服药

- **tablet** [ˈtæblət] n 药片

例 Take one tablet every four hours. 隔四小时服一片。

- **aspirin** [ˈæsprɪn] n 阿司匹林

搭 take an aspirin 吃一片阿司匹林

- **pill** [pɪl] n 药丸；药片

例 My mother takes three or four pills a day. 我妈妈每天吃三至四粒药。

近 capsule n 胶囊

- **prescription** [prɪˈskrɪpʃən] n 处方，药方

例 These drugs are only available on prescription. 这些药只能凭处方购买。

扩 prescribe v 开处方

- **herb** [hɜːb] n 药草；香草；草本植物

扩 herbal adj 草药的；草本的

- **injury** [ˈɪndʒəri] n 受伤

例 Four police officers sustained serious injuries in the explosion. 四名警官在爆炸中受了重伤。

- **hurt** [hɜːt] v 受伤，（使）疼痛 adj 疼痛的

近 injured adj 受伤的

- **bleed** [bliːd] v 流血

例 Your arm is bleeding. 你的胳膊在流血。

- **blood** [blʌd] n 血液

- **bone** [bəʊn] n 骨头

- **broken** [ˈbrəʊkən] adj 损坏的

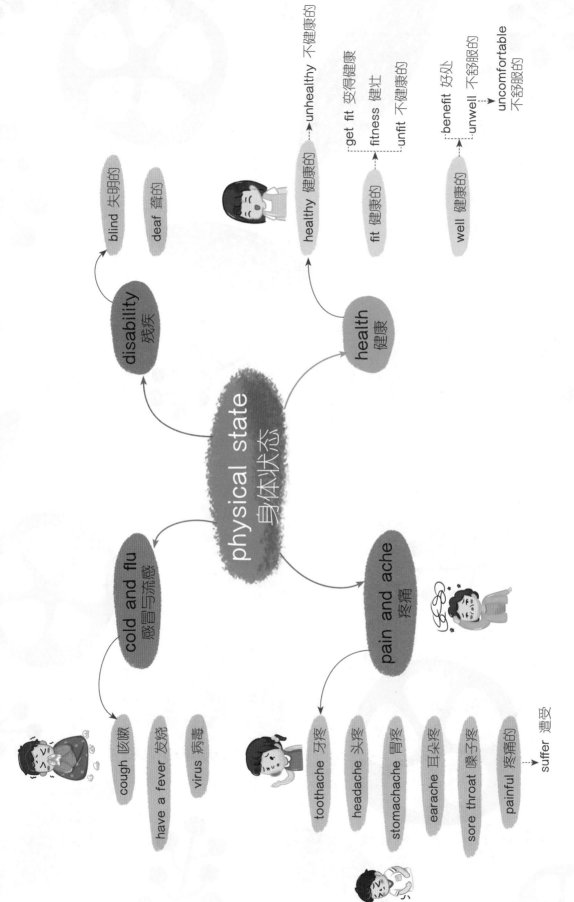

physical state
身体状态

disability
残疾

blind 失明的
deaf 聋的

health
健康

healthy 健康的 ---→ unhealthy 不健康的

get fit 变得健康
fitness 健壮
fit 健康的 ---- unfit 不健康的

benefit 好处
well 健康的 --- unwell 不舒服的
----→ uncomfortable
不舒服的

cold and flu
感冒与流感

cough 咳嗽
have a fever 发烧
virus 病毒

pain and ache
疼痛

toothache 牙疼
headache 头疼
stomachache 胃疼
earache 耳朵疼
sore throat 嗓子疼
painful 疼痛的 ---→ suffer 遭受

- **disability** [ˌdɪsəˈbɪləti] n 残疾

例 Disability is a physical limitation on your life. 残疾在身体方面限制了你的生活。

扩 disabled adj 残疾的

- **blind** [blaɪnd] adj 失明的；（对某事）视而不见的

例 He started to go blind in his sixties. 他在六十多岁时失明了。

搭 turn a blind eye to 对……视而不见

- **deaf** [def] adj 聋的；不愿听的

例 He's been partially deaf since birth. 他生下来就有些听力障碍。

搭 turn a deaf ear 充耳不闻

- **health** [helθ] n 健康；人的身体状况

例 Regular exercise is good for your health. 经常锻炼对你的身体有好处。

搭 be in good health 身体好

- **healthy** [ˈhelθi] adj 健康的

近 strong adj 强壮的

- **unhealthy** [ʌnˈhelθi] adj 不健康的；对身体有害的

例 Eating too much junk food is an unhealthy lifestyle. 吃太多垃圾食品是不健康的生活方式。

- **fit** [fɪt] adj 健康的；合适的 v 适合，合身

例 I jog to keep fit. 我通过慢跑来健身。

近 be fit for 适于，适合；keep fit 保持健康；get fit 变得健康

- **fitness** [ˈfɪtnəs] n 健壮，健康；合适

例 I'm trying to improve my fitness by cycling to work. 我每天骑车上班，想以此来改善健康状况。

搭 physical fitness 身体健康

近 health n 健康

反 weakness n 虚弱

- **unfit** [ʌnˈfɪt] adj 不健康的；不适合的

例 Many children are so unfit that they are unable to do even basic exercises. 许多孩子很不强健，他们甚至不能做基本的运动。

- **well** [wel] adj 健康的 adv 好地，令人满意地

例 She looked surprisingly well. 她看上去身体出奇地好。

- **benefit** [ˈbenɪfɪt] n 好处；利益 v 使受益

例 One of the many benefits of foreign travel is learning how to cope with the unexpected. 学会如何应付突发事件是海外旅游的众多好处之一。

搭 benefit from 从……中得到好处；for the benefit of 为了……的利益

近 profit v 获益 n 利润；收益

扩 beneficial adj 有益的

- **unwell** [ʌnˈwel] adj 不舒服的

例 I hear you've been unwell recently. 我听说你最近身体不舒服。

- **uncomfortable** [ʌnˈkʌmftəbəl] adj 不舒服的

- **toothache** [ˈtuːθeɪk] n 牙疼

例 I have terrible toothache. 我的牙痛得很厉害。

搭 have toothache 牙痛

• **headache** [ˈhedeɪk] n 头疼

搭 get headache 头痛

• **stomachache** [ˈstʌməkeɪk] n 胃疼

• **earache** [ˈɪəreɪk] n 耳朵疼

搭 have (an) earache 患耳痛

• **sore throat** [ˌsɔː ˈθrəʊt] 嗓子疼

例 I had a sore throat and I don't want to talk right now. 我喉咙痛，现在不想说话。

• **painful** [ˈpeɪnfəl] adj 疼痛的，痛苦的

例 A painful injury forced her to withdraw from the game. 伤痛迫使她退出了比赛。

搭 a painful memory 痛苦的回忆

近 miserable adj 痛苦的

• **suffer** [ˈsʌfər] v 遭受；（因疾病、痛苦、悲伤等）受苦

例 She's been suffering from cancer for two years. 她患癌症已经有两年了。

搭 suffer from 忍受

扩 suffering n 痛苦

• **cough** [kɒf] v 咳嗽

例 The smoke made me cough. 烟呛得我直咳嗽。

• **fever** [ˈfiːvər] n 发烧 v 使发高烧

搭 have a fever 发烧

• **flu** [fluː] n 流感

例 The whole family has the flu. 全家都患流感。

• **virus** [ˈvaɪərəs] n 病毒

例 There are many different types of flu virus. 有许多不同类型的流感病毒。

动手练练看

1 根据句意和字母提示，完成句子。

❶ The old photograph brought back p__i__f__l memories.

❷ Trying to change attitudes to d__ __ab__li__y is an uphill struggle.

❸ Further treatment will p__e__e__t cancer from developing.

❹ The government had to take e__e__gen__y action.

❺ Why does she need to speak to me so ur__e__t__y?

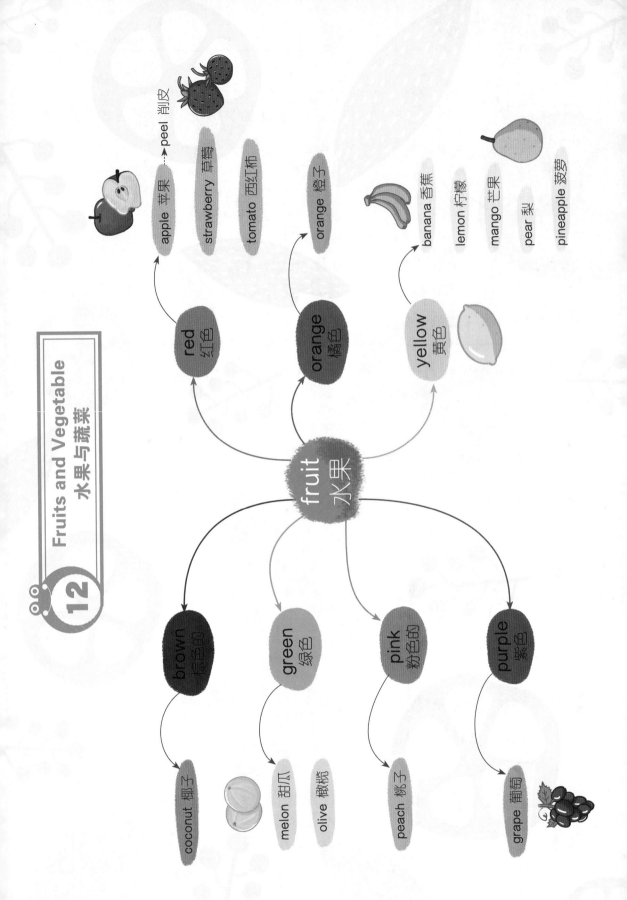

peel 削皮

apple 苹果

strawberry 草莓

tomato 西红柿

orange 橙子

banana 香蕉

lemon 柠檬

mango 芒果

pear 梨

pineapple 菠萝

red 红色

orange 橘色

yellow 黄色

fruit 水果

brown 棕色的

green 绿色

pink 粉色的

purple 紫色

coconut 椰子

melon 甜瓜

olive 橄榄

peach 桃子

grape 葡萄

- **apple** [ˈæpəl] n 苹果

搭 apple tree 苹果树

- **peel** [piːl] v 削皮 n （尤指水果和蔬菜被削掉的）外皮

例 Peel, core, and chop the apples. 把苹果去皮、去核并剁碎。

搭 peel off 剥去

- **strawberry** [ˈstrɔːbəri] n 草莓

例 I thought we'd have strawberries and cream for dessert. 我以为我们有奶油草莓作甜点。

搭 strawberry jam 草莓酱

- **tomato** [təˈmɑːtəʊ] n 西红柿，番茄

搭 tomato sauce 番茄酱

- **orange** [ˈɒrɪndʒ] n 橙子；橘色

搭 orange juice 橙汁

- **banana** [bəˈnɑːnə] n 香蕉

搭 a bunch of bananas 一串香蕉

- **lemon** [ˈlemən] n 柠檬

搭 lemon juice 柠檬汁

- **mango** [ˈmæŋgəʊ] n 芒果

- **pear** [peər] n 梨

- **pineapple** [ˈpaɪnˌæpəl] n 菠萝

例 The pineapple tastes very sour. 这菠萝尝起来很酸。

- **grape** [greɪp] n 葡萄

搭 a bunch of grapes 一串葡萄

- **peach** [piːtʃ] n 桃子

- **olive** [ˈɒlɪv] n 橄榄；橄榄树

例 There is an olive tree in his garden. 他院子里种着一棵橄榄树。

搭 olive oil 橄榄油

- **melon** [ˈmelən] n 甜瓜；瓜

例 It tastes something like melon. 这吃起来有点像甜瓜。

扩 watermelon n 西瓜

- **coconut** [ˈkəʊkənʌt] n 椰子

在这里完成自己的思维导图吧！

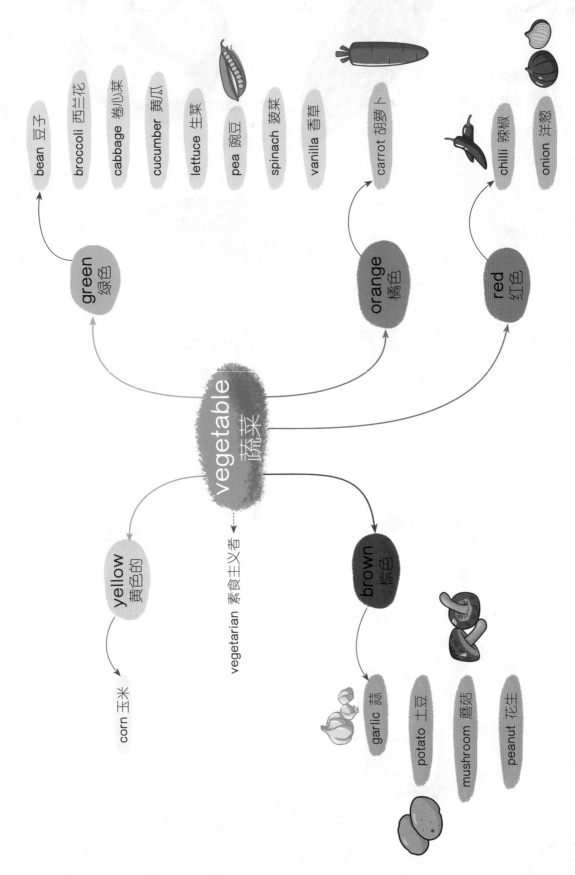

bean 豆子
broccoli 西兰花
cabbage 卷心菜
cucumber 黄瓜
lettuce 生菜
pea 豌豆
spinach 菠菜
vanilla 香草
carrot 胡萝卜
chilli 辣椒
onion 洋葱

green 绿色
orange 橘色
red 红色

vegetable 蔬菜

vegetarian 素食主义者

yellow 黄色的
brown 棕色

corn 玉米

garlic 蒜
potato 土豆
mushroom 蘑菇
peanut 花生

- **vegetable** [ˈvedʒtəbl] n 蔬菜

搭 fresh vegetables 新鲜蔬菜

扩 vegetarian n 素食者

- **vegetarian** [ˌvedʒɪˈteəriən] n

素食主义者 adj 素食的

搭 a vegetarian diet 素食

扩 vegetable n 蔬菜

- **bean** [biːn] n 豆子

搭 green beans 四季豆

- **broccoli** [ˈbrɒkəli] n 西兰花，绿

菜花

例 Cucumber and broccoli are green. 黄瓜和西兰花是绿色的。

搭 Chinese broccoli 芥蓝

- **cabbage** [ˈkæbɪdʒ] n 卷心菜；

洋白菜

例 I've always hated cabbage. 我一直都讨厌吃卷心菜。

搭 Chinese cabbage 大白菜

- **cucumber** [ˈkjuːkʌmbər] n 黄瓜

例 Cucumber is good for soothing tired eyes. 黄瓜对缓解眼睛疲劳很有效。

搭 cool as a cucumber 十分冷静

- **lettuce** [ˈletɪs] n 生菜

- **pea** [piː] n 豌豆

近 bean n 豆，豆荚

- **spinach** [ˈspɪnɪtʃ] n 菠菜

例 Spinach is a rich source of iron. 菠菜含铁丰富。

- **vanilla** [vəˈnɪlə] n 香草

例 Add two teaspoons of vanilla and stir. 加两茶匙香草精并搅拌一下。

- **carrot** [ˈkærət] n 胡萝卜

例 He picks up a carrot. 他捡起一根胡萝卜。

- **chilli** [ˈtʃɪli] n 辣椒

近 pepper n 辣椒

- **onion** [ˈʌnjən] n 洋葱

例 Chop the onions finely. 把洋葱切细。

- **garlic** [ˈgɑːlɪk] n 蒜

搭 a bulb of garlic 一头蒜

- **potato** [pəˈteɪtəʊ] n 土豆

搭 potato chip 薯片

- **mushroom** [ˈmʌʃruːm] n 蘑菇 v

迅速增长

搭 mushroom soup 蘑菇汤

- **peanut** [ˈpiːnʌt] n 花生

例 I had two peanut butter and jelly sandwiches. 我吃了两个花生酱和果酱的三明治。

搭 peanut butter 花生酱

- **corn** [kɔːn] n 玉米

搭 sweet corn 甜玉米

1 按照图片提示，写出合适的单词。

| 1 | 2 | 3 |
| 4 | 5 | 6 |

1. _____ 2. _____ 3. _____

4. _____ 5. _____ 6. _____

2 将下面单词按照分类填入合适的方框内。

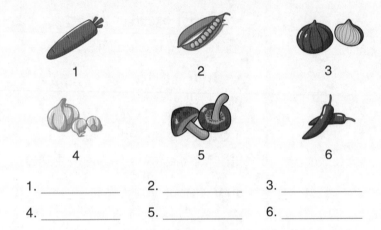

mango garlic mushroom lemon onion strawberry grape
pepper broccoli melon carrot cabbage coconut peach
pineapple bean peanut banana olive

vegetable	fruit

recipe 食谱

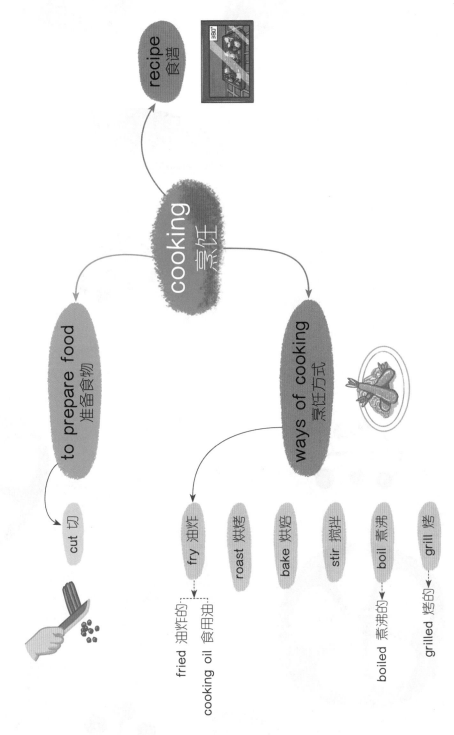

cooking 烹饪

to prepare food 准备食物

ways of cooking 烹饪方式

cut 切

fry 油炸
fried 油炸的
cooking oil 食用油

roast 烘烤

bake 烘焙

stir 搅拌

boil 煮沸
boiled 煮沸的

grill 烤
grilled 烤的

- **recipe** [ˈresɪpi] n 食谱

搭 recipe book 食谱书

- **fry** [fraɪ] v 油炸

例 Fry the mushrooms in a little butter. 用少许黄油煎一下蘑菇。

- **fried** [fraɪd] adj 油炸的

搭 a fried egg 煎蛋

- **oil** [ɔɪl] n 油

- **roast** [rəʊst] v 烘烤，烘焙

例 Just roast the chicken in the oven and baste it in oil and lemon. 直接把鸡放在烤箱里烤，烤时涂上油和柠檬汁。

搭 roast chicken 烤鸡

- **bake** [beɪk] v 烘焙

例 Bake at 180° C for about 2 minutes. 以一百八十摄氏度的温度烘烤两分钟。

扩 bakery n 面包店

- **stir** [stɜːr] v 搅拌

例 Stir the sauce gently until it begins to boil. 慢慢搅动酱汁直至煮沸。

- **boil** [bɔɪl] v 煮沸

例 I've boiled some potatoes for dinner. 晚饭我煮了些土豆。

- **boiled** [bɔɪld] adj 煮沸的

搭 boiled eggs 水煮蛋

- **grill** [grɪl] v 烤

例 Grill the meat for 20 minutes on each side. 把肉的两面分别烤二十分钟。

- **grilled** [grɪld] adj 烤的

例 Do you want your fish pan-fried or grilled? 你想吃平底锅油炸的还是烤的鱼？

搭 grilled shrimp 烤虾

- **cut** [kʌt] v 切，割，剪

例 Cut the meat up into small pieces. 把肉切成小片。

搭 cut off 切断，剪下；cut sth. into pieces 把……切成碎片；cut up 切碎

在这里完成自己的思维导图吧！

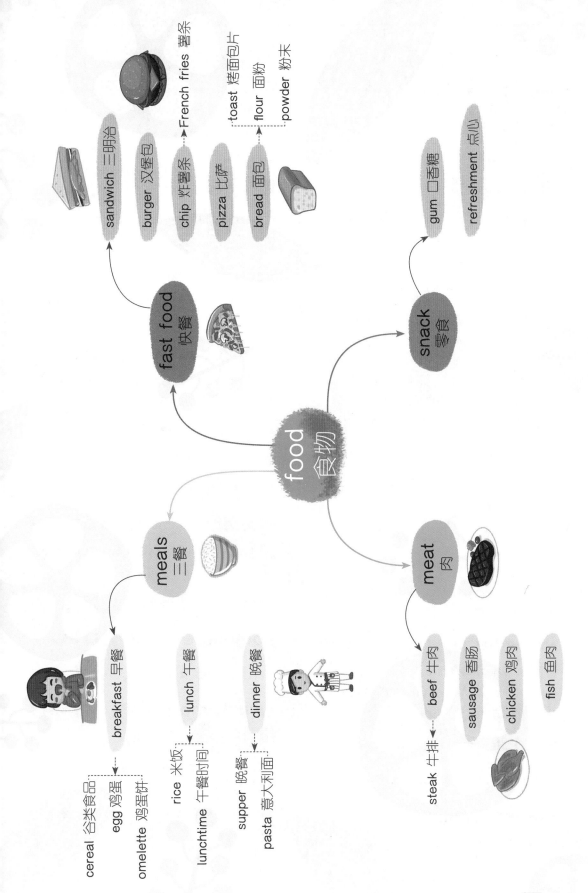

sandwich 三明治

burger 汉堡包

chip 炸薯条 ----→ French fries 薯条

pizza 比萨

bread 面包

toast 烤面包片
flour 面粉
powder 粉末

fast food 快餐

food 食物

snack 零食

gum 口香糖

refreshment 点心

meals 三餐

breakfast 早餐

cereal 谷类食品
egg 鸡蛋
omelette 鸡蛋饼

lunch 午餐

rice 米饭
lunchtime 午餐时间

dinner 晚餐

supper 晚餐
pasta 意大利面

meat 肉

steak 牛排 ----← beef 牛肉

sausage 香肠

chicken 鸡肉

fish 鱼肉

- **fast food** [ˌfɑːst ˈfuːd] 快餐

- **sandwich** [ˈsænwɪdʒ] n 三明治

- **burger** [ˈbɜːgər] n 汉堡包
扩 hamburger n 汉堡包

- **chip** [tʃɪp] n 炸薯条
例 Potato chips are served for the children. 给儿童端上了炸薯条。
搭 fish and chips 炸鱼加土豆条

- **French fries** [frentʃ fraɪz] n 薯条
例 I just had French fries and a Coke. 我只吃了炸薯条和可乐。

- **pizza** [ˈpiːtsə] n 比萨
搭 a slice of pizza 一块比萨饼

- **bread** [bred] n 面包
搭 a loaf of bread 一条面包

- **toast** [təʊst] n 烤面包片
搭 a slice of toast 一块烤面包片

- **flour** [flaʊər] n 面粉
例 She weighed out a kilo of flour. 她称出一千克面粉。

- **powder** [ˈpaʊdər] n 粉末；细面
例 You'll get more flavour from the spices if you grind them into powder. 你把香料磨成粉的话味道会更香浓。

- **snack** [snæk] n 零食

- **gum** [gʌm] n 口香糖

- **refreshment** [rɪˈfreʃm(ə)nt] n 点心

例 Lunch and refreshments will be provided. 将提供午餐和茶点。
近 dessert n 甜点

- **meat** [miːt] n 肉
搭 raw meat 生肉

- **beef** [biːf] n 牛肉
搭 roast beef 烤牛肉

- **steak** [steɪk] n 牛排
例 Shall we have steak for dinner? 我们晚餐吃牛排好吗？

- **sausage** [ˈsɒsɪdʒ] n 香肠
例 That sausage doesn't smell right. 这香肠闻起来不对劲。

- **chicken** [ˈtʃɪkɪn] n 鸡肉；鸡
搭 fried chicken 炸鸡

- **fish** [fɪʃ] n 鱼肉；鱼

- **cereal** [ˈsɪəriəl] n 谷类食品
例 I have a bowl of cereal every morning. 我每天早上吃一碗麦片粥。

- **egg** [eg] n 鸡蛋

- **omelette** [ˈɒmlət] n 鸡蛋饼

- **rice** [raɪs] n 米饭；大米，稻

- **lunchtime** [ˈlʌntʃtaɪm] n 午餐时间
搭 at lunchtime 在午饭时间

- **pasta** [ˈpæstə] n 意大利面
例 They stock every imaginable type of pasta. 他们备有各种能想到的意大利面食。

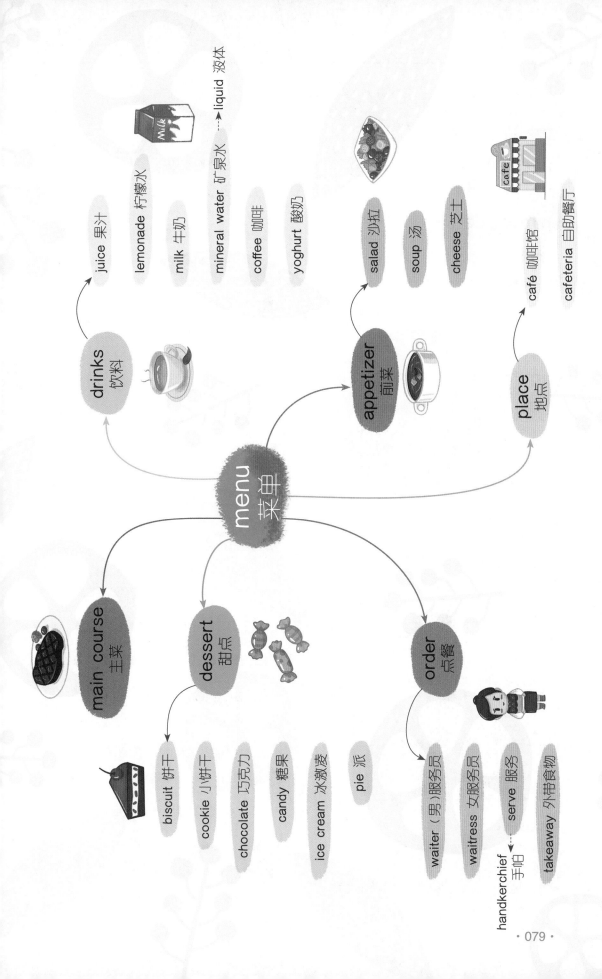

menu 菜单

drinks 饮料
- juice 果汁
- lemonade 柠檬水
- milk 牛奶
- mineral water 矿泉水 ----> liquid 液体
- coffee 咖啡
- yoghurt 酸奶

appetizer 前菜
- salad 沙拉
- soup 汤
- cheese 芝士

place 地点
- café 咖啡馆
- cafeteria 自助餐厅

main course 主菜

dessert 甜点
- biscuit 饼干
- cookie 小饼干
- chocolate 巧克力
- candy 糖果
- ice cream 冰激凌
- pie 派

order 点餐
- waiter (男)服务员
- waitress 女服务员
- serve 服务 ----> handkerchief 手帕
- takeaway 外带食物

· 079 ·

- **menu** [ˈmenjuː] n 菜单

- **juice** [dʒuːs] n 果汁
搭 apple juice 苹果汁

- **lemonade** [ˌleməˈneɪd] n 柠檬水

- **milk** [mɪlk] n 牛奶
搭 a glass of milk 一杯牛奶

- **mineral water** [ˈmɪnərəl ˌwɔːtər] 矿泉水

- **liquid** [ˈlɪkwɪd] n 液体 adj 液体的，液态的
例 Wash in warm water with liquid detergent. 用液体清洁剂在温水中清洗。
近 fluid n 液体

- **coffee** [ˈkɒfi] n 咖啡
搭 a cup of coffee 一杯咖啡

- **yoghurt** [ˈjɒɡət] n 酸奶
搭 natural yogurt 天然酸奶

- **salad** [ˈsæləd] n 沙拉

- **soup** [suːp] n 汤
搭 a bowl of soup 一碗汤

- **cheese** [tʃiːz] n 芝士，奶酪

- **café** [ˈkæfeɪ] n 咖啡馆
例 He walked slowly into the café. 他慢慢地走进了咖啡馆。

- **cafeteria** [ˌkæfəˈtɪəriə] n 自助餐厅

- **order** [ˈɔːdər] v 点餐；命令；指挥
n 订单；顺序

- **waiter** [ˈweɪtər] n（男）服务员

- **waitress** [ˈweɪtrəs] n 女服务员

- **serve** [sɜːv] v 服务，接待；提供
例 Do they serve meals in the bar? 这家酒吧提供饭菜吗？
扩 server n 服务器

- **handkerchief** [ˈhæŋkətʃiːf] n 手帕
近 napkin n 餐巾

- **takeaway** [ˈteɪkəweɪ] n 外带食物；外卖餐馆
例 Let's have a takeaway tonight. 咱们今晚吃一顿外卖的饭菜吧。
近 takeout n 外卖

- **dessert** [dɪˈzɜːt] n 甜点
例 Would you like some apple pie for dessert? 你想不想要些苹果派当甜点？

- **biscuit** [ˈbɪskɪt] n 饼干

- **cookie** [ˈkʊki] n 小饼干，曲奇饼

- **chocolate** [ˈtʃɒklət] n 巧克力
搭 a bar of chocolate 一条巧克力

- **candy** [ˈkændi] n 糖果
搭 a box of candy 一盒糖果

- **ice cream** [ˌaɪs ˈkriːm] 冰激凌

- **pie** [paɪ] n 派；馅饼
搭 apple pie 苹果派

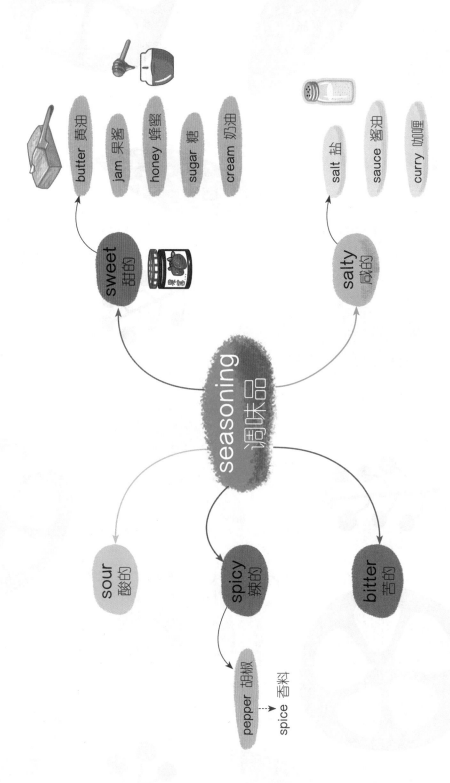

butter 黄油
jam 果酱
honey 蜂蜜
sugar 糖
cream 奶油

salt 盐
sauce 酱油
curry 咖喱

sweet 甜的

salty 咸的

seasoning 调味品

sour 酸的

spicy 辣的

bitter 苦的

pepper 胡椒
spice 香料

- **butter** [ˈbʌtər] **n** 黄油，奶油
  搭 bread and butter 黄油面包

- **jam** [dʒæm] **n** 果酱；拥挤，堵塞
  搭 strawberry jam 草莓酱；traffic jam 交通堵塞

- **honey** [ˈhʌni] **n** 蜂蜜；亲爱的
  近 sweet **adj** 甜的

- **sugar** [ˈʃʊgər] **n** 糖
  搭 brown sugar 棕糖

- **cream** [kriːm] **n** 奶油；护肤霜
  搭 a cream cake 奶油蛋糕

- **salty** [ˈsɒlti] **adj** 咸的
  例 This bacon is too salty for me. 这种咸猪肉对我来说太咸了。

- **salt** [sɒlt] **n** 盐

- **sauce** [sɔːs] **n** 酱油
  搭 tomato sauce 番茄酱

- **curry** [ˈkʌri] **n** 咖喱
  搭 a hot curry 辛辣的咖喱；curry sauce 咖喱汁

- **bitter** [ˈbɪtər] **adj** 苦的；令人不快的
  搭 bitter taste 苦味；bitter memories 痛苦的回忆

反 sweet **adj** 甜的
扩 bitterness **n** 苦味；苦难

- **spicy** [ˈspaɪsi] **adj** 辣的，加有香料的；刺激的
  搭 spicy food 辛辣的食物
  近 hot **adj** 辣的
  反 mild **adj** 温和的
  扩 spice **n** 香料

- **pepper** [ˈpepər] **n** 胡椒；柿子椒
  v（在食物上）撒胡椒粉
  搭 salt and pepper 盐和胡椒

- **spice** [spaɪs] **n** 香料；额外的趣味
  v 在……中加香料；给……增添趣味
  例 Spices are widely used in South Asian cooking. 南亚菜中广泛使用各种调味香料。
  搭 spice sth. up 给（演说、故事或表演）增添趣味
  扩 spicy **adj** 辛辣的

- **sour** [ˈsaʊər] **adj** 酸的，有酸味的；馊的
  例 These plums are a bit sour. 这些李子有点酸。
  搭 go sour 发酸，变坏
  近 acid **adj** 酸的
  反 fresh **adj** 新鲜的；sweet **adj** 甜的

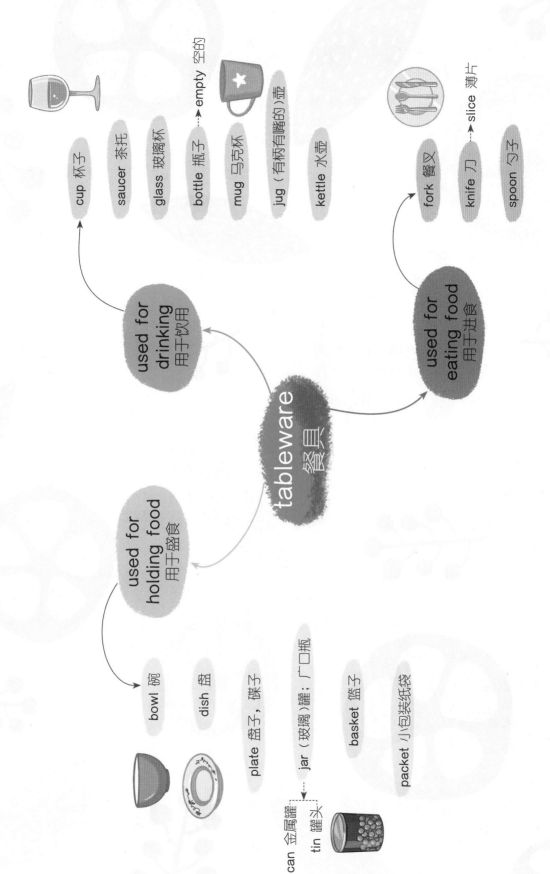

cup 杯子
saucer 茶托
glass 玻璃杯
bottle 瓶子 ---> empty 空的
mug 马克杯
jug（有柄有嘴的）壶
kettle 水壶

used for drinking 用于饮用

fork 餐叉
knife 刀 ---> slice 薄片
spoon 勺子

used for eating food 用于进食

tableware 餐具

used for holding food 用于盛食

bowl 碗
dish 盘
plate 盘子，碟子
jar（玻璃）罐；广口瓶
basket 篮子
packet 小包\小袋纸袋

can 金属罐
tin 罐头

- **cup** [kʌp] **n** 杯子

搭 coffee cup 咖啡杯；plastic cup 塑料杯

- **saucer** ['sɔːsər] **n** 茶托，菜碟

近 plate **n** 碟子

- **glass** [glɑːs] **n** 玻璃杯；玻璃

例 She poured some milk into a glass. 她往玻璃杯中倒了些牛奶。

搭 a glass jar 玻璃广口瓶

- **bottle** ['bɒtəl] **n** 瓶子

- **empty** ['empti] **adj** 空的；空洞的

例 Shall I take the empty bottles for recycling? 我把这些空瓶子拿去回收吧？

- **mug** [mʌg] **n**（不用茶碟的有柄的）大杯，缸子，马克杯

近 cup **n** 杯子

- **jug** [dʒʌg] **n**（有柄和嘴的）壶，罐

- **kettle** ['ketəl] **n** 水壶，（烧水用的）壶

例 I'll put the kettle on and make us some tea. 我来烧壶水给咱们沏点儿茶。

- **fork** [fɔːk] **n** 餐叉，叉

搭 a knife and fork 一副刀叉

- **knife** [naɪf] **n** 刀

- **slice** [slaɪs] **n**（切下的食物）薄片，片；部分，份额

例 Would you like another slice of beef? 要不要再来一片牛肉？

- **spoon** [spuːn] **n** 勺子；匙

搭 a soup spoon 汤匙

- **bowl** [bəʊl] **n** 碗，盆；一盆（的量）

例 Put all the ingredients into a large bowl. 把所有的配料放进一个大碗里。

搭 a bowl of rice 一碗米饭

- **dish** [dɪʃ] **n** 盘，碟；（待清洗的）餐具；一道菜

- **plate** [pleɪt] **n** 盘子，碟子；一盘（的量）；一盘

例 There's still lots of food on your plate. 你的碟子里还有很多食物。

- **jar** [dʒɑːr] **n**（玻璃）罐；广口瓶；一罐

例 This jar will hold a kilo. 这个罐子能盛一千克。

近 bottle **n** 瓶子

- **can** [kæn] **n** 金属罐；一听（的量）

例 Food in cans is called canned food. 装在罐头里的食品叫罐头食品。

- **tin** [tɪn] **n** 罐头；罐，罐头盒

例 Store the biscuits in an airtight tin. 把这些饼干存放在一个密封的金属罐里。

扩 tinned **adj** 罐装的

- **basket** ['bɑːskɪt] **n** 篮子；（篮球运动的）篮

搭 fruit basket 果篮

扩 basketball **n** 篮球

- **packet** ['pækɪt] **n** 小包装纸袋；小包裹

例 They ate the packet of biscuits all in one go. 他们一下子把那包饼干全吃光了。

近 a packet of 一包

1 根据句意和字母提示，完成句子。

❶ You'll get more flavour from the spices if you grind them into p__ __d__r.

❷ We should use slow fire to f__y fish.

❸ His movie has caused a s__ __r.

❹ I'll gr__l__ the lobster.

❺ Fl__ __r is sold by the kilogram.

2 将下面单词按照分类填入合适的方框内。

> *French fries juice milk mineral water tea sandwich*
> *burger coffee chips pizza lemonade pasta yoghurt*

something to eat	something to drink

14 Education 教育

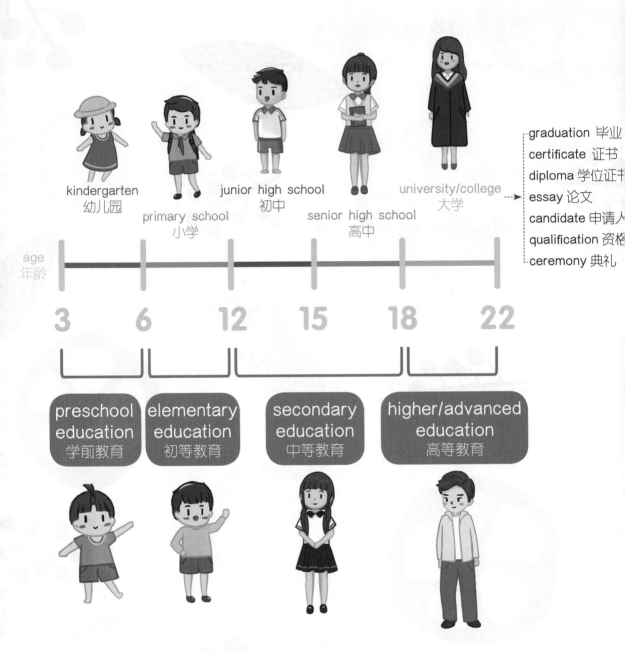

graduation 毕业
certificate 证书
diploma 学位证书
essay 论文
candidate 申请人
qualification 资格
ceremony 典礼

kindergarten
幼儿园

primary school
小学

junior high school
初中

senior high school
高中

university/college
大学

age
年龄

3 6 12 15 18 22

preschool education
学前教育

elementary education
初等教育

secondary education
中等教育

higher/advanced education
高等教育

- **kindergarten** [ˈkɪndəˌgɑːtən]

n 幼儿园

- **primary** [ˈpraɪməri] adj 基本的；

最初的，最早的

搭 primary school 小学

- **junior high school**

[ˌdʒuːniə ˈhaɪ skuːl] 初中

- **senior high school**

[ˌsiːniə ˈhaɪ skuːl] 高中

- **university** [ˌjuːnɪˈvɜːsəti] n 大学

- **graduation** [ˌgrædʒuˈeɪʃən] n

毕业；毕业典礼

扩 graduate n 毕业生 v 毕业

- **certificate** [səˈtɪfɪkət] n 证书；

文凭；合格证书

例 He was shown a photocopy of the certificate. 给他看了证书的复印件。

搭 obtain a certificate 获得证书

扩 certification n 证明；certify v 证明

- **diploma** [dɪˈpləʊmə] n 学位证书，

毕业凭证

例 She is taking a diploma in management studies. 她在攻读管理学文凭课程。

- **essay** [ˈeseɪ] n 论文；文章，短文

例 Mr Jones thought my history essay was terrific. 琼斯先生认为我的历史作业论文写得好极了。

- **candidate** [ˈkændɪdət] n 申请人；候选人

例 There are three candidates standing in the election. 有三位候选人参加竞选。

近 interviewee n 参加面试者

- **qualification** [ˌkwɒlɪfɪˈkeɪʃən] n 资格，资历

搭 qualification certificate 资格证书

扩 qualify v 有资格；qualified adj 有资格的

- **ceremony** [ˈserɪməni] n 典礼；仪式；礼节

例 The ceremony went off smoothly. 典礼进行得很顺利。

搭 opening ceremony 开学典礼

- **preschool education**

[ˈpriːskuːl ˌedʒuˈkeɪʃn] 学前教育

- **elementary education**

[ˌelɪˈmentri ˌedʒuˈkeɪʃn] 初等教育

- **secondary education**

[ˌsekəndri edʒuˈkeɪʃn] 中等教育

- **higher education** [ˌhaɪər edʒuˈkeɪʃn] 高等教育

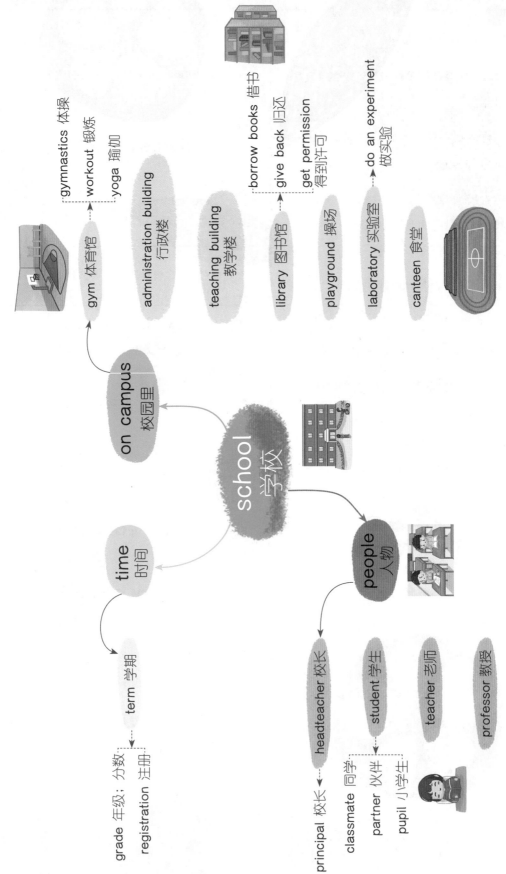

school 学校

on campus 校园里
- gym 体育馆
  - gymnastics 体操
  - workout 锻炼
  - yoga 瑜伽
- administration building 行政楼
- teaching building 教学楼
- library 图书馆
  - borrow books 借书
  - give back 归还
  - get permission 得到许可
- playground 操场
- laboratory 实验室
  - do an experiment 做实验
- canteen 食堂

time 时间
- grade 年级；分数
- registration 注册
- term 学期

people 人物
- principal 校长
- headteacher 校长
- classmate 同学
- partner 伙伴
- pupil 小学生
- student 学生
- teacher 老师
- professor 教授

- **campus** [ˈkæmpəs] n 校园，校区

搭 on campus 校园里

- **gym** [dʒɪm] n 体育馆；健身房

扩 gymnasium n 体育馆

- **gymnastics** [dʒɪmˈnæstɪks] n 体操

- **workout** [ˈwɜːkaʊt] n 锻炼；训练

例 This workout helps you burn off fat. 这项锻炼有助于消耗脂肪。

搭 do workout 做运动

近 exercise n v 锻炼

- **yoga** [ˈjəʊɡə] n 瑜伽

- **administration building** [ədˌmɪnɪˈstreɪʃn ˈbɪldɪŋ] 行政楼

- **teaching building** [ˌtiːtʃɪŋ ˈbɪldɪŋ] 教学楼

- **library** [ˈlaɪbrəri] n 图书馆

- **borrow** [ˈbɒrəʊ] v 借，借用

例 Do you borrow books or return books? 请问您是借书还是还书？

反 give back 归还

- **permission** [pəˈmɪʃn] n 准许，许可，批准

- **playground** [ˈpleɪɡraʊnd] n 操场；游乐场

- **laboratory** [ləˈbɒrətəri] n 实验室

- **experiment** [ɪkˈsperɪmənt] n 实验，试验

- **canteen** [kænˈtiːn] n 食堂

例 John had eaten his supper in the canteen. 约翰已在食堂吃过晚饭。

近 cafeteria n 自助餐厅

- **headteacher** [ˌhedˈtiːtʃər] n （中小学的）校长；班主任

- **principal** [ˈprɪnsəpəl] n 校长，院长 adj 最重要的，最主要的

近 president n 校长；总统；主席

- **classmate** [ˈklɑːsmeɪt] n 同学；学生

- **partner** [ˈpɑːtnər] n 伙伴；搭档

扩 partnership n 伙伴关系

- **pupil** [ˈpjuːpəl] n 学生，（尤指）小学生

例 The school has over 400 pupils. 这所学校有四百多名学生。

- **professor** [prəˈfesər] n 教授

搭 university professor 大学教授

- **term** [tɜːm] n 学期；期限；期间

例 The students ushered in the new term. 学生们迎来了新的学期。

- **grade** [greɪd] n 年级；分数

近 mark n 分数

- **registration** [ˌredʒɪˈstreɪʃn] n 注册；登记

扩 register v 登记

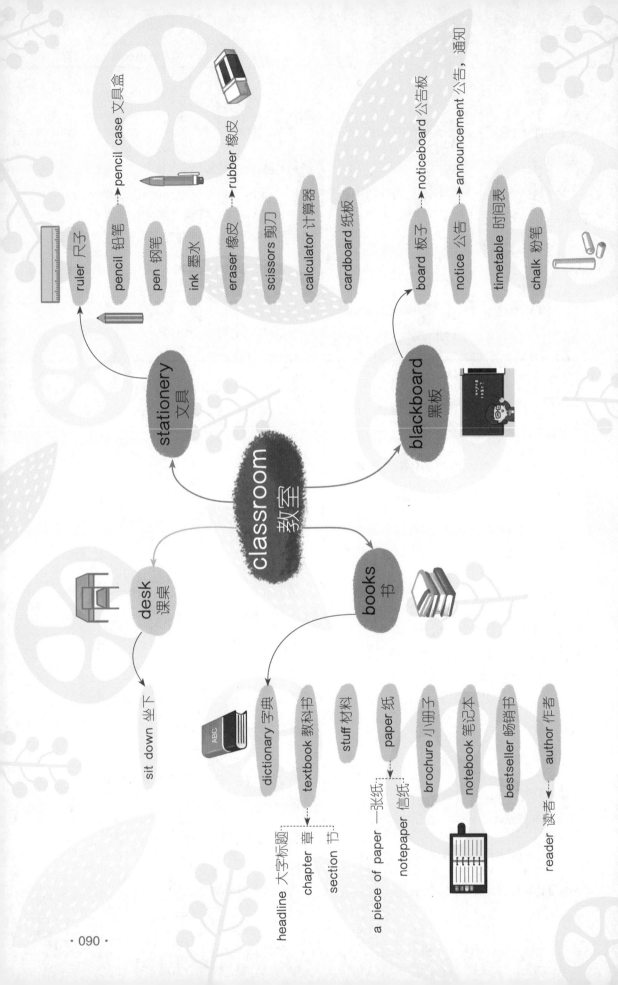

classroom 教室

stationery 文具
- ruler 尺子
- pencil 铅笔 ---> pencil case 文具盒
- pen 钢笔
- ink 墨水
- eraser 橡皮 ---> rubber 橡皮
- scissors 剪刀
- calculator 计算器
- cardboard 纸板

blackboard 黑板
- board 板子 ---> noticeboard 公告板
- notice 公告 ---> announcement 公告，通知
- timetable 时间表
- chalk 粉笔

desk 课桌
- sit down 坐下

books 书
- dictionary 字典
- textbook 教科书 ---> headline 大字标题
  - chapter 章
  - section 节
- stuff 材料
- paper 纸 ---> a piece of paper 一张纸
  - notepaper 信纸
- brochure 小册子
- notebook 笔记本
- bestseller 畅销书
- author 作者 ---> reader 读者

- **stationery** [ˈsteɪʃənəri] n 文具

例 They sell stationery and stuff like that. 他们出售文具之类的东西。

- **ruler** [ˈruːlər] n 尺子；统治者

- **pencil** [ˈpensəl] n 铅笔

搭 pencil case 铅笔盒

- **pen** [pen] n 钢笔

- **ink** [ɪŋk] n 墨水

例 Please write in ink, not in pencil. 书写请用墨水笔，不要用铅笔。

- **eraser** [ɪˈreɪzər] n 橡皮

- **rubber** [ˈrʌbər] n 橡皮；橡胶

- **scissors** [ˈsɪzəz] n 剪刀

例 Could you pass me the scissors, please? 请你把那把剪刀递给我，好吗？

搭 a pair of scissors 一把剪刀

- **calculator** [ˈkælkjəleɪtər] n 计算器

例 Can I borrow your calculator? 我可以借用你的计算器吗？

扩 calculate v 计算；calculation n 计算

- **cardboard** [ˈkɑːdbɔːd] n 纸板

- **blackboard** [ˈblækbɔːd] n 黑板

- **board** [bɔːd] n 板子 v 上船（或火车、飞机、公共汽车等）

搭 on board 在船（或飞机、火车）上

- **noticeboard** [ˈnəʊtɪsbɔːd] n 公告板；告示牌

- **notice** [ˈnəʊtɪs] n 公告；通知；注意 v 注意

搭 take notice 注意，在意

扩 noticeable adj 显而易见的

- **announcement** [əˈnaʊnsmənt] n 公告，通知；宣布

例 She made her announcement after talks with the president. 她在与总统的会谈后发布了公告。

搭 make an announcement 发表公告

近 declaration n 宣布，公告

扩 announce v 宣布，通知

- **timetable** [ˈtaɪmˌteɪbəl] n 时间表，时刻表

- **chalk** [tʃɔːk] n 粉笔

- **dictionary** [ˈdɪkʃənəri] n 字典；辞书

搭 a Chinese-English dictionary 汉英字典 an English-Chinese dictionary 英汉字典

- **textbook** [ˈtekstbʊk] n 教科书，课本

搭 a science textbook 自然科学教科书

- **headline** [ˈhedlaɪn] n（报纸的）大字标题

搭 headline news 头条新闻

近 title n 题目；标题；名称

- **chapter** [ˈtʃæptər] n（书的）章，篇，回

例 Read Chapter 1 before class tomorrow. 明天上课前阅读第一章。

- **section** [ˈsekʃən] n 节；部分；部门

例 In this section, we will talk about the environmental pollution. 在这一节我们会讲到环境污染。

搭 in this section 在这部分

- **stuff** [stʌf] n 材料；东西

- **paper** [ˈpeɪpər] n 纸

搭 a piece of paper 一张纸

- **notepaper** [ˈnəʊtˌpeɪpər] n 信纸，便条纸

例 He had written letters on official notepaper to promote a relative's company. 他用官方信纸写信来推荐一个亲戚的公司。

扩 note n 笔记

- **brochure** [ˈbrəʊʃər] n 小册子；广告手册

例 Our brochure is printed on environmentally-friendly paper. 我们的宣传手册是用环保纸印刷的。

- **notebook** [ˈnəʊtbʊk] n 笔记本

- **bestseller** [ˌbestˈselər] n 畅销书

例 The *Harry Potter* novels were all bestsellers. 《哈利·波特》系列小说都是畅销书。

- **author** [ˈɔːθər] n 作者，作家

例 He is the author of two books on French history. 他是两部法国历史著作的作者。

近 writer n 作家，作者

- **reader** [ˈriːdər] n 读者；简易读物

近 audience n 观众

- **desk** [desk] n 课桌，桌子

- **sit down** [ˈsɪt daʊn] 坐下

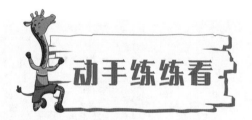

动手练练看

1 根据句意和字母提示，完成句子。

❶ They expected him to participate in the c__r__m__ __y.

❷ Did you watch the Olympic men's g__m__ __s__ __cs?

❸ She found peace through __o__a and meditation（冥想）.

❹ I can't work it out in my head — I need a ca__ __u__at__r.

❺ You can put up the notice on the n__t__ce__o__r__.

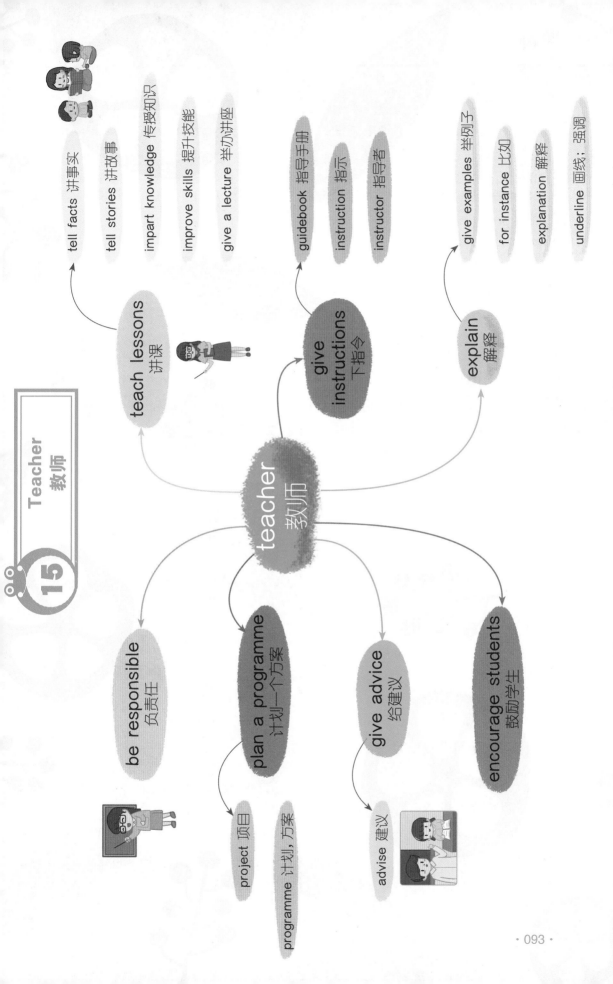

tell facts 讲事实

tell stories 讲故事

impart knowledge 传授知识

improve skills 提升技能

give a lecture 举办讲座

guidebook 指导手册

instruction 指示

instructor 指导者

give examples 举例子

for instance 比如

explanation 解释

underline 画线；强调

teach lessons
讲课

give
instructions
下指令

explain
解释

teacher
教师

be responsible
负责任

plan a programme
计划一个方案

give advice
给建议

encourage students
鼓励学生

project 项目

programme 计划，方案

advise 建议

- **improve** [ɪmˈpruːv] ⱴ提升；改进，改善

- **lecture** [ˈlektʃər] n讲座，讲课，演讲
例 The professor will give a lecture of geographical features. 教授将要做一场关于地理特征的讲座。
搭 give a lecture 举办讲座

- **guidebook** [ˈɡaɪdbʊk] n指导手册；指南

- **instruction** [ɪnˈstrʌkʃən] n指示
例 They need clear instructions on what to do next. 关于下一步该怎么做，他们需要明确的指示。
搭 give instructions 下指令
扩 instruct ⱴ指导

- **instructor** [ɪnˈstrʌktər] n指导者，教练；（大学）讲师
例 He is a history instructor. 他是一位历史学讲师。
近 mentor n导师

- **explain** [ɪkˈspleɪn] ⱴ解释，说明
例 Please explain why you're so late. 请解释一下你迟到这么久的原因。
扩 explanation n解释

- **example** [ɪɡˈzɑːmpl] n例子
搭 give examples 举例子

- **instance** [ˈɪnstəns] n例子，事例，实例
搭 for instance 例如
近 case n实例

- **explanation** [ˌekspləˈneɪʃən] n解释，说明；阐述

- **underline** [ˌʌndəˈlaɪn] ⱴ（在词语等下）画线；强调
例 All the technical words have been underlined in red. 所有术语的下面都画了红线。
近 highlight ⱴ突出，强调

- **encourage** [ɪnˈkʌrɪdʒ] ⱴ鼓励

- **advice** [ədˈvaɪs] n建议，意见；劝告
搭 a piece of advice 一条建议；take one's advice 接受某人的劝告

- **advise** [ədˈvaɪz] ⱴ建议；劝告
例 They're advising that children be kept at home. 他们建议让孩子们待在家里。
近 suggest ⱴ建议

- **plan** [plæn] n计划，打算 ⱴ精心打算，计划
搭 plan a program 计划一个方案

- **programme** [ˈprəʊɡræm] n方案；计划；节目

- **project** [ˈprɒdʒekt] n项目；方案；计划 [prəˈdʒekt] ⱴ规划，计划
例 What is the main objective of this project? 这个方案的主要目标是什么？
搭 a scientific research project 科研项目

- **responsible** [rɪˈspɒnsəbəl] adj负责任的，有责任的

1 根据句意和字母提示，完成句子。

❶ You can read to each other, or by yourselves, or tell s__o__i__s.

❷ The school offers an exciting and varied p__ __g__a__m__ of social events.

❸ The video provides i__s__r__c__i__ns on how to operate the computer.

❹ There have been several ins__a__ __es of violence at the school.

❺ Could you give me a quick e__p__an__t__ __n of how it works?

2 将左侧的动词与右侧的名词或名词词组进行匹配。

❶ tell   ⓐ lessons

❷ teach   ⓑ stories

❸ plan   ⓒ knowledge

❹ improve   ⓓ skills

❺ impart   ⓔ a lecture

❻ give   ⓕ students

❼ encourage   ⓖ a program

3 读句子，将画线部分的字母按照正确的顺序排列，拼写在右侧横线上。

❶ Can you quote me an <u>sinantce</u> of when this happened? _____

❷ These findings <u>nudereinl</u> the importance of nursery education. _____

❸ We execute that <u>stniruicton</u> and we move to the next one. _____

❹ He didn't get a decent <u>pexlaantoin</u>. _____

❺ He offered some useful <u>vadiec</u>. _____

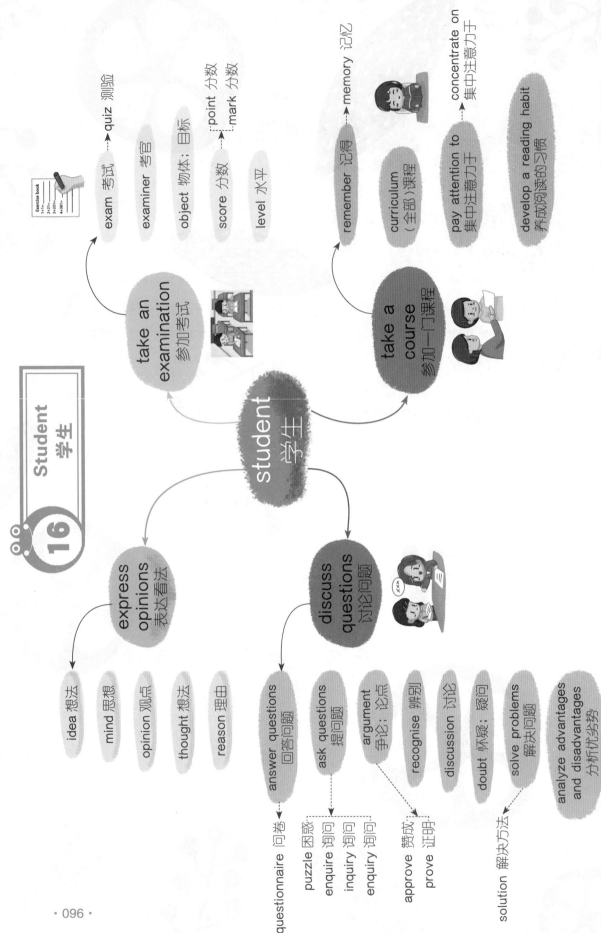

16

Student
学生

student
学生

take an examination
参加考试

exam 考试 ---> quiz 测验
examiner 考官
object 物体；目标
score 分数 ---> point 分数
　　　　　　　 mark 分数
level 水平

take a course
参加一门课程

remember 记得 ---> memory 记忆
curriculum （全部）课程
pay attention to 集中注意力于 ---> concentrate on 集中注意力
develop a reading habit 养成阅读的习惯

express opinions
表达看法

idea 想法
mind 思想
opinion 观点
thought 想法
reason 理由

discuss questions
讨论问题

answer questions 回答问题 ---> questionnaire 问卷
　　　　　　　　　　　　　　 puzzle 困惑
ask questions 提问题 ---> enquire 询问
　　　　　　　　　　　　 inquiry 询问
　　　　　　　　　　　　 enquiry 询问
argument 争论；论点 ---> approve 赞成
　　　　　　　　　　　　 prove 证明
recognise 辨别
discussion 讨论
doubt 怀疑；疑问
solve problems 解决问题 ---> solution 解决方法
analyze advantages and disadvantages 分析优劣势

Exercise book
1+1=
2+21=
3+23!=
4+38?=

- **examination** [ɪɡˌzæmɪˈneɪʃən]
n 考试
搭 take an examination 参加考试

- **exam** [ɪɡˈzæm] n 考试；检查

- **quiz** [kwɪz] n 测验；知识竞赛
例 We'll have a quiz at the end of class.
下课前我们将进行一次测试。
搭 do a quiz 做一个小测验

- **examiner** [ɪɡˈzæmɪnər] n 考官

- **object** [ˈɒbdʒɪkt] n 物体；目标；
对象 [əbˈdʒekt] v 反对，不同意
例 The object of the exercise is to raise
money for the charity. 此项活动的目的是
为慈善筹款。
搭 object to 反对；对……反感
近 goal n 目标
扩 objective adj 客观的

- **score** [skɔːr] n 分数，比分；成绩
v 得分
例 The final score was 4–3. 最终的比分是
4:3。
搭 test scores 考试分数

- **point** [pɔɪnt] n 分数；观点；意义
v 指向
例 The youngest skier won the most points.
那个最年轻的滑雪运动员得分最高。
搭 to the point 切题，切中要害；point
out 指出，指向

- **mark** [mɑːk] n 分数；标记 v 做记
号；弄污

- **level** [ˈlevəl] 水平；层次，级别
搭 high level 高水平；at a certain level 在
某个层次上

- **course** [kɔːs] n 课程；讲座
例 She decided to take a course in
philosophy. 她决定修一门哲学课。

- **remember** [rɪˈmembər] v 记得
搭 remember doing sth. 记得做过某事；
remember to do sth. 记得去做某事
反 forget v 忘记

- **memory** [ˈmeməri] n 记忆；回忆
例 I have vivid memories of that evening.
我对那晚仍记忆犹新。
搭 a good memory 好记忆

- **curriculum** [kəˈrɪkjələm] n（全
部）课程

- **attention** [əˈtenʃən] n 注意，留心
例 Please pay attention to what I am
saying. 请集中注意力听我讲话。
搭 pay attention to 集中注意力于

- **concentrate** [ˈkɒnsəntreɪt]
v 集中（注意力），聚精会神
例 We need to concentrate on our final
exam. 我们需要集中注意力在期末考试上。
搭 concentrate on 集中（注意力）于

- **discuss** [dɪˈskʌs] v 讨论，谈论
扩 discussion n 讨论

- **questionnaire** [ˌkwestʃəˈneər]
n 问卷

- **puzzle** [ˈpʌzəl] n 困惑；不解之谜，

难题 v 迷惑，使困惑

例 I spent hours reasoning out the solution to the puzzle. 我花了好几个小时想办法解决这个难题。

扩 puzzled adj 迷惑的；puzzlement n 困惑，费解

• **enquire** [ɪnˈkwaɪər] v 询问；打听

例 I called the station to enquire about train times. 我打电话到车站询问了火车时刻。

搭 enquire for 打听

近 inquire v 询问；examine v 审查

扩 enquiry n 询问

• **enquiry** [ɪnˈkwaɪəri] n 询问；调查；查问

近 inquiry n 询问；调查

• **argument** [ˈɑːgjəmənt] n 争论；争吵；论点

近 quarrel n 争吵

扩 argue v 争论

• **approve** [əˈpruːv] v 赞成；同意，批准

近 agree v 赞成，同意

反 disapprove v 不赞成，不同意

扩 approval n 赞成，同意

• **prove** [pruːv] v 证明；被发现是

• **recognise** [ˈrekəgnaɪz] v 辨别出；认出；承认

例 Oh, if they could only recognise him now! 啊，要是他们现在能认出他来就好了！

近 accept v 承认；接受

扩 recognition n 识别

• **discussion** [dɪˈskʌʃən] n 讨论

例 The matter is still under discussion. 这个问题还在讨论之中。

近 debate n 辩论 v 讨论；仔细考虑

• **doubt** [daʊt] v 怀疑，不相信 n 疑问

搭 in doubt 不确定；without (a) doubt 毫无疑问；no doubt 无疑地；have doubts about 对……有怀疑

• **solve** [sɒlv] v 解决，解答

例 Camping out enables children to solve problems independently. 露营让孩子们具备独立解决问题的能力。

• **solution** [səˈluːʃən] n 解决方法

• **analyze** [ˈænəlaɪz] v 分析

搭 analyze advantages and disadvantages 分析优劣势

• **express** [ɪkˈspres] v 表达；表示

• **idea** [aɪˈdɪə] n 想法，主意；意见

• **mind** [maɪnd] n 思想；头脑，思考能力 v 介意

搭 keep in mind 记住；mind doing sth. 介意做某事

• **opinion** [əˈpɪnjən] n 观点，意见，想法

搭 in one's opinion 某人认为

• **thought** [θɔːt] n 想法，看法，主意

扩 thoughtful adj 深思的；周到的，体贴的

• **reason** [ˈriːzən] n 理由

扩 reasonable adj 合情合理的

1 将左侧的动词与右侧的名词或名词词组进行匹配。

① answer   ⓐ opinions

② solve   ⓑ questions

③ express   ⓒ a habit

④ develop   ⓓ problems

⑤ take   ⓔ a course

2 根据句意和字母提示，完成句子。

① As an e__a__i__er, she showed no favour to any candidate.

② Don't be surprised if I pretend not to r__co__n__ __e you.

③ There was a lot of d__s__u__ __ion about the wording of the report.

④ The t__ __u__ht never entered my head.

⑤ Do you have a better s__ __ut__on?

3 读句子，将画线部分的字母按照正确的顺序排列，拼写在右侧横线上。

① There's no easy slotuoin to this problem.   _____

② I've just had a tuhohgt.   _____

③ It is difficult to make oneself cnocnettrae for long periods.   _____

④ A rock is an inanimate bojcet.   _____

⑤ This raises uodbt about the point of advertising.   _____

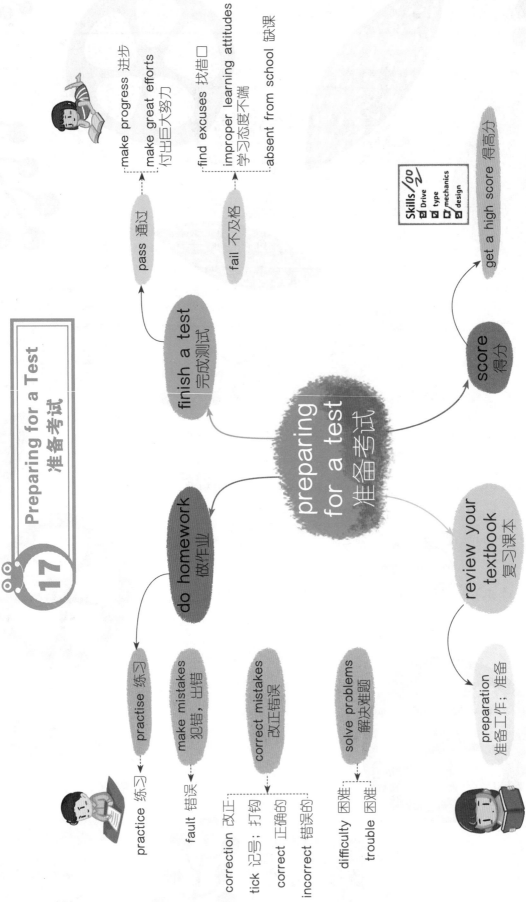

preparing
for a test
准备考试

finish a test
完成测试

pass 通过
- make progress 进步
- make great efforts 付出巨大努力

fail 不及格
- find excuses 找借口
- improper learning attitudes 学习态度不端
- absent from school 缺课

score 得分

get a high score 得高分

Skills
☑ Drive
☑ type
☐ mechanics
☑ design

do homework 做作业

practise 练习
- practice 练习

make mistakes 犯错，出错
- fault 错误

correct mistakes 改正错误
- correction 改正
- tick 记号；打钩
- correct 正确的
- incorrect 错误的

solve problems 解决难题
- difficulty 困难
- trouble 困难

review your textbook 复习课本

preparation 准备工作；准备

- **prepare** [prɪˈpeər] v 准备
搭 prepare for a test 准备考试

- **pass** [pɑːs] v 通过；经过
例 Kevin has just passed his English test. 凯文刚刚通过英语考试。

- **progress** [ˈprəʊgres] v n 进步
例 Provided you are modest, you'll surely make progress. 只要虚心，就会进步。

- **effort** [ˈefət] n 努力；费力的事
搭 make great efforts 付出巨大努力

- **fail** [feɪl] v 不及格；失败
例 He failed the exam last week. 他上周考试不及格。

- **excuse** [ɪkˈskjuːz] n 借口，理由 v 原谅，宽恕
例 Don't find excuse for your mistake! 别为你的错误找借口！

- **attitude** [ˈætɪtjuːd] n 态度

- **absent** [ˈæbsənt] adj 缺席，不在
搭 absent from school 缺课

- **review** [rɪˈvjuː] v 复习，温习
例 You're reviewing your textbook for the test tomorrow. 你在复习课本，准备明天的考试。

- **preparation** [ˌprepəˈreɪʃən] n 准备工作；准备

- **practise** [ˈpræktɪs] v 练习；训练
例 She practises the violin every day. 她每天都练习拉小提琴。

- **practice** [ˈpræktɪs] n 练习；实践 v 练习
搭 put into practice 付诸实践；in practice 实际上

- **fault** [fɒlt] n 错误；过错
例 I admit it was entirely my fault. 我承认，这完全是我的错。
近 error n 错误

- **correct** [kəˈrekt] v 改正，纠正 adj 正确的
例 We must dare to stand up for the truth and correct mistakes. 我们要敢于捍卫真理，纠正错误。
搭 correct mistakes 改正错误
反 wrong adj 错误的

- **correction** [kəˈrekʃən] n 改正

- **tick** [tɪk] n 记号 v 打对钩；发出滴答声

- **incorrect** [ˌɪnkəˈrekt] adj 错误的
近 wrong adj 错误的

- **difficulty** [ˈdɪfɪkəlti] n 困难，难题
例 People learning a new language often encounter some difficulties at first. 学习一门新语言最初常常会遇到一些困难。
搭 in difficulty 处境困难；with difficulty 费力地
近 hardship n 困苦，苦难

- **trouble** [ˈtrʌbəl] n 困难；麻烦
搭 have trouble (in) doing sth. 在做某事上有困难；get into trouble 陷入麻烦之中

1 将左侧的动词与右侧的名词或名词词组进行匹配。

❶ get   ⓐ mistakes

❷ solve   ⓑ homework

❸ make   ⓒ textbooks

❹ do   ⓓ problems

❺ review   ⓔ a high score

2 选择正确的选项。

❶ It is easy to _____ excuses for his mistakes.

    A. find   B. take   C. do

❷ You can _____ progress only if you are modest.

    A. do   B. make   C. let

❸ I'd have to go to university and _____ a test.

    A. pass   B. skip   C. fail

❹ It will never be too late to _____ mistakes.

    A. do   B. correct   C. make

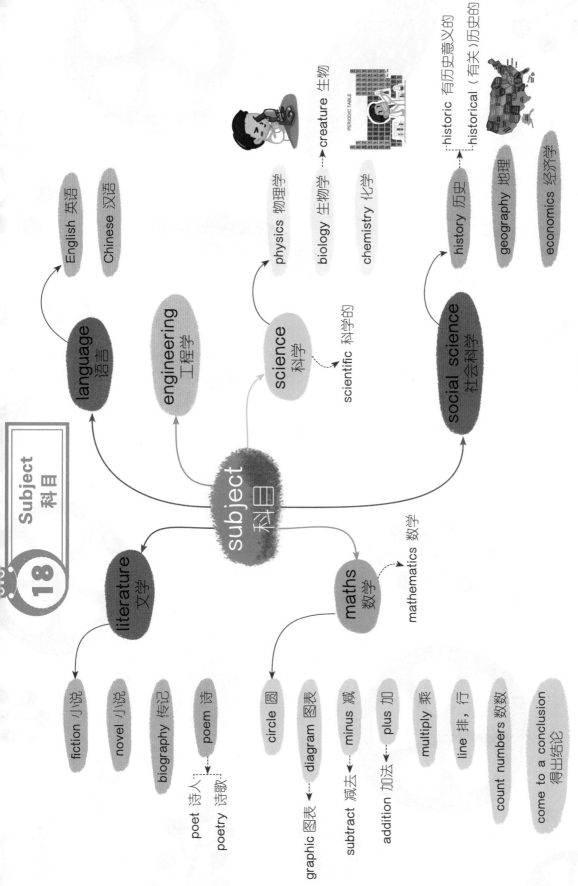

subject 科目

language 语言
- English 英语
- Chinese 汉语

engineering 工程学

science 科学 ----> scientific 科学的
- physics 物理学
- biology 生物学 ----> creature 生物
- chemistry 化学

PERIODIC TABLE

social science 社会科学
- history 历史 ----> historic 有历史意义的
- historical （有关）历史的
- geography 地理
- economics 经济学

literature 文学
- fiction 小说
- novel 小说
- biography 传记
- poem 诗 ----> poet 诗人
- poetry 诗歌

maths 数学 ----> mathematics 数学
- circle 圆
- diagram 图表 ----> graphic 图表
- minus 减 ----> subtract 减去
- plus 加 ----> addition 加法
- multiply 乘
- line 排，行
- count numbers 数数
- come to a conclusion 得出结论

- **subject** [ˈsʌbdʒekt] n 科目

- **language** [ˈlæŋgwɪdʒ] n 语言
搭 body language 肢体语言

- **English** [ˈɪŋglɪʃ] n 英语；英国人
adj 英国的
例 He speaks excellent English. 他英语说得棒极了。

- **Chinese** [tʃaɪˈniːz] n 汉语，中文；中国人 adj 中国的
例 I am studying Chinese. 我正在学中文。

- **engineering** [ˌendʒɪˈnɪərɪŋ]
n 工程学
扩 engineer n 工程师

- **science** [ˈsaɪəns] n 科学
例 Space travel is one of the wonders of modern science. 太空遨游是现代科学的一大奇迹。
扩 scientist n 科学家；scientific adj 科学的

- **scientific** [ˌsaɪənˈtɪfɪk] adj 科学的
例 They are required to conduct scientific research next weeks. 他们被要求下周做科学调研。

- **physics** [ˈfɪzɪks] n 物理学

- **biology** [baɪˈɒlədʒi] n 生物学
扩 biologist n 生物学家

- **creature** [ˈkriːtʃər] n 生物
例 Don't all living creatures have certain rights? 难道不是一切生物都具有某些权

利吗?

- **chemistry** [ˈkemɪstri] n 化学

- **history** [ˈhɪstəri] n 历史
例 I studied modern European history at college. 我在大学里学的是欧洲现代史。

- **historic** [hɪˈstɒrɪk] adj 有历史意义的；可名垂青史的
例 We should take more care of our historic buildings. 我们应该更加爱护有历史意义的建筑。

- **historical** [hɪˈstɒrɪkəl] adj（有关）历史的
例 She specializes in historical novels set in 18th-century England. 她专门创作以 18 世纪英格兰为背景的历史小说。
扩 historic adj 有历史意义的

- **geography** [dʒɪˈɒgrəfi] n 地理；地理学

- **economics** [ˌiːkəˈnɒmɪks] n 经济学
扩 economic adj 经济的；economical adj 经济的，节约的

- **maths** [mæθs] n 数学
例 I loved maths when I was at school. 我在学校时喜欢数学。

- **mathematics** [ˌmæθˈmætɪks] n 数学
例 He has a profound knowledge of mathematics. 他数学知识渊博。

- **circle** [ˈsɜːkəl] n 圆；圆圈

- **diagram** [ˈdaɪəɡræm] n 图表，示意图

- **graphic** [ˈɡræfɪk] n 图表，图形

- **minus** [ˈmaɪnəs] v 减，减去 adj （数字）负的
例 What is 57 minus 39? 57 减 39 是多少？
反 add v 加

- **subtract** [səbˈtrækt] v 减去
例 Four subtracted from ten equals six. 10 减去 4 等于 6。
搭 subtract from 从……减去

- **plus** [plʌs] prep 加，和，也
例 What is six plus four? 6 加 4 等于几？
近 add v 加，添加，增加

- **addition** [əˈdɪʃən] n 加法；增加
例 I learned addition in my primary school. 我小学时学了加法。
搭 in addition 另外
扩 additional adj 附加的；另外的 add 加，添加，增加

- **multiply** [ˈmʌltɪplaɪ] v 乘；成倍增加
例 If you multiply seven by 15, you'll get 105. 用 15 乘以 7，结果是 105。
扩 multiple adj 多种多样的

- **line** [laɪn] n 排，行；线，线条
例 Draw a pair of parallel lines. 画一组平行线。
搭 a straight line 直线

- **count** [kaʊnt] v 数数；计算总数
搭 count numbers 数数

- **conclusion** [kənˈkluːʒən] n 结论，推论
例 I think to come to a conclusion will not be easy. 我认为得出一个结论，并不容易。
搭 come to a conclusion 得出结论

- **literature** [ˈlɪtrətʃər] n 文学
例 This is a classic of English literature. 这是一部经典的英国文学作品。

- **fiction** [ˈfɪkʃən] n 小说
例 The book is a work of fiction. 这本书是一部小说作品。
近 novel n 小说

- **novel** [ˈnɒvl] n （长篇）小说
例 He is working on a new novel. 他正在写一部新小说。

- **biography** [baɪˈɒɡrəfi] n 传记
搭 celebrity biography 名人传记

- **poem** [ˈpəʊɪm] n 诗
例 The poet recited some of her recent poems. 诗人朗诵了她最近写的几首诗。

- **poet** [ˈpəʊɪt] n 诗人
例 He was a painter and poet. 他是一位画家兼诗人。

- **poetry** [ˈpəʊɪtri] n 诗；诗歌

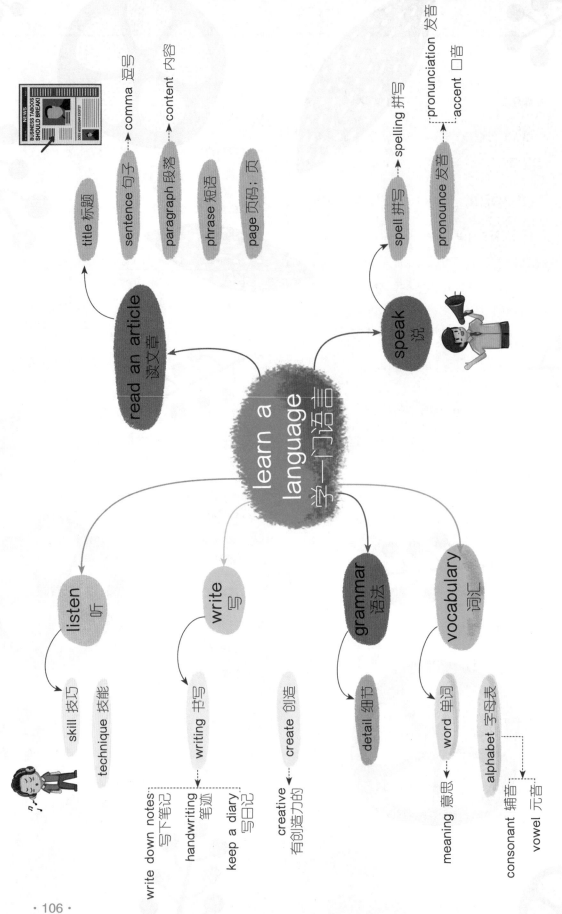

title 标题
sentence 句子 ----> comma 逗号
paragraph 段落 ----> content 内容
phrase 短语
page 页码；页

read an article
读文章

spell 拼写 ----> spelling 拼写
pronounce 发音 ----> pronunciation 发音
                    ----> accent 口音

speak
说

learn a language
学一门语言

listen 听 ----> skill 技巧
              technique 技能

write 写 ----> writing 书写 ----> write down notes 写下笔记
                                 handwriting 笔迹
                                 keep a diary 写日记
              create 创造 ----> creative 有创造力的

grammar 语法 ----> detail 细节

vocabulary 词汇 ----> word 单词 ----> meaning 意思
                    alphabet 字母表 ----> consonant 辅音
                                          vowel 元音

- **title** [ˈtaɪtəl] n 标题，题目；称谓，头衔

例 What's the title of the essay exactly? 确切的论文标题是什么？

- **sentence** [ˈsentəns] n 句子

- **comma** [ˈkɒmə] n 逗号

- **paragraph** [ˈpærəgrɑːf] n 段落

- **content** [kənˈtent] n 内容 adj 满意的

例 She is reluctant to discuss the content of the play. 她不愿意讨论这部话剧的内容。

搭 be content with 对……满意

- **phrase** [freɪz] n 短语，习语

例 A writer spends hours changing phrases here. 作家花许多个小时润色短语。

近 idiom n 习语

- **page** [peɪdʒ] n 页码；页

- **spell** [spel] v 拼写

搭 spell out 拼写出

- **spelling** [ˈspelɪŋ] n 拼写

例 Your essay is full of spelling errors. 你的文章里通篇都是拼写错误。

- **pronounce** [prəˈnaʊns] v 发音；正式宣布

例 She pronounced his name so badly that he didn't even recognize it. 念他的名字时她发音如此不准以至于连他本人都没听出来。

- **pronunciation** [prəˌnʌnsɪˈeɪʃən] n 发音，读音

例 English pronunciation is difficult. 英语的发音很难。

- **accent** [ˈæksənt] n 口音；强调，重音

例 I thought I could detect a slight Canadian accent. 我想我可以听得出来一点轻微的加拿大口音。

- **vocabulary** [vəˈkæbjələri] n 词汇

搭 a wide vocabulary 词汇量很大；a limited vocabulary 词汇量有限

- **meaning** [ˈmiːnɪŋ] n 意思，含义

例 His novels often have hidden meaning. 他的小说常有隐含意思。

扩 meaningful adj 意味深长的

- **alphabet** [ˈælfəbet] n 字母表

例 The English alphabet has 26 letters. 英语字母表有 26 个字母。

- **consonant** [ˈkɒnsənənt] n 辅音

- **vowel** [ˈvaʊəl] n 元音

- **grammar** [ˈgræmər] n 语法

搭 English grammar 英语语法

- **detail** [ˈdiːteɪl] n 细节

例 She refused to disclose any details about the plan. 她拒绝透露该计划的任何细节。

搭 in detail 详细地

扩 detailed adj 详细的

- **handwriting** [ˈhændraɪtɪŋ] n 笔迹；手写，书写

例 The address was in Anna's handwriting. 这个地址是安娜的笔迹。

扩 handwritten adj 手写的

• **diary** [ˈdaɪəri] n 日记

搭 keep a diary 写日记

• **create** [krɪˈeɪt] v 创造，创作

例 The *Bible* says that God created the world. 《圣经》上说是上帝创造了世界。

近 make v 制造

扩 creation n 创造

• **creative** [krɪˈeɪtɪv] adj 有创造力的

搭 creative thinking 创造性思维

• **skill** [skɪl] n 技巧；技能

例 Ruth possessed great writing skills. 露丝写作技巧纯熟。

扩 skillful adj 熟练的

• **technique** [tekˈniːk] n 技能；技术

例 He went off to the university to improve his technique. 他去读大学以提高技能。

扩 technology n 技术

1 将方框中的单词与正确的英语释义进行匹配。

economics history geography physics mathematics biology

❶ a subject studied in schools that deals with events that have happened in the past _____

❷ the science which is concerned with the study of living things _____

❸ the study of numbers, quantities, or shapes _____

❹ the study of the way in which money, industry, and commerce are organized in a society _____

❺ the study of the countries of the world and of such things as the land, seas, climate, towns, and population _____

❻ the scientific study of forces such as heat, light, sound, pressure, gravity, and electricity, and the way that they affect objects _____

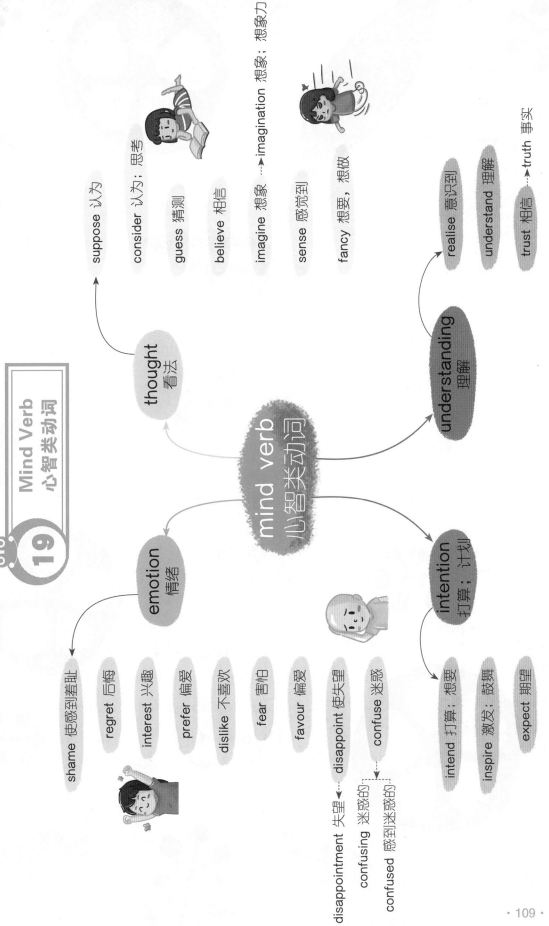

mind verb 心智类动词

thought 看法

suppose 认为
consider 认为；思考
guess 猜测
believe 相信
imagine 想象 --→ imagination 想象；想象力
sense 感觉到
fancy 想要，想做

understanding 理解

realise 意识到
understand 理解
trust 相信 --→ truth 事实

emotion 情绪

shame 使感到羞耻
regret 后悔
interest 兴趣
prefer 偏爱
dislike 不喜欢
fear 害怕
favour 偏爱
disappoint 使失望 ←-- disappointment 失望
confuse 迷惑 ←-- confusing 迷惑的
             ←-- confused 感到迷惑迷惑的

intention 打算；计划

intend 打算；想要
inspire 激发；鼓舞
expect 期望

- **thought** [θɔːt] n 看法，想法

- **suppose** [səˈpəʊz] v 认为；假定，假设

例 He found it a lot more difficult to get a job than he supposed it would be. 他发现找工作比他想象的要难多了。

- **consider** [kənˈsɪdər] v 认为；考虑到，思考

例 I had always considered myself a strong, competent woman. 我曾一直以为自己是个坚强能干的女人。

扩 consideration n 考虑，关心

- **guess** [ges] v 猜测，猜想

- **believe** [bɪˈliːv] v 相信

扩 belief n 信仰；相信
搭 believe it or not 信不信由你；believe in 信仰，相信

- **imagine** [ɪˈmædʒɪn] v 想象，设想；猜测

例 She imagined herself sitting in her favourite chair back home. 她想象自己正坐在家中最喜欢的扶手椅上。

扩 imaginary adj 虚构的

- **imagination** [ɪˌmædʒɪˈneɪʃən] n 想象；想象力

例 I can never make up stories—I have absolutely no imagination. 我从来都不会编故事——我根本没什么想象力。

- **sense** [sens] v 感觉到 n 感官；感觉

例 I sensed that he was worried about

something. 我感觉他有心事。

- **fancy** [ˈfænsi] v 想要，想做 n 想象的事物；想象（力）

例 Do you fancy going out tonight? 今天晚上你想不想出去？

- **understanding** [ˌʌndəˈstændɪŋ] n 理解，领悟

反 misunderstanding n 误解，误会；意见不一

- **realise** [ˈriːəlaɪz] v 意识到；理解，领会；实现

搭 realise one's dream 实现某人的梦想

- **trust** [trʌst] v 相信 n 信任

例 My sister warned me not to trust him. 我姐姐告诫我不要相信他。

近 believe v 信赖，信任
扩 trustful adj 充满信任的，相信别人的

- **truth** [truːθ] n 事实，真相

例 Is there any truth to the rumours? 这些谣传有事实根据吗？

搭 to tell the truth 说实话

- **intention** [ɪnˈtenʃən] n 打算，计划；意向

扩 intentional adj 有意的，故意的

- **intend** [ɪnˈtend] v 打算；想要

例 We intend to go to Australia next year. 我们打算明年去澳大利亚。

搭 intend to do sth. 打算做某事

- **inspire** [ɪnˈspaɪər] v 激发；鼓舞

扩 inspiration n 灵感；启发灵感的人（或事物）

近 encourage v 鼓励，鼓舞

• **expect** [ɪkˈspekt] v 期望；预期

例 Borrowers are expected to return books on time. 借阅者应该按时归还图书。

扩 expectation n 期待，期望

• **emotion** [ɪˈməʊʃən] n 情绪；情感

扩 emotional adj 情绪（上）的；情感（上）的；有感染力的

• **shame** [ʃeɪm] v 使感到羞耻；使丢脸 n 羞耻，羞愧

例 Her son's affair had humiliated and shamed her. 她儿子的事丢了她的脸，令她羞愧。

• **regret** [rɪˈgret] v 后悔，感到遗憾 n 后悔，遗憾

搭 regret doing sth. 对做过的事表示遗憾或后悔

• **interest** [ˈɪntrəst] n 兴趣，爱好

例 I've always had an interest in astronomy. 我一直对天文学感兴趣。

• **prefer** [prɪˈfɜːr] v 偏爱；更爱

例 Do you prefer hot or cold weather? 你喜欢热天还是冷天？

• **dislike** [dɪˈslaɪk] v 不喜欢，讨厌

例 Why do you dislike her so much? 你为什么这么不喜欢她？

近 hate v 不喜欢，厌恶

• **fear** [fɪər] v 害怕，担忧 n 害怕，担心

例 I have a fear of heights. 我有恐高症。

• **favour** [ˈfeɪvər] v n 偏爱；支持

例 She always felt that her parents favoured her brother. 她总觉得父母偏爱弟弟。

搭 in favour of 支持

• **disappoint** [ˌdɪsəˈpɔɪnt] v 使失望，使落空

例 I'm sorry to disappoint you, but I'm afraid I can't come after all. 很抱歉让你失望，但恐怕我真的来不了。

• **disappointment** [ˌdɪsəˈpɔɪntmənt] n 失望；沮丧；扫兴

例 Jessica managed to hide her disappointment. 杰西卡设法掩藏住自己的失望。

近 depression n 沮丧，抑郁

反 satisfaction n 满足，欣慰

搭 to one's disappointment 令人失望的是

• **confuse** [kənˈfjuːz] v 迷惑，混淆；使糊涂

例 My words surprised and confused him. 我的话使他既惊讶又困惑。

• **confusing** [kənˈfjuːzɪŋ] adj 迷惑的，困惑的

• **confused** [kənˈfjuːzd] adj 感到迷惑的

动手练练看

1 从方框中选择合适的单词填空。

fancy confuse trust regret disappoint hope

❶ I didn't _____ the idea of going home in the dark.

❷ _____ your instincts, and do what you think is right.

❸ Is there anything you've done in your life that you _____?

❹ I always _____ my left with my right.

❺ I _____ you don't mind the noise.

❻ Darling, please don't _____ me!

2 将下面单词按照分类填入合适的方框内。

inspire dislike fear like disappointment confused prefer trust

positive expression	negative expression

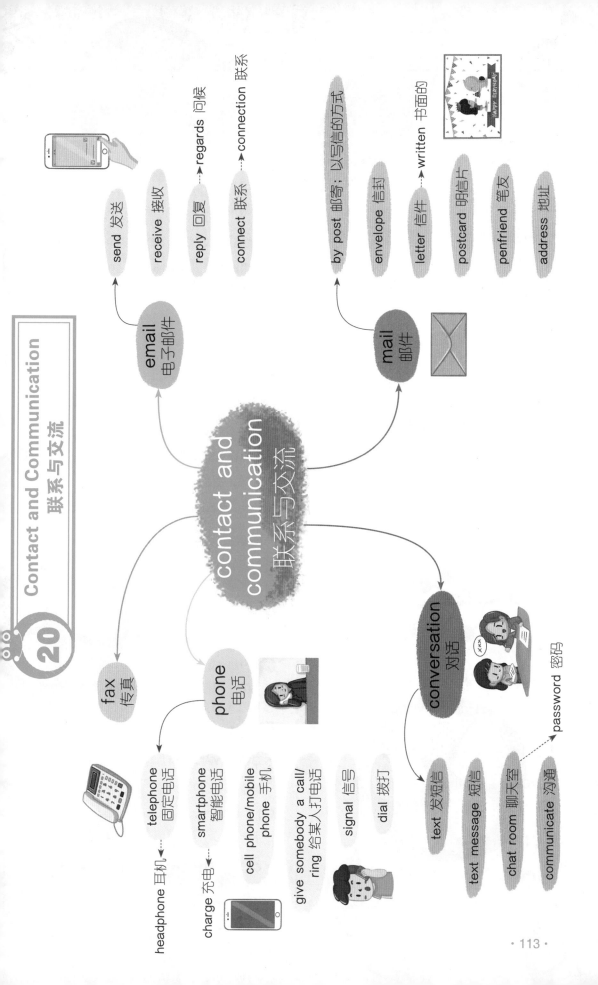

20 Contact and Communication 联系与交流

contact and communication 联系与交流

email 电子邮件
- send 发送
- receive 接收
- reply 回复 ---> regards 问候
- connect 联系 ---> connection 联系

mail 邮件
- by post 邮寄；以写信的方式
- envelope 信封
- letter 信件 ---> written 书面的
- postcard 明信片
- penfriend 笔友
- address 地址

fax 传真

phone 电话
- telephone 固定电话 ---- headphone 耳机
- smartphone 智能电话 ---- charge 充电
- cell phone/mobile phone 手机
- give somebody a call/ring 给某人打电话
- signal 信号
- dial 拨打

conversation 对话
- text 发短信
- text message 短信
- chat room 聊天室
- communicate 沟通 ·····> password 密码

· 113 ·

- **email** [ˈiːmeɪl] **n** 电子邮件

例 You can contact us by email or fax. 你可以通过电子邮件或者传真联系我们。

搭 by email 通过电子邮件

- **receive** [rɪˈsiːv] **v** 接收，收到

例 Did you receive my letter? 你收到我的信了吗？

- **reply** [rɪˈplaɪ] **n v** 回复，回应

搭 make no reply 没有回复

- **regards** [rɪˈɡɑːdz] **n** 问候，致意；尊敬，敬佩

例 Give your brother my regards when you see him. 看到你哥哥时，代我向他问好。

- **connect** [kəˈnekt] **v** 联系；连接

例 She has a remarkable ability to connect with a wide variety of people. 她有一种非凡的能力，可以与各种各样的人建立起良好关系。

- **connection** [kəˈnekʃən] **n** 联系；连接

搭 in connection with 与……有关

- **mail** [meɪl] **n** 邮件；邮政 **v** 邮寄

例 He mailed me the contract. 他把合同寄给了我。

扩 mailbox **n** 邮箱

- **post** [pəʊst] **n** 邮寄；邮政 **v** 邮寄

搭 by post 邮寄；以写信的方式

- **envelope** [ˈenvələʊp] **v** 信封

- **letter** [ˈletər] **v** 信件；字母

- **written** [ˈrɪtən] **adj** 书面的；以书信形式的

例 The assignment needs to be written. 作业需要手写。

- **postcard** [ˈpəʊstkɑːd] **v** 明信片

例 The local shop has a good stock of postcards. 当地的商店有大量的明信片。

- **penfriend** [ˈpenfrend] **v** 笔友

近 pen pal 笔友

- **address** [əˈdres] **n** 地址，住址

例 What's your email address? 你的邮件地址是什么？

- **conversation** [ˌkɒnvəˈseɪʃən] **n** 对话；交流，谈话

搭 start a conversation 开始一段对话

- **text** [tekst] **v** 发短信 **n** 文本，文稿

例 Brilliant. I'll text you next week then. 很好，那我下周给你发短信。

搭 text message 短信

- **chat** [tʃæt] **v n** 闲谈，聊天

例 She spends hours on the phone chatting to her friends. 她会花上几个小时跟朋友电话聊天。

搭 have a chat 聊天；chat room 聊天室

- **password** [ˈpɑːswɜːd] **n** 密码，口令

例 I can't let you in unless you give me the password. 你说出密码我才能让你进来。

- **communicate** [kəˈmjuːnɪkeɪt]

ⓥ 沟通，交流

- **phone** [fəʊn] ⓝ 电话

- **telephone** [ˈtelɪfəʊn] ⓝ 固定电话

- **headphone** [ˈhedfəʊn] 耳机

- **smartphone** [ˈsmɑːtfəʊn] ⓝ 智能电话

- **charge** [tʃɑːdʒ] ⓥ 充电；指控；收费

ⓔ Alex had forgotten to charge the battery. 亚历克斯忘了给电池充电。

- **signal** [ˈsɪɡnəl] ⓝ 信号；标志 ⓥ 表示；标志；预示

ⓔ When she gave (them) the signal, they all cheered. 她发出信号后，他们都欢呼起来。

- **dial** [ˈdaɪəl] ⓥ 拨打，拨号

ⓔ Can I dial this number? 我可以拨这个号码吗？

- **fax** [fæks] ⓝ 传真 ⓥ 发传真

ⓔ I'll send you a fax with the details of the proposal. 我会把提案的细节用传真发给您。

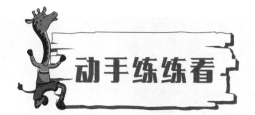

动手练练看

1 请用本单元所学单词完成下面字谜填空。

横 向

❶ It is a machine used for talking to someone over a long distance.

❷ It is the details of where sb. lives or works and where letters can be sent.

❸ You press the buttons on a telephone in order to phone someone.

纵 向

❹ People talk to each other in an informal and friendly way.

❺ It is a system of sending written messages from one computer to another.

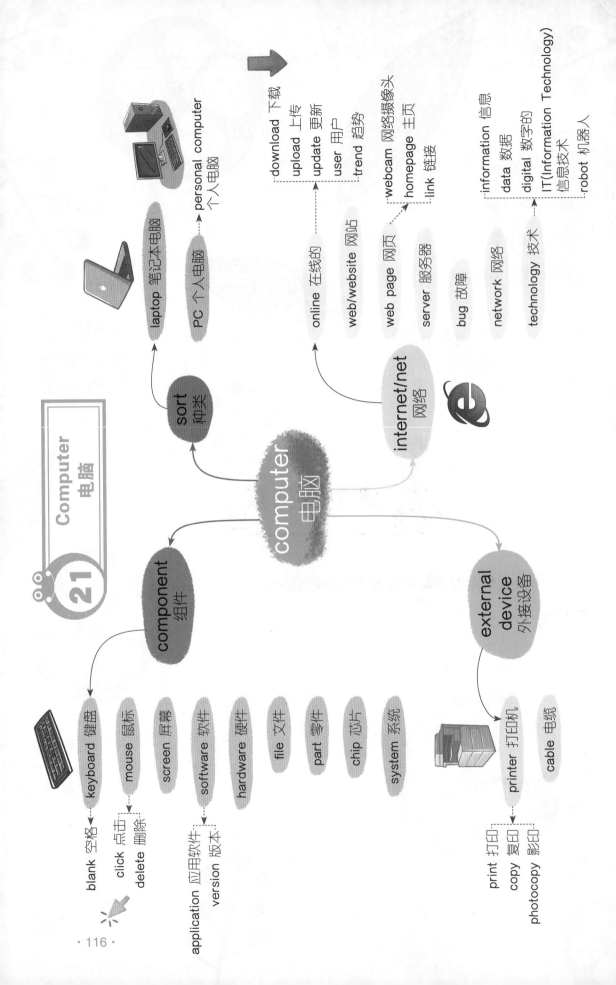

Computer 电脑

computer 电脑

sort 种类

laptop 笔记本电脑
PC 个人电脑 → personal computer 个人电脑

internet/net 网络

online 在线的
web/website 网站
web page 网页
server 服务器
bug 故障
network 网络
technology 技术

download 下载
upload 上传
update 更新
user 用户
trend 趋势

webcam 网络摄像头
homepage 主页
link 链接

information 信息
data 数据
digital 数字的
IT(Information Technology) 信息技术
robot 机器人

component 组件

keyboard 键盘
mouse 鼠标
screen 屏幕
software 软件
hardware 硬件
file 文件
part 零件
chip 芯片
system 系统

blank 空格
click 点击
delete 删除

application 应用软件
version 版本

external device 外接设备

printer 打印机
cable 电缆

print 打印
copy 复印
photocopy 影印

- **sort** [sɔːt] n 种类，类别

近 type n 类型

- **laptop** [ˈlæptɒp] n 笔记本电脑

- **PC** [ˌpiːˈsiː] n 个人电脑

例 Save it in your own PC file if you like. 如果你愿意的话，可以把它保存在你的个人电脑文件里。

近 personal computer 个人电脑

- **internet** [ˈɪntənet] n 网络，互联网

- **online** [ˈɒnlaɪn] adj 在线的，联网的，线上的

例 She works for an online magazine. 她为一家线上杂志工作。

- **download** [ˌdaʊnˈləʊd] v 下载

例 I was able to download books and music. 我可以下载书籍跟音乐。

- **upload** [ʌpˈləʊd] v 上传

- **update** [ʌpˈdeɪt] v 更新

- **user** [ˈjuːzər] n 用户，使用者

- **trend** [trend] n v 趋势；倾向

例 This is a growing trend. 这是日益显著的趋势。

- **website** [ˈwebsaɪt] n 网站

例 This website is currently under construction. 该网站正在建设中。

- **web page** [ˈweb ˌpeɪdʒ] 网页

- **webcam** [ˈwebkæm] n 网络摄像头

- **homepage** [ˈhəʊmˌpeɪdʒ] n （互联网上的）主页

- **link** [lɪŋk] v 联系；连接 n 联系；连接；链接

例 Please send me the link as soon as possible. 请尽快把链接发给我。

- **server** [ˈsɜːvər] n 服务器；侍者

例 The server is designed to store huge amounts of data. 该服务器是为存储大量数据设计的。

- **bug** [bʌg] n 故障；漏洞；虫子

- **network** [ˈnetwɜːk] n 网络；网状系统

例 The broadcast was carried on national network. 这个节目通过全国广播网进行广播。

- **technology** [tekˈnɒlədʒi] n 技术

例 Modern technology is amazing, isn't it? 现代技术很奇妙，不是吗？

搭 information technology 信息技术

扩 technological adj 技术（上）的；technically adv 技术上；technique n 技巧

- **information** [ˌɪnfəˈmeɪʃən] n 信息

例 Do you have any information about train times? 你知道有关火车时刻的信息吗？

搭 information desk 服务台

- **data** [ˈdeɪtə] n 数据，资料

例 The data was collected by various researchers. 这些信息是由各类研究人员收集起来的。

- **digital** [ˈdɪdʒɪtəl] adj 数字的，数码的

例 The definition of the digital TV pictures is excellent. 数字电视图像的清晰度很高。

- **robot** [ˈrəʊbɒt] n 机器人

- **printer** [ˈprɪntər] n 打印机

例 There's something wrong with the printer. 打印机出了故障。

- **print** [prɪnt] v 打印；印刷；刊登

搭 print sth. out （从计算机）打印出

- **copy** [ˈkɒpi] v 复印；复制 n 复印品

例 Would you copy this letter for me, please? 请为我复印一下这封信好吗？

- **photocopy** [ˈfəʊtəʊˌkɒpi] v 影印，复印 n 复印件

- **cable** [ˈkeɪbəl] n 电缆；缆绳

- **component** [kəmˈpəʊnənt] n 组件；成分

例 Each of the components is useful in its degree. 每一个组件都各有不同的用处。

- **keyboard** [ˈkiːbɔːd] n 键盘

例 Treat your keyboard with care and it should last for years. 爱惜你的键盘，这样就可以使用很多年。

- **blank** [blæŋk] n 空格，空白处 adj 空白的；没表情的

例 Fill in the blanks on this form. 将这份表格填好。

搭 go blank 一片空白

- **mouse** [maʊs] n 鼠标；老鼠

- **click** [klɪk] v 点击

搭 click the link 点击链接

- **delete** [dɪˈliːt] v 删除，删去

例 He also deleted files from the computer system. 他也从计算机系统中删除了文件。

近 remove v 去掉，去除

- **screen** [skriːn] n 屏幕，荧屏

例 Our television has a 19-inch screen. 我们的电视屏幕是 19 英寸的。

- **software** [ˈsɒftweər] n 软件

- **application** [ˌæplɪˈkeɪʃən] n 应用软件；申请；请求

搭 application for job 求职

扩 apply v 申请；applicant n 申请人

- **version** [ˈvɜːʃən] n 版本

例 An English-language version of the book is planned for next year. 那本书的英语版计划在明年推出。

- **hardware** [ˈhɑːdweər] n 硬件

搭 computer hardware 电脑硬件

- **file** [faɪl] n 文件，档案；文件夹

搭 a box file 文件箱

- **part** [pɑːt] n 零件，部件；部分

- **system** [ˈsɪstəm] n 系统

例 Viruses tend to be good at surviving when a computer system crashes. 病毒往往在电脑系统瘫痪时仍然存在。

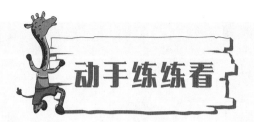

1 用方框中单词的正确形式填空。

> user   website   digital   online   upload   technology

❶ All you need to do is _____ the files on to your web space.

❷ It is popular for people to do _____ shopping .

❸ A _____ is a person that uses something such as a facility, product, or machine.

❹ I clicked on the link to the next page of the _____.

❺ Most _____ camera owners are male, while women prefer film.

❻ What this country needs is a long-term policy for investment in science and _____.

2 根据句意和字母提示，完成句子。

❶ They were staring at the television s__r__e__.

❷ Nowadays, many college students have had their classes on l__pt__ __ or tablet computers.

❸ What do you think of the k__yb__a__d on this laptop?

❹ He also d__l__t__d files from the computer system.

❺ You need a pa__ __ __o__d to get access to the computer system.

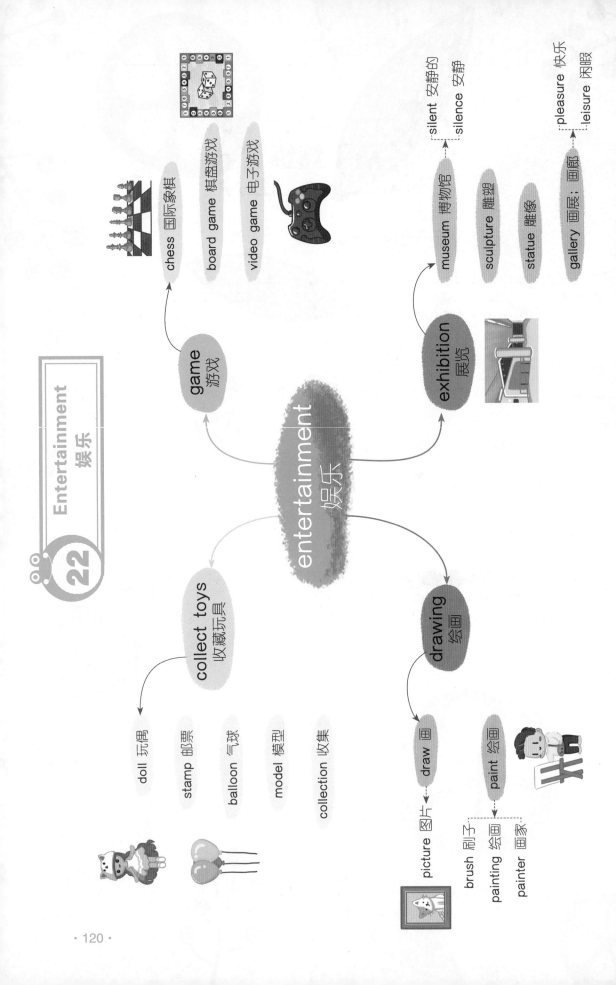

entertainment 娱乐

game 游戏
- chess 国际象棋
- board game 棋盘游戏
- video game 电子游戏

exhibition 展览
- museum 博物馆 → silent 安静的 / silence 安静
- sculpture 雕塑
- statue 雕像
- gallery 画展；画廊 → pleasure 快乐 / leisure 闲暇

collect toys 收藏玩具
- doll 玩偶
- stamp 邮票
- balloon 气球
- model 模型
- collection 收集

drawing 绘画
- draw 画 → picture 图片
- paint 绘画 → brush 刷子 / painting 绘画 / painter 画家

- **entertainment** [entə'teɪnmənt] n 娱乐

近 amusement n 娱乐

扩 entertaining adj 令人愉快的

- **chess** [tʃes] n 国际象棋

搭 play chess 下棋

- **board game** ['bɔːd ˌɡeɪm] 棋盘游戏

- **video game** ['vɪdiəʊ ˌɡeɪm] 电子游戏

- **exhibition** [ˌeksɪ'bɪʃən] n 展览

搭 be on exhibition 展出

- **museum** [mju'ziːəm] n 博物馆

- **silent** ['saɪlənt] adj 安静的；沉默的

- **silence** ['saɪləns] n 安静；沉默

例 A scream broke the silence of the night. 一声尖叫划破了寂静的夜晚。

搭 in silence 沉默地

- **sculpture** ['skʌlptʃər] n 雕塑，雕像

例 He collects modern sculpture. 他收藏现代雕塑。

- **statue** ['stætʃuː] n 雕像，雕塑

搭 statue of liberty 自由女神像

- **gallery** ['ɡæləri] n 画展；画廊

搭 art gallery 美术馆

- **pleasure** ['pleʒər] n 快乐，高兴；愉快；满意；休闲

- **leisure** ['leʒər] n 闲暇；休闲

例 Most people only have a limited amount of leisure time. 大多数人只有有限的空闲时间。

- **draw** [drɔː] v 画；描绘；拖（动）

搭 draw a picture 画画

- **picture** ['pɪktʃər] n 图片，图画

- **paint** [peɪnt] v 绘画；在……上刷油漆

搭 paint a picture 画画

- **brush** [brʌʃ] n 刷子；画笔

例 You'll need a stiff brush to scrape off the rust. 你需要用硬刷子把锈迹刷掉。

扩 hairbrush n 发刷； toothbrush n 牙刷

- **painting** ['peɪntɪŋ] n 绘画；油画

例 The walls are covered in oil paintings. 墙上挂满了油画。

- **painter** ['peɪntər] n 画家

- **collect** [kə'lekt] v 收藏，收集

搭 collect toys 收藏玩具

- **doll** [dɒl] n 玩偶，玩具娃娃

- **stamp** [stæmp] n 邮票；印；章 v 跺（脚）；重踩

- **balloon** [bə'luːn] n 气球

搭 a hot-air ballon 热气球

- **model** ['mɒdəl] n 模型；模特

- **collection** [kə'lekʃən] n 收集；收藏品

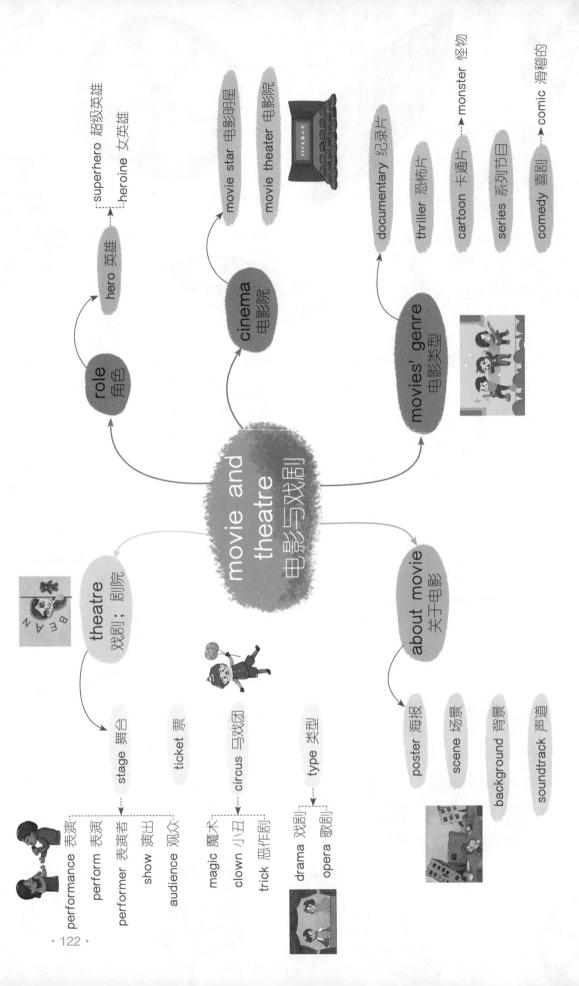

movie and theatre 电影与戏剧

role 角色
hero 英雄 ----→ superhero 超级英雄
----→ heroine 女英雄

cinema 电影院
movie star 电影明星
movie theater 电影院

movies' genre 电影类型
documentary 纪录片
thriller 恐怖片
cartoon 卡通片 ----→ monster 怪物
series 系列节目
comedy 喜剧 ----→ comic 滑稽的

theatre 戏剧；剧院
stage 舞台
performance 表演
perform 表演
performer 表演者
show 演出
audience 观众
ticket 票
magic 魔术
circus 马戏团 ----→ clown 小丑
trick 恶作剧
type 类型
drama 戏剧 ----→ opera 歌剧

about movie 关于电影
poster 海报
scene 场景
background 背景
soundtrack 声道

· 122 ·

- **role** [rəʊl] 🄝 角色；职能；作用

🄐 He won a prize for the role. 他演出这个角色获了奖。

🄑 play an important role 起到重要作用

- **hero** [ˈhɪərəʊ] 🄝 英雄；男主角

🄐 The hero of the movie is an writer. 这部电影的男主角是个作家。

- **superhero** [ˈsuːpəˌhɪərəʊ] 🄝 超级英雄

- **heroine** [ˈherəʊɪn] 🄝 女英雄；女主角

- **cinema** [ˈsɪnəmə] 🄝 电影院

- **movie** [ˈmuːvi] 🄝 电影

- **documentary** [ˌdɒkjəˈmentəri] 🄝 纪录片；纪实广播（或电视）节目

🄐 The documentary took a fresh look at the life of Darwin. 这部纪录片从一个崭新的角度介绍了达尔文的一生。

- **thriller** [ˈθrɪlər] 🄝 恐怖片；惊险小说（或戏剧、电影）

🄐 The film turned out to be a thriller. 这部电影原来是一部恐怖片。

- **cartoon** [kɑːˈtuːn] 🄝 卡通片；卡通

🄑 kids' cartoon 儿童动画片

- **monster** [ˈmɒnstər] 🄝 怪物，怪兽

- **series** [ˈsɪəriːz] 🄝 系列节目；一系列

🄐 I watch TV series at nights. 我晚上看电视剧集。

🄑 a series of 一系列，一连串

- **comedy** [ˈkɒmədi] 🄝 喜剧；喜剧片；幽默

🄡 tragedy 🄝 悲剧

- **comic** [ˈkɒmɪk] 🄐🄓 滑稽的；喜剧的

🄐 This is a comic performance. 这是一个滑稽的表演。

🄑 a comic actor 喜剧演员

- **poster** [ˈpəʊstər] 🄝 海报

🄐 The children put up posters on the classroom walls. 孩子们在教室的墙上张贴了海报。

- **scene** [siːn] 🄝 场景；现场，事件

🄐 It's a scene of complete joy. 那是一幅快乐的景象。

🄑 on the scene 在现场

- **background** [ˈbækgraʊnd] 🄝 背景；学历；经历

🄐 He has photographed her against lots of different backgrounds. 他给她拍了许多不同背景的照片。

🄑 cultural background 文化背景

- **soundtrack** [ˈsaʊndtræk] 🄝 声道；声带

- **theatre** [ˈθɪətər] 🄝 戏剧；剧院

🄐 She made her career in the theatre. 她从事戏剧事业。

🄑 movie theatre 电影院；at the theatre 在电影院

- **stage** [steɪdʒ] 🄝 舞台；时间，阶段

🄑 go off stage 走下舞台；on stage 在舞台上

- **performance** [pəˈfɔːməns] n

表演，演出；表现；业绩

例 Her performance was moving. 她的表演让人动容。

- **perform** [pəˈfɔːm] v 表演，演出

例 I'm looking forward to seeing you perform. 我期待着看你演出。

- **performer** [pəˈfɔːmər] n 表演者，演出者

- **show** [ʃəʊ] n 演出，节目 v 表明，证明

例 The show was just awesome. 本次演出实在棒极了。

搭 a television show 电视节目

- **audience** [ˈɔːdɪəns] n 观众

例 The entire audience broke into loud applause. 全场观众爆发出响亮的掌声。

- **ticket** [ˈtɪkɪt] n 票；车票；入场券

搭 a bus ticket 汽车票；entrance ticket 门票

- **circus** [ˈsɜːkəs] n 马戏团；马戏表演

例 She ran away to join the circus. 她离家出走加入了马戏团。

- **magic** [ˈmædʒɪk] n 魔术，魔法

例 He has a secret hobby—performing magic tricks. 他有一个秘密嗜好——表演魔术。

扩 magical adj 魔术的；magician n 魔术师

- **clown** [klaʊn] n 小丑，丑角

- **trick** [trɪk] n 恶作剧 v 欺骗

例 She played a really nasty trick on me! 她对我搞了一个很讨厌的恶作剧。

搭 play a trick on sb. 开某人的玩笑

- **drama** [ˈdrɑːmə] n 戏剧；戏剧文学

例 He's the drama critic for the *Times*. 他是《泰晤士报》的戏剧评论员。

扩 dramatic adj 戏剧的

- **opera** [ˈɒpərə] n 歌剧；歌剧团

1 根据句意和字母提示，完成句子。

❶ There's a new exhibition of s__ __l__ture on at the city gallery.

❷ A st__t__ __ was erected to glorify the country's national heroes.

❸ The g__ __l__ry houses 2 000 works of modern art.

❹ What do you do in your l__i__ __re time?

❺ The painting comes from his private __ __l__e__tion.

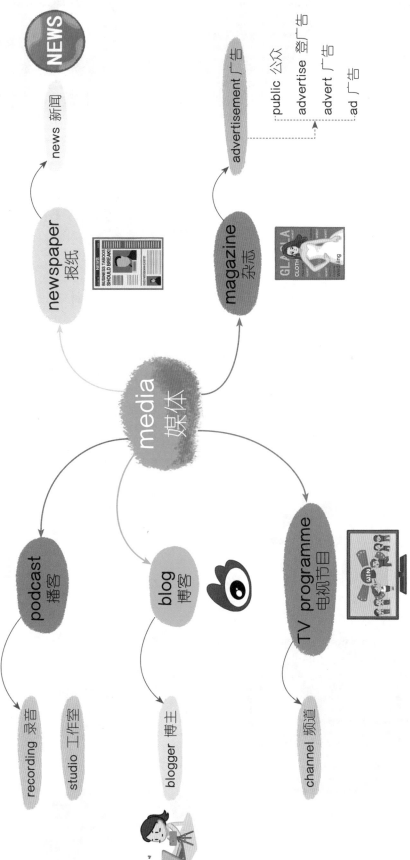

media 媒体

news 新闻

newspaper 报纸

magazine 杂志

advertisement 广告

public 公众
advertise 登广告
advert 广告
ad 广告

podcast 播客

blog 博客

TV programme 电视节目

recording 录音
studio 工作室

blogger 博主

channel 频道

- **media** [ˈmiːdɪə] n 媒体

例 The local media reported rioting across the country. 当地媒体报道了全国范围的骚乱。

- **newspaper** [ˈnjuːzˌpeɪpər] n 报纸

例 After I get home from work, I like to relax with the newspaper. 下班回到家后，我喜欢看看报纸，放松一下。

- **news** [njuːz] n 新闻；消息，音信

搭 news agency 新闻社

- **magazine** [ˌmægəˈziːn] n 杂志；期刊

搭 women's magazine 女性杂志

- **advertisement** [ədˈvɜːtɪsmənt] [ˌædvərˈtaɪzmənt] n 广告

例 She scanned the job advertisements in the paper. 她浏览了一下报纸的招聘广告。

- **public** [ˈpʌblɪk] n 公众，民众 adj 公共的；平民的，大众的

例 The park is now open to the public. 那个公园现在对公众开放了。

搭 be open to the public 对公众开放；public opinion 公众意见

- **advertise** [ˈædvətaɪz] v 登广告

例 We advertised our car in the local newspaper. 我们在当地报纸上登了广告出售我们的轿车。

扩 advertisement n 广告

- **advert** [ˈædvɜːt] n 广告；宣传

例 We put an advert in the local paper. 我们在当地报纸上登了一则广告。

- **ad** [æd] n 广告

- **programme** [ˈprəʊɡræm] n 节目；方案；计划；程序

搭 TV programme 电视节目

- **channel** [ˈtʃænəl] n 电视频道；渠道；途径

例 She switched to another channel to watch football. 她换到另一个频道看足球赛。

- **blog** [blɒɡ] n 博客

- **podcast** [ˈpɒdkɑːst] n 播客

例 Now there are thousands of podcasts available daily. 现在每天有数千个播客可供下载。

- **recording** [rɪˈkɔːdɪŋ] n 录音

例 Parts of the recording have been erased. 部分录音已被抹掉。

- **studio** [ˈstjuːdɪəʊ] n 工作室；录制室，演播室

例 She was in her studio again, painting onto a large canvas. 她又在她的工作室里了，在一块大帆布上画画。

搭 recording studio 录音室

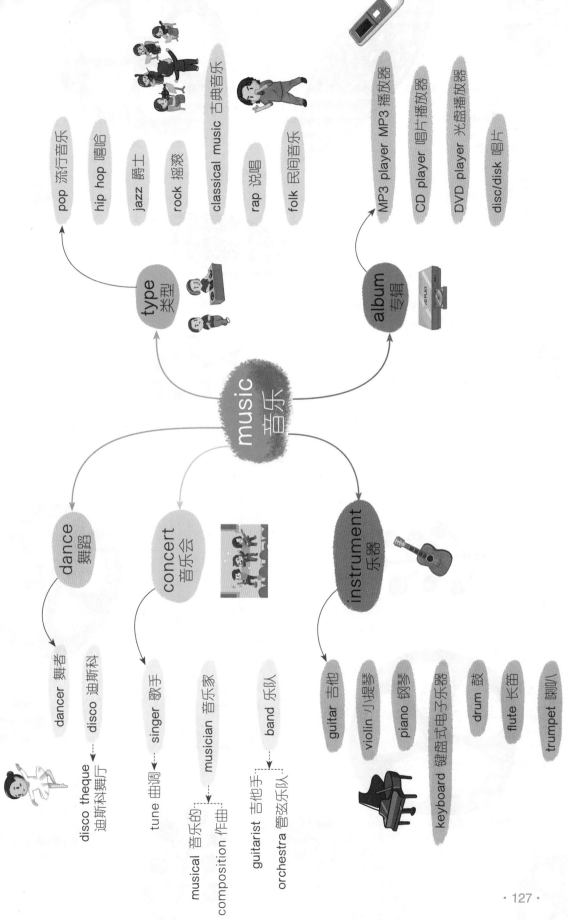

pop 流行音乐
hip hop 嘻哈
jazz 爵士
rock 摇滚
classical music 古典音乐
rap 说唱
folk 民间音乐

type 类型

MP3 player MP3 播放器
CD player 唱片播放器
DVD player 光盘播放器
disc/disk 唱片

album 专辑

music 音乐

dance 舞蹈

dancer 舞者
disco 迪斯科
disco theque 迪斯科舞厅

concert 音乐会

singer 歌手
tune 曲调
musician 音乐家
musical 音乐的
composition 作曲
band 乐队
guitarist 吉他手
orchestra 管弦乐队

instrument 乐器

guitar 吉他
violin 小提琴
piano 钢琴
keyboard 键盘式电子乐器
drum 鼓
flute 长笛
trumpet 喇叭

- **pop** [pɒp] **n** 流行音乐 **v** 发砰砰声

搭 pop music 流行音乐

- **hip hop** [ˈhɪp hɒp] 嘻哈；嘻哈舞曲

- **jazz** [dʒæz] **n** 爵士

例 He plays classical music, as well as pop and jazz. 他演奏流行音乐和爵士乐，同时也演奏古典音乐。

- **rock** [rɒk] **n** 摇滚乐；岩石

例 Rock is my favorite style of music. 摇滚乐是我最喜欢的音乐风格。

搭 rock and roll 摇滚乐

- **classical** [ˈklæsɪkl] **adj** 古典的；经典的；传统的

搭 classical music 古典音乐

- **rap** [ræp] **n** 说唱；说唱音乐 **v** 敲击

- **folk** [fəʊk] **n** 民间音乐；大伙 **adj** 民俗的

例 He arranged traditional folk songs for the piano. 他把传统民谣改编成钢琴曲。

- **album** [ˈælbəm] **n** 音乐专辑；相册

例 Have you heard their new album? 你听过他们的新专辑吗？

- **player** [ˈpleɪər] **n** 播放器

例 I bought a new MP3 player. 我买了一个新的 MP3 播放器。

- **disk** [dɪsk] **n** 唱片；磁盘

搭 hard disk 硬盘

- **instrument** [ˈɪnstrəmənt] **n** 乐器；仪器；器具

例 Which instrument do you play? 你演奏哪一种乐器？

- **guitar** [ɡɪˈtɑːr] **n** 吉他

- **violin** [ˌvaɪəˈlɪn] **n** 小提琴

例 Lizzie used to play the violin. 莉齐过去常拉小提琴。

- **piano** [pɪˈænəʊ] **n** 钢琴

例 We're buying a new piano. 我们准备买一架新钢琴。

- **keyboard** [ˈkiːbɔːd] **n** 键盘式电子乐器；键盘

- **drum** [drʌm] **n** 鼓 **v** 打鼓

例 We heard the drums beating. 我们听到鼓咚咚地响。

搭 play the drum 打鼓

- **flute** [fluːt] **n** 长笛

例 My hobby is playing the flute. 我的兴趣是吹长笛。

- **trumpet** [ˈtrʌmpɪt] **n** 喇叭，小号

- **concert** [ˈkɒnsət] **n** 音乐会；演奏会

例 I'm playing in a concert at the church hall next weekend. 下周末我将在教堂大厅的音乐会上演奏。

- **singer** [ˈsɪŋər] **n** 歌手，歌唱家

- **tune** [tjuːn] [tʃuːn] **n** 曲调，曲子

例 She was humming a merry little tune. 她正哼着一曲欢快的小调。

搭 out of tune 走调

- **musician** [mjuːˈzɪʃən] **n** 音乐家

例 The concert features dancers and musicians of all nationalities. 这场音乐会云集了各国的舞蹈家和音乐家。

- **musical** [ˈmjuːzɪkəl] adj 音乐的

搭 musical instruments 乐器

- **composition** [ˌkɒmpəˈzɪʃən]

n 作曲；作文；成分

例 At music school I studied piano and composition. 我在音乐学校学习钢琴和作曲。

搭 chemical composition 化学成分

扩 compose v 组成；作曲

- **band** [bænd] n 乐队

搭 rock band 摇滚乐队

- **guitarist** [gɪˈtɑːrɪst] n 吉他手

扩 guitar n 吉他

- **orchestra** [ˈɔːkɪstrə] 管弦乐队

例 The orchestra presented a wonderful show tonight. 管弦乐队完成了一场杰出的表演。

搭 symphony orchestra 交响乐团

- **dance** [dɑːns] n v 舞蹈

- **dancer** [ˈdɑːnsər] n 舞者，舞蹈演员

例 He's a dancer in the Royal Ballet. 他是皇家芭蕾舞团的舞蹈演员。

- **disco** [ˈdɪskəʊ] n 迪斯科

1 从表格中找出 8 个与音乐相关的单词。

d	a	n	c	e	q	c
r	f	u	g	t	w	o
u	l	i	u	y	e	n
m	u	s	i	c	r	c
o	t	p	t	a	s	e
f	e	j	a	z	z	r
d	g	h	r	a	p	t

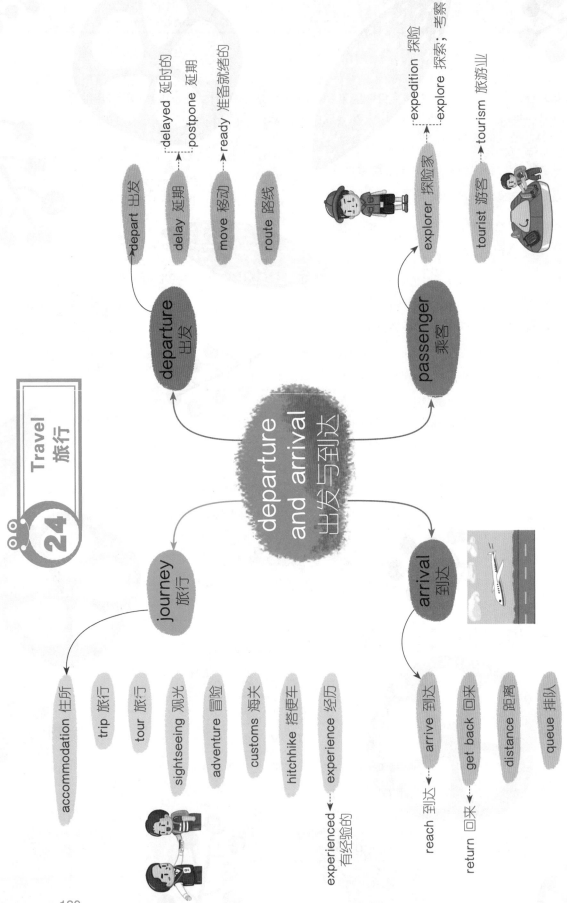

departure and arrival 出发与到达

departure 出发

depart 出发

delay 延期 - - → delayed 延时的
- - → postpone 延期

move 移动 → ready 准备就绪的

route 路线

passenger 乘客

explorer 探险家 - - → expedition 探险
- - → explore 探索；考察

tourist 游客 → tourism 旅游业

journey 旅行

accommodation 住所

trip 旅行

tour 旅行

sightseeing 观光

adventure 冒险

customs 海关

hitchhike 搭便车

experience 经历 - - → experienced 有经验的

arrival 到达

arrive 到达 - - → reach 到达

get back 回来 - - → return 回来

distance 距离

queue 排队

- **departure** [dɪˈpɑːtʃər] **n** 出发；离开

例 Our departure was delayed because of bad weather. 由于天气不好，我们的出发时间推迟了

反 arrival **n** 到达

- **depart** [dɪˈpɑːt] **v** 出发；离开，离去

例 We must depart. 我们必须出发。

搭 depart from 从……离开；depart for 去往……

- **delay** [dɪˈleɪ] **v** 延期，延迟 **n** 延期

例 My plane was delayed by an hour. 我乘坐的飞机延误了 1 个小时。

搭 without delay 无延迟地，马上

- **delayed** [dɪˈleɪd] **adj** 延时的，延期的

- **postpone** [pəʊstˈpəʊn] **v** 延期，推迟

例 They decided to postpone their holiday until next year. 他们决定将假期推迟到第二年。

- **move** [muːv] **v** 移动；感动

例 Don't move! Stay right where you are. 别动！就待在那儿。

- **ready** [ˈredi] **adj** 准备就绪的

搭 get/be ready to do sth. 准备好做某事

- **route** [ruːt] **n** 路线；固定线路

例 I live on a bus route so I can easily get to work. 我的住处有一条公共汽车线路，所以上班很方便。

搭 a cycle route 自行车道

- **passenger** [ˈpæsəndʒər] **n** 乘客，旅客

例 The train carries baggage, mail, and passengers. 火车运送行李、邮件及乘客。

- **explorer** [ɪkˈsplɔːrər] **n** 探险家

- **expedition** [ˌekspəˈdɪʃən] **n** 探险，远征；（短途的）旅行

例 Scott died while he was on an expedition. 斯科特死于探险途中。

搭 go on an expedition 去探险

- **explore** [ɪkˈsplɔːr] **v** 探索；考察；勘探

例 The best way to explore the countryside is on foot. 探索农村地区，步行是最好的方法。

搭 explore space 探索太空

- **tourist** [ˈtʊərɪst] **n** 游客，旅行者，观光者

例 Millions of tourists visit Rome every year. 每年有数百万游客来到罗马。

搭 tourist attractions 旅游景点

- **tourism** [ˈtʊərɪzəm] **n** 旅游业

例 Tourism is Venice's main industry. 旅游业是威尼斯的主要产业。

- **arrival** [əˈraɪvəl] **n** 到达，抵达；到来，发生

例 Hundreds gathered to await the boxer's arrival at the airport. 数百人聚在机

场等候拳击手的到来。

- **arrive** [əˈraɪv] v 到达

例 What time will your train arrive? 你坐的火车什么时候到?

- **reach** [riːtʃ] v 到达，抵达

例 We won't reach Miami until five or six o'clock. 我们得五六点钟才能到达迈阿密。

- **get back** [get bæk] 回来

例 When we got back to the hotel, Ann had already left. 当我们回到旅馆时，安已经走了。

- **return** [rɪˈtɜːn] v n 回来；归还

搭 return ticket 往返票

- **distance** [ˈdɪstəns] n 距离，间距；远方

例 The house is only a very short distance from the sea. 这房子离海很近。

搭 in the distance 在远处
扩 distant adj 遥远的

- **queue** [kjuː] n 队，行列 v 排队

例 Are you in the queue for tickets? 你是在排队买票吗?

搭 queue up 排队等候

- **journey** [ˈdʒɜːni] n 旅行，行程

例 I love going on long journeys. 我喜欢长途旅行。

- **accommodation**

[əˌkɒməˈdeɪʃən] n 住所；住宿

例 There's a shortage of cheap accommodation. 便宜的住所供不应求。

扩 accommodate v 提供住宿；容纳

- **trip** [trɪp] n 旅行；（尤指短程往返的）旅游

例 go on a trip 去旅行

- **tour** [tʊər] n 旅行，旅游；游览

例 We were given a guided tour of the palace. 我们由导游带领参观游览了那座宫殿。

- **sightseeing** [ˈsaɪtˌsiːɪŋ] n 观光

例 There was no time to go sightseeing in Seattle. 没有时间在西雅图观光游览了。

搭 go sightseeing 去观光

- **adventure** [ədˈventʃər] n 冒险

例 Sam won't come—he's got no sense of adventure. 萨姆不会来的，他不喜欢冒险。

- **customs** [ˈkʌstəmz] n 海关

搭 a customs officer 海关官员

- **hitchhike** [ˈhɪtʃhaɪk] v 搭便车

例 I would never hitchhike on my own. 我绝不会孤身一人搭便车。

扩 hitchhiker n 搭便车的旅行者

- **experience** [ɪkˈspɪəriəns] n 经历；经验

例 Do you have any experience of working with kids? 你有照看孩子的工作经验吗?

- **experienced** [ɪkˈspɪəriənst] adj 有经验的，熟练的

例 She is very experienced in marketing. 她在市场营销方面经验丰富。

搭 be experienced in 在……方面有经验

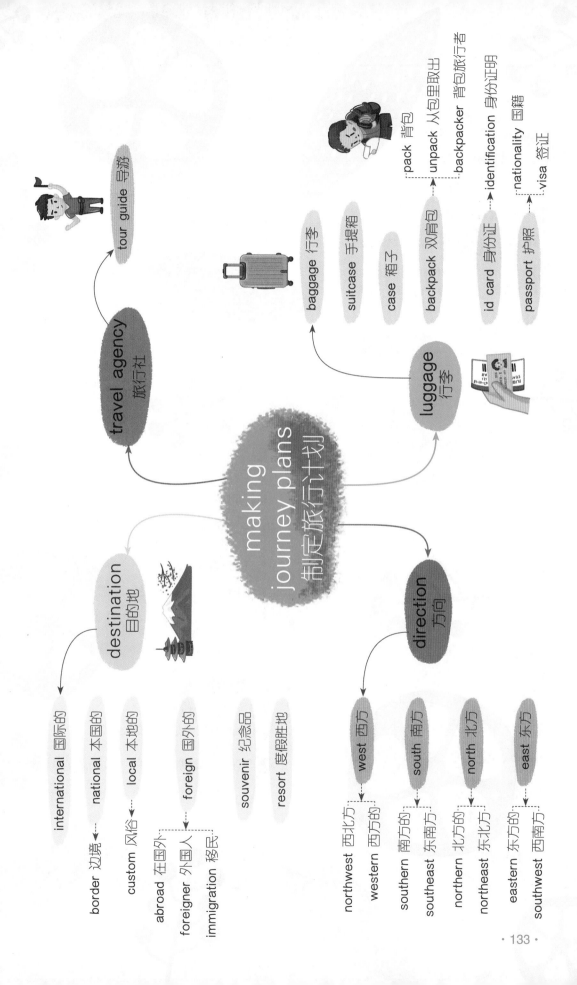

making journey plans 制定旅行计划

travel agency 旅行社

tour guide 导游

luggage 行李

- baggage 行李
- suitcase 手提箱
- case 箱子
- backpack 双肩包
  - pack 背包
  - unpack 从包里取出
  - backpacker 背包旅行者
- id card 身份证
  - identification 身份证明
- passport 护照
  - nationality 国籍
  - visa 签证

destination 目的地

- international 国际的
- national 本国的
- local 本地的
  - border 边境
  - custom 风俗
  - abroad 在国外
- foreign 国外的
  - foreigner 外国人
  - immigration 移民
- souvenir 纪念品
- resort 度假胜地

direction 方向

- west 西方
  - northwest 西北方
  - western 西方的
- south 南方
  - southern 南方的
  - southeast 东南方
- north 北方
  - northern 北方的
  - northeast 东北方
- east 东方
  - eastern 东方的
  - southwest 西南方

- **agency** [ˈeɪdʒənsi] **n** 代理机构

搭 travel agency 旅行社

- **guide** [gaɪd] **n** 导游；指南

搭 tour guide 导游

- **luggage** [ˈlʌgɪdʒ] **n** 行李

例 We bought some new luggage for our trip. 我们为旅行买了一些新行李箱。

- **baggage** [ˈbægɪdʒ] **n** 行李

例 How many pieces of baggage do you have? 你有几件行李？

- **suitcase** [ˈsuːtkeɪs] **n** 手提箱

例 Have you packed your suitcase yet? 你把衣物都放进手提箱了吗？

- **case** [keɪs] **n** 箱子；情况

搭 in case of 假使；in any case 无论如何

- **backpack** [ˈbækpæk] **n** 双肩包

- **pack** [pæk] **n** 背包 **v** 收拾行李

例 All joiners will receive a welcome pack. 每位入会者都会收到一个迎新背包。

- **unpack** [ʌnˈpæk] **v** 打开（箱、包等）取

例 I haven't even had time to unpack my suitcase. 我甚至还没有时间打开箱子整理。

- **backpacker** [ˈbækˌpækər] **n** 背包旅行者

- **id card** [ˌaɪˈdiː ˌkɑːd] 身份证

- **identification** [aɪˌdentɪfɪˈkeɪʃən] **n** 身份证明

例 His only means of identification was his passport. 他唯一证明身份的证件就是他的护照。

扩 identify **v** 确认，鉴别，识别

- **passport** [ˈpɑːspɔːt] **n** 护照

例 Many refugees have arrived at the border without passports. 许多难民到达边境时身上没有护照。

- **nationality** [ˌnæʃənˈæləti] **n** 国籍；民族

例 She has British nationality. 她拥有英国国籍。

- **visa** [ˈviːzə] **n** 签证

例 We travelled to Argentina on a tourist visa. 我们持旅游签证到阿根廷旅行。

搭 apply for a visa 申请签证

- **west** [west] **n** 西方

- **northwest** [ˌnɔːθˈwest] **n** 西北方

adv 向西北 adj 西北的

扩 northwestern adj 西北的

- **western** [ˈwestən] adj 西方的

- **south** [saʊθ] **n** 南方

例 We spent our holiday in the south of France. 我们去法国南部度假了。

- **southern** [ˈsʌðən] adj 南方的

- **southeast** [ˌsaʊθˈiːst] **n** 东南方

adv 向东南 adj 东南的

扩 southeastern adj 东南方的

- **north** [nɔːθ] **n** 北方

例 Cambridge lies to the north of London. 剑桥位于伦敦以北。

扩 in the north of 在……的北方

- **northern** [ˈnɔːðən] adj 北方的

例 He had a pleasant northern accent. 他带着悦耳的北方口音。

- **northeast** [ˌnɔːθˈiːst] n 东北方 adv 向东北 adj 东北的

扩 northeastern adj 东北的

- **east** [iːst] n 东方

- **eastern** [ˈiːstən] adj 东方的

- **southwest** [ˌsaʊθˈwest] n 西南方 adv 向西南 adj 西南的

扩 southwestern adj 西南部的

- **destination** [ˌdestɪˈneɪʃən] n 目的地

例 We arrived at our destination tired and hungry. 我们到达目的地时又累又饿。

- **international** [ˌɪntəˈnæʃənəl] adj 国际的

- **national** [ˈnæʃənəl] adj 本国的

- **border** [ˈbɔːdər] n 边境

例 The two countries have had frequent border disputes. 两国经常发生边境纠纷。

- **local** [ˈləʊkəl] adj 本地的，当地的

例 Our children all go to the local school. 我们的孩子都在当地的学校上学。

搭 local hospital 当地医院

- **custom** [ˈkʌstəm] n 风俗，习俗

例 What customs do you have for New Year in your country? 你们国家过新年有什么习俗吗？

搭 local custom 当地风俗

- **foreign** [ˈfɒrən] adj 国外的；陌生的

例 Spain was the first foreign country she had visited. 西班牙是她访问过的第一个海外国家。

搭 foreign languages 外语

- **abroad** [əˈbrɔːd] adv 在国外

例 He's currently abroad on business. 目前他在国外出差。

搭 go abroad 出国

近 overseas adv 在国外

- **foreigner** [ˈfɒrənər] n 外国人

- **immigration** [ˌɪmɪˈɡreɪʃən] n 移民

例 The government has decided to tighten its immigration policy. 政府已决定收紧其移民政策。

扩 immigrant n 移民；immigrate v 移民

- **souvenir** [ˌsuːvənˈɪər] n 纪念品

例 I'd like to buy some souvenirs for my mother. 我想给我妈妈买些礼品。

近 gift n 礼物

- **resort** [rɪˈzɔːt] n 度假胜地

例 The resort is created for children. 这个旅游胜地是为儿童建立的。

搭 a tourist resort 旅游胜地

1 **根据句意和字母提示，完成句子。**

❶ He got a British p__ __s__ __rt.

❷ The house is only a very short d__ __t__ __ __e from the sea.

❸ Olivia r__t__ __ned to his home after many years of travelling.

❹ The train crosses the b__ __ __er between France and Spain.

❺ She spoke in a slow so__t__e__n accent.

2 **读句子，将画线部分的字母按照正确的顺序排列，拼写在右侧横线上。**

❶ Trains for Washington edprat on every half hour. _____

❷ They decided to potspeon their holiday until next year. _____

❸ We're going on a shopping xepeitdion on Saturday. _____

❹ Tuorsim is Venice's main industry. _____

❺ We won't raehc Miami until five or six o'clock. _____

25 Public Transportation 公共交通

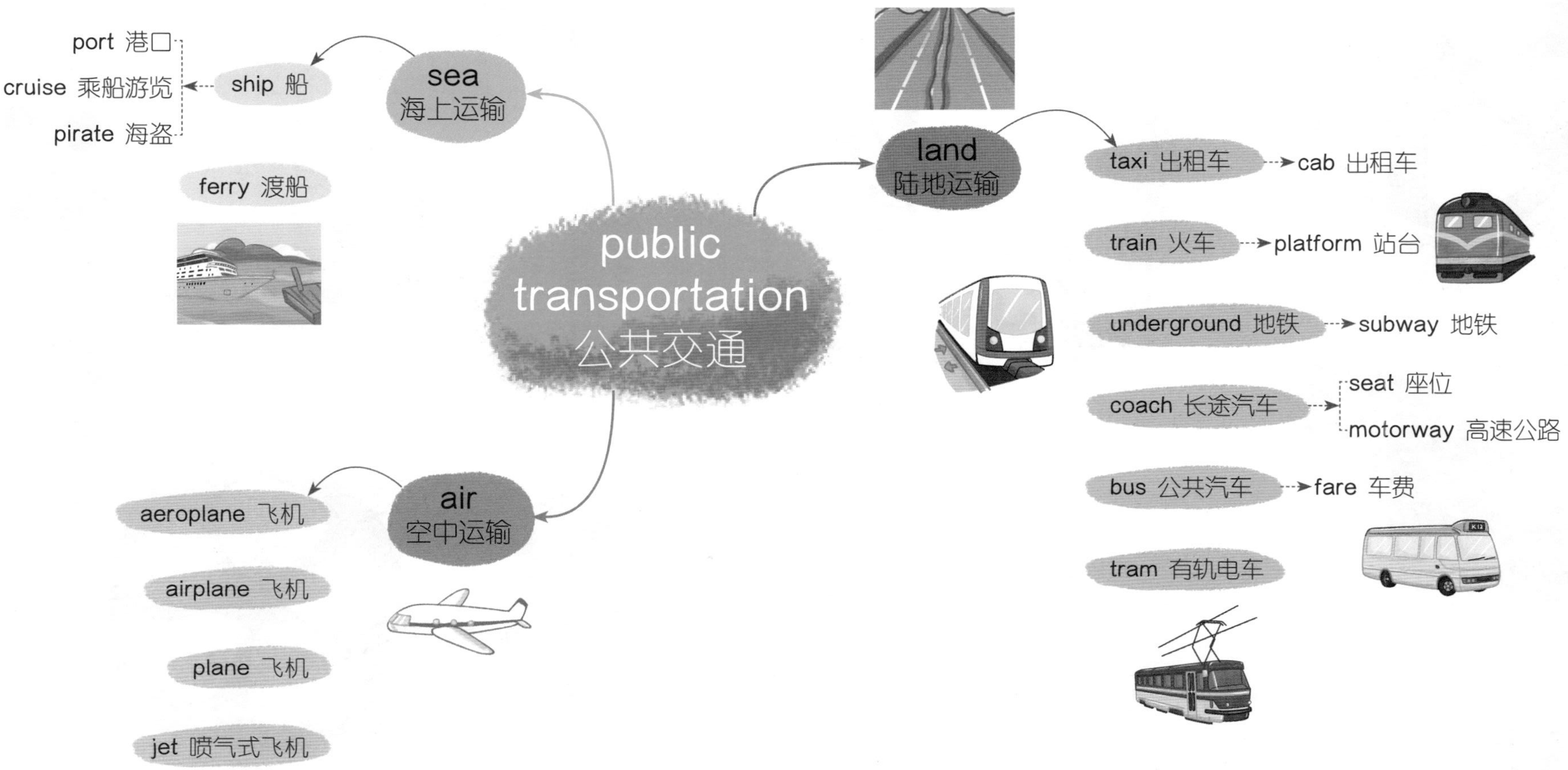
public transportation 公共交通
sea 海上运输
ship 船
port 港口
cruise 乘船游览
pirate 海盗
ferry 渡船
air 空中运输
aeroplane 飞机
airplane 飞机
plane 飞机
jet 喷气式飞机
land 陆地运输
taxi 出租车
cab 出租车
train 火车
platform 站台
underground 地铁
subway 地铁
coach 长途汽车
seat 座位
motorway 高速公路
bus 公共汽车
fare 车费
tram 有轨电车

- **taxi** [ˈtæksi] n 出租车

搭 take a taxi 乘出租车

- **cab** [kæb] n 出租车

例 Could I use your phone to call a cab? 我能用你的电话叫一辆出租车吗?

- **train** [treɪn] n 火车

例 Did you come by train? 你是乘火车来的吗?

- **platform** [ˈplætfɔːm] n 站台;讲台;平台

- **underground** [ˌʌndəˈɡraʊnd]
n 地铁 adj 地下的;秘密的,非法的

例 They went on the underground. 他们乘地铁去的。

- **subway** [ˈsʌbweɪ] n 地铁

搭 take the subway 乘地铁

- **coach** [kəʊtʃ] n 长途汽车;教练

例 They went to Italy on a coach tour. 他们乘长途客车去意大利旅游。

- **seat** [siːt] n 座位

搭 take a seat 坐下

- **motorway** [ˈməʊtəweɪ] n 高速公路

- **bus** [bʌs] n 公共汽车

搭 by bus 乘公交车;bus stop 公交车站

- **fare** [feər] n 车费;船费

例 He could barely afford the public transport fare. 他几乎付不起公共交通费。

搭 train fare 火车票

近 fee n 费用

- **tram** [træm] n 有轨电车

- **ship** [ʃɪp] n (大)船

例 They went on to a ship that was leaving the next day. 他们登上了一艘第二天启航的船。

- **port** [pɔːt] n 港口,口岸

- **cruise** [kruːz] v n 乘船游览

例 He and his wife were planning to go on a world cruise. 他和妻子那时正计划进行一次环球海上航游。

- **pirate** [ˈpaɪrət] n 海盗;盗版者

- **ferry** [ˈferi] n 渡船;摆渡

例 We took the ferry to Calais. 我们乘渡船去了加来。

- **aeroplane** [ˈeərəpleɪn] n 飞机

例 She has her own private aeroplane. 她拥有私人飞机。

- **airplane** [ˈeəpleɪn] n 飞机

- **plane** [pleɪn] n 飞机

例 He hates travelling by plane. 他不喜欢坐飞机旅行。

搭 catch a plane 赶飞机;get on a plane 上飞机

- **jet** [dʒet] n 喷气式飞机

例 We flew to New York by jet. 我们乘喷气式飞机到了纽约。

1 将左侧英文释义与对应的单词进行匹配。

❶ a vehicle with wings that enable it to fly through the air   ⓐ aeroplane

❷ a railway engine connected to carriages for carrying people   ⓑ taxi

❸ a car with a driver that you pay to take you somewhere   ⓒ train

❹ a long motor vehicle with comfortable seats, used to take   ⓓ coach
groups of people on journeys

❺ a railway system in which electric trains travel through tunnels   ⓔ underground
below ground

2 将下面单词按照正确顺序排列，完成句子。

❶ plane /the/took off/full/with/a/load

_____

❷ going/are/fares/up/again/train

_____

❸ to/ferry/the Channel Islands/going/by/we're

_____

❹ landing/made/a/on/a/forced/motorway/he

_____

❺ cruise/going/a/they're/the Med/on/round

_____

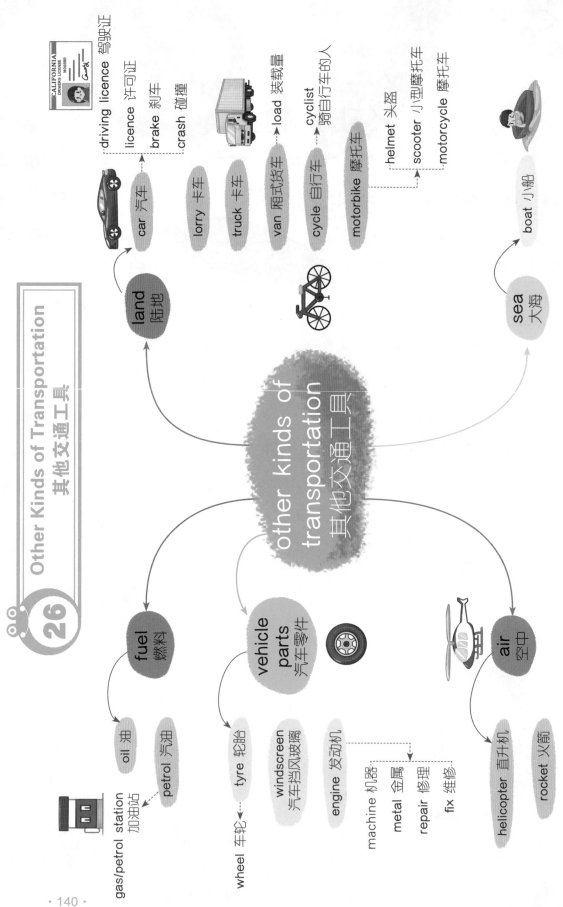

other kinds of
transportation
其他交通工具

land
陆地

driving licence 驾驶证

licence 许可证

brake 刹车

crash 碰撞

car 汽车

lorry 卡车

truck 卡车

van 厢式货车

load 装载量

cycle 自行车

cyclist
骑自行车的人

motorbike 摩托车

helmet 头盔

scooter 小型摩托车

motorcycle 摩托车

sea
大海

boat 小船

fuel
燃料

gas/petrol station
加油站

oil 油

petrol 汽油

vehicle
parts
汽车零件

wheel 车轮

tyre 轮胎

windscreen
汽车挡风玻璃

engine 发动机

machine 机器

metal 金属

repair 修理

fix 维修

air
空中

helicopter 直升机

rocket 火箭

- **car** [kɑːr] n 汽车，轿车

- **licence** [ˈlaɪsəns] n 许可证；执照
搭 driving licence 驾驶证

- **brake** [breɪk] n 刹车 v 刹（车）
例 The driver suddenly put on his brakes. 司机突然踩了刹车。

- **crash** [kræʃ] v 碰撞，撞击 n 碰撞
例 The crash occurred on a sharp bend. 碰撞发生在一个急转弯处。
搭 car crash 车祸；air crash 飞机失事

- **lorry** [ˈlɒri] n 卡车；货运汽车
例 Emergency food supplies were brought in by lorry. 应急食物是用卡车运来的。

- **truck** [trʌk] n 卡车
例 The road was completely blocked by a truck. 道路完全被一辆卡车堵住了。

- **van** [væn] n 厢式货车，客货车
例 He is driving a van in the street. 他正在街上开着厢式货车。

- **load** [ləʊd] n 装载量，负荷
例 The maximum load for this elevator is eight persons. 这部电梯的最大载客量为八人。

- **cycle** [ˈsaɪkəl] n 自行车
扩 bicycle n 自行车

- **cyclist** [ˈsaɪklɪst] n 骑自行车的人

- **motorbike** [ˈməʊtəbaɪk] n 摩托车
近 motorcycle n 摩托车

- **helmet** [ˈhelmət] n 头盔

搭 safety helmet 安全帽

- **scooter** [ˈskuːtər] n 小型摩托车

- **motorcycle** [ˈməʊtəˌsaɪkəl] n 摩托车
例 I got a motorcycle as my graduation present. 我的毕业礼物是一辆摩托车。

- **boat** [bəʊt] n 小船
搭 a fishing boat 渔船

- **helicopter** [ˈhelɪˌkɒptər] n 直升机

- **rocket** [ˈrɒkɪt] n 火箭
例 They launched a rocket to the planet Venus. 他们向金星发射了一枚火箭。

- **tyre** [taɪər] n 轮胎
例 I keep a spare tyre in the back of the car. 我的车后有个备用轮胎。
搭 a spare tyre 备用轮胎

- **wheel** [wiːl] n 车轮，轮子

- **windscreen** [ˈwɪndskriːn] n （汽车）挡风玻璃

- **engine** [ˈendʒɪn] n 发动机，引擎
例 My car's been having engine trouble recently. 我的汽车发动机最近老出问题。
搭 a car engine 汽车发动机

- **machine** [məˈʃiːn] n 机器
搭 washing machine 洗碗机

- **metal** [ˈmetəl] n 金属
例 Metal, paper and glass can be recycled. 金属、纸张和玻璃都可被回收利用。

- **repair** [rɪˈpeər] V n 修理

搭 get sth. repaired 修理某物；under repair 在修理中

- **fix** [fɪks] V 维修；使固定

- **fuel** [ˈfjuːəl] n 燃料

搭 fuel oil 燃油

- **oil** [ɔɪl] n 油；食用油

例 Oil does not blend with water. 油不溶于水。

- **petrol** [ˈpetrəl] n 汽油

- **petrol station** [ˈpetrəl ˌsteɪʃən] 加油站

动手练练看

1 将下面单词按照分类填入合适的方框内。

rocket cycle helicopter boat lorry scooter van truck

air	sea	land

2 根据句意和字母提示，完成句子。

❶ The p__ __ne crashed into a mountainside.

❷ Wood, coal, oil, p__ __ __ol and gas are all different kinds of f__e__.

❸ He fixes washing m__ __h__ __es.

❹ The driver suddenly put on his b__ __k__s.

❺ You cannot come onto the building site unless you're wearing a h__l__et.

traffic facilities 交通设施

traffic signs 交通标志
- signpost 路标
- traffic light 交通灯

stations or stops 车站
- railway station 火车站
  - rail 铁轨
  - track 轨道
- bus stop 公共汽车停靠站
- bus station 公共汽车站

for parking 停车
- parking lot 停车场
- garage 车库
- car park 停车场

airport 机场
- flight 航班
  - interval 间隔
- sign 指示牌
- airline 航空公司

roads and ways 道路
- ground 地面
- roundabout （交通）环岛
- crossroads/crossing 十字路口
  - corner 拐角处
- pavement 人行道
  - pedestrian 行人
- access 通道
- tunnel 隧道
- street 街道
- bridge 桥梁

- **sign** [saɪn] 🅝 标志；标牌，指示牌

- **signpost** ['saɪnpəʊst] 🅝 路标
  例 Follow the signposts to the superstore. 跟着路标走就能到超市。

- **traffic light** ['træfɪk ˌlaɪt] 交通灯

- **railway** ['reɪlweɪ] 🅝 铁路；铁路公司
  例 We live close to the railway line. 我们家离铁道线很近。
  搭 by railway 坐火车

- **rail** [reɪl] 🅝 铁轨；栏杆，扶手
  搭 by rail 乘火车

- **track** [træk] 🅝 轨道，铁轨；小道
  例 Passengers are requested not to walk across the tracks. 乘客被要求不要穿越铁轨。

- **bus stop** ['bʌs ˌstɒp] 公共汽车停靠站

- **bus station** ['bʌs ˌsteɪʃən] 公共汽车站

- **parking lot** ['pɑːkɪŋ ˌlɒt] 停车场

- **garage** ['gærɑːʒ] 🅝 车库
  例 The police found him asleep in a garage. 警察发现他在一处车库里睡着了。

- **car park** ['kɑː ˌpɑːk] 停车场

- **ground** [graʊnd] 🅝 地面，土地
  搭 on the ground 在地上

- **roundabout** ['raʊndəbaʊt] 🅝 （交通）环岛

- **crossroad** ['krɒsrəʊd] 🅝 十字路口

- **crossing** ['krɒsɪŋ] 🅝 十字路口；人行横道；交叉口
  例 Turn right at the first crossroads. 在第一个十字路口向右转。

- **corner** ['kɔːnər] 🅝 拐角处；角落
  搭 in the corner 在角落

- **pavement** ['peɪvmənt] 🅝 人行道
  近 sidewalk 🅝 人行道

- **pedestrian** [pəˈdestriən] 🅝 行人
  例 A few pedestrians sheltered from the rain in doorways. 几个行人站在门口躲雨。

- **access** ['ækses] 🅝 通道；途径
  例 Does the hotel have wheelchair access? 这家旅馆有轮椅通道吗？
  扩 accessible adj 易接近的；可进入的

- **tunnel** ['tʌnəl] 🅝 隧道；地下通道
  例 The train went into the tunnel. 火车驶入隧道。

- **street** [striːt] 🅝 街道

- **bridge** [brɪdʒ] 🅝 桥梁

- **airport** ['eəpɔːt] 🅝 机场
  搭 an international airport 国际机场；at the airport 在机场

- **flight** [flaɪt] 🅝 航班；班机；飞行

- **interval** ['ɪntəvəl] 🅝 间隔；间隙
  搭 time interval 时间间隔

- **airline** ['eəlaɪn] 🅝 航空公司

1 根据句意和字母提示，完成句子。

❶ Engineers carried out a thorough inspection of the b__ __d__e.

❷ Turn off at the s__ __ __p__st for the East 71st Street exit.

❸ He had slipped on an icy __ __v__ment.

❹ A few p__ __e__tr__ans sheltered from the rain in doorways.

❺ Trains will speed through the t__ __ __el at 186 mph.

2 读句子，将画线部分的字母按照正确的顺序排列，拼写在右侧横线上。

❶ I won't fly with an <u>railien</u> that has a bad safety record . _____

❷ There is a 15–minute <u>tinerlav</u> between two boats. _____

❸ Take the last turning at the <u>uorndabotu</u>. _____

❹ The sun had baked the <u>uorgnd</u> hard. _____

❺ They're building a new <u>irbdeg</u> across the river. _____

3 将左侧的描述与右侧的单词进行匹配。

❶ one of the two metal bars attached to the ground on which trains travel

❷ a period between two events or times

❸ the method or possibility of getting near to a place or person

❹ a road that crosses another road

❺ a person who is walking, especially in an area where vehicles go

ⓐ pedestrian

ⓑ interval

ⓒ rail

ⓓ crossroad

ⓔ access

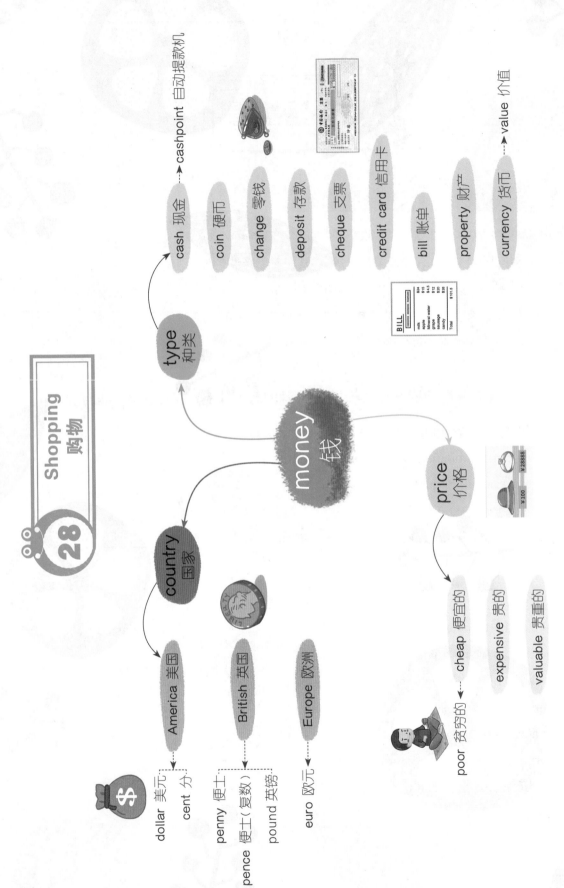

money 钱

type 种类

cash 现金 ⟶ cashpoint 自动提款机

coin 硬币

change 零钱

deposit 存款

cheque 支票

credit card 信用卡

bill 账单

property 财产

currency 货币 ⟶ value 价值

BILL
milk $24
apple $15
Mineral water $4.5
grape $12
sausage $20
candy $26
Total $101.5

country 国家

America 美国
dollar 美元
cent 分

British 英国
penny 便士
pence 便士（复数）
pound 英镑

Europe 欧洲
euro 欧元

price 价格

¥28888

¥100

cheap 便宜的

expensive 贵的

valuable 贵重的

poor 贫穷的

- **cash** [kæʃ] n 现金；金钱，资金

例 Do you have any cash on you? 你身上有现金吗？

搭 in cash 付现金；by cash 用现金

- **cashpoint** [ˈkæʃpɔɪnt] n 自动提款机

例 You can also withdraw cash from a cashpoint machine with a cashcard. 你也可以用现金卡在自动提款机上取现金。

- **coin** [kɔɪn] n 硬币

- **change** [tʃeɪndʒ] n 零钱 v 改变

搭 change one's mind 改变主意

- **deposit** [dɪˈpɒzɪt] v 将钱存入银行 n 存款

搭 deposit account 存款账户
近 saving n 存款

- **cheque** [tʃek] n 支票

搭 by cheque 用支票付款

- **credit card** [ˈkredɪt ˌkɑːd] 信用卡

搭 by credit card 用信用卡支付

- **bill** [bɪl] n 账单；钞票

例 They asked the waitress for the bill. 他们叫女服务员把账单拿来。

搭 an electricity bill 电费账单

- **property** [ˈprɒpəti] n 财产；房地产

例 The property was owned communally. 这财产属集体所有。

近 ownership n 所有权

- **currency** [ˈkʌrənsi] n 货币

搭 foreign currency 外币；currency exchange 货币兑换

- **value** [ˈvæljuː] n 价值 v 重视

例 Do you have any idea of its value? 你知道它的价值吗？

- **price** [praɪs] n 价格

搭 big price cuts 大减价；price tag 价格标签；full price 全价

- **cheap** [tʃiːp] adj 便宜的

- **poor** [pɔːr] adj 贫穷的；缺乏的

搭 be poor in 缺乏，缺少
反 rich adj 富裕的

- **expensive** [ɪkˈspensɪv] adj 贵的

- **valuable** [ˈvæljəbəl] adj 有价值的，昂贵的

近 worthy adj 有价值的
反 valueless adj 无价值的

- **dollar** [ˈdɒlər] n 美元

例 Can I borrow $1? 我能借一美元吗？

- **cent** [sent] n 分；分币

- **penny** [ˈpeni] n 便士

复 pence pl 便士

- **pound** [paʊnd] n 英镑；磅（重量单位）

例 There are one hundred pence in a pound. 一英镑等于一百便士。

- **euro** [ˈjʊərəʊ] n 欧元

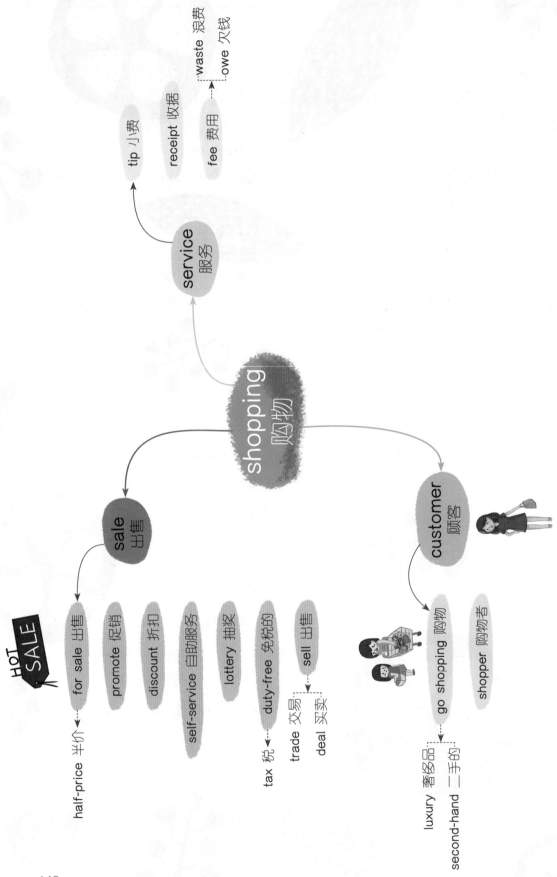

shopping 购物

service 服务
tip 小费
receipt 收据
fee 费用
--waste 浪费
--owe 欠钱

sale 出售
HOT SALE
for sale 出售
half-price 半价
promote 促销
discount 折扣
self-service 自助服务
lottery 抽奖
duty-free 免税的
tax 税
sell 出售
trade 交易
deal 买卖

customer 顾客
go shopping 购物
luxury 奢侈品
second-hand 二手的
shopper 购物者

- **tip** [tɪp] n 小费；尖端；提示

例 He gave the waiter a generous tip. 他给了服务员很多小费。

- **receipt** [rɪ'siːt] n 收据，收条；收到

- **fee** [fiː] n 费用

例 We couldn't pay the lawyer's fee. 我们付不起律师费用。

- **waste** [weɪst] v 浪费；滥用 n 浪费；垃圾

- **owe** [əʊ] v 欠钱；把……归因（于）

例 I owe Janet $50. 我欠珍妮特五十美元。

- **customer** ['kʌstəmər] n 顾客

搭 a regular customer 老顾客

- **luxury** ['lʌkʃəri] n 奢侈品；奢侈

例 Silk sheets are the ultimate luxury. 丝绸床单乃是极度的奢侈品。
扩 luxurious adj 奢侈的

- **second-hand** [ˌsekənd 'hænd] adj 二手的

例 I bought the camera second-hand. 我买的这架照相机是二手货。

- **shopper** ['ʃɒpər] n 购物者

- **sale** [seɪl] n 出售，销售

例 Is this painting for sale? 这幅画出售吗？
搭 be on sale 出售，待售；for sale 出售

- **half-price** [ˌhɑːf'praɪs] adj 半价的

例 I got some half-price pizzas at the supermarket. 我在超市买了些半价的比萨饼。
搭 half-price discount 半价优惠

- **promote** [prə'məʊt] v 促销；提高，提升

例 Advertising companies are always having to think up new ways to promote products. 广告公司总是得想出新办法来促销。

- **discount** ['dɪskaʊnt] n 折扣 v 认为……不重要；打折出售

例 They offer a ten percent discount on travel for students. 他们给旅行的学生提供10%的折扣。
搭 a ten percent discount 10%的折扣

- **self-service** [ˌself'sɜːvɪs] n 自助服务

- **lottery** ['lɒtəri] n 抽奖；彩票

- **duty-free** [ˌdjuːti'friː] adj 免税的

搭 duty-free shop 免税商店
近 tax-free adj 免税的

- **tax** [tæks] n 税 v 对……征税

例 They're increasing the tax on cigarettes. 他们要提高烟草税。

- **sell** [sel] v 出售，卖

- **trade** [treɪd] v 交易，买卖 n 贸易，买卖

搭 foreign trade 对外贸易

- **deal** [diːl] v 经营，买卖；处理

搭 deal with 处理

动手练练看

1 根据句意和字母提示，完成句子。

❶ This building is government __ __ __pe__ty.

❷ Supply and demand on the c__rr__n__y market will generally balance.

❸ People who work in the trade can buy their books at a d__s__ __ __nt.

❹ This year people are going for l__ __ __ry and buying lifestyle products.

❺ The c__ __q__ __ was drawn on his personal account.

2 读句子，将画线部分的字母按照正确的顺序排列，拼写在右侧横线上。

❶ This bike is socned–hnad but it's still in good condition. _____

❷ Don't wsaet your money on such junk. _____

❸ He bought his wife some dtuy–feer perfume. _____

❹ Paul had a dream that he won the lttoeyr. _____

❺ They're increasing the txa on cigarettes. _____

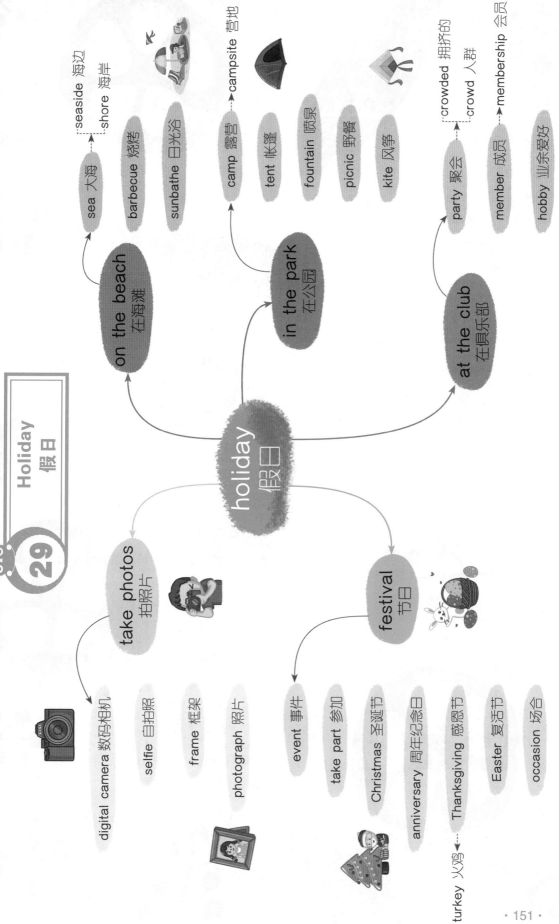

holiday 假日

on the beach 在海滩
- sea 大海 ---- seaside 海边
  └─ shore 海岸
- barbecue 烧烤
- sunbathe 日光浴

in the park 在公园
- camp 露营 → campsite 营地
- tent 帐篷
- fountain 喷泉
- picnic 野餐
- kite 风筝

at the club 在俱乐部
- party 聚会 ---- crowded 拥挤的
  └─ crowd 人群
- member 成员 ---- membership 会员
- hobby 业余爱好

take photos 拍照片
- digital camera 数码相机
- selfie 自拍照
- frame 框架
- photograph 照片

festival 节日
- event 事件
- take part 参加
- Christmas 圣诞节
- anniversary 周年纪念日
- Thanksgiving 感恩节 ---- turkey 火鸡
- Easter 复活节
- occasion 场合

- **holiday** [ˈhɒlədeɪ] 假日

- **seaside** [ˈsiːsaɪd] n 海边；海滨
adj 海边的
例 I went to spend a few days at the seaside. 我去海边待了几天。
搭 at/by the seaside 在海边

- **shore** [ʃɔːr] n 海岸，海滨
例 You can walk for miles along the shore. 你可以沿着海岸走上数英里。
扩 ashore adv 在岸上

- **barbecue** [ˈbɑːbɪkjuː] n 烧烤
例 On New Year's Eve we had a barbecue on the beach. 除夕那天我们在海滩上举行了烧烤野餐。
近 roast v 烘，烤；grill v （在烤架上）炙烤
搭 have a barbecue 烧烤

- **sunbathe** [ˈsʌnbeɪð] v 日光浴

- **camp** [kæmp] v 露营，野营 n 营地
例 They went camping in the wild. 他们在野外露营。
搭 summer camp 夏令营；go camping 去野营

- **campsite** [ˈkæmpsaɪt] n 营地

- **tent** [tent] n 帐篷

- **fountain** [ˈfaʊntɪn] n 喷泉
例 Located off-centre in the lake was a fountain. 在那个湖的中心之外，有一个喷泉。
近 spring n 泉，泉水

- **picnic** [ˈpɪknɪk] n 野餐；户外用餐 v 野餐

搭 have a picnic 野餐

- **kite** [kaɪt] n 风筝

- **party** [ˈpɑːti] n 聚会，宴会；群，队，组；政党，党派
搭 a birthday party 生日聚会；at the party 在派对上

- **crowded** [ˈkraʊdɪd] adj 拥挤的；充满的
搭 be crowded with 挤满

- **crowd** [kraʊd] n 人群 v 挤满，使拥挤
搭 a crowd of 一群

- **member** [ˈmembər] n 成员，分子；会员
搭 a family member 家庭成员

- **membership** [ˈmembəʃɪp] n 会员；会员资格；会员人数；成员数
例 You have to apply for membership of the sports club. 这家体育俱乐部的会员资格必须经过申请才能取得。

- **hobby** [ˈhɒbi] n 业余爱好，嗜好
例 I only play jazz as a hobby. 我弹奏爵士乐只是一种业余爱好。
近 interest n 兴趣

- **festival** [ˈfestɪvəl] n 节日
搭 spring festival 春节

- **event** [ɪˈvent] n 事件；公开活动；比赛项目

搭 social event 社会盛事

- **take part** [teɪk pɑːt] 参加

搭 take part in 参加

- **Christmas** [ˈkrɪsməs] n 圣诞节

- **anniversary** [ˌænɪˈvɜːsəri] n

周年纪念（日）

例 It was their 25th wedding anniversary yesterday. 昨天是他们结婚25周年纪念日。

- **Thanksgiving** [ˌθæŋksˈɡɪvɪŋ]

n 感恩节

例 It's traditional in America to eat turkey on Thanksgiving. 感恩节时吃火鸡是美国的传统。

- **turkey** [ˈtɜːki] n 火鸡

搭 roast turkey 烤火鸡

扩 Turkey n 土耳其

- **Easter** [ˈiːstər] n 复活节

- **occasion** [əˈkeɪʒən] n 场合；时机；重大活动

例 Taking her with me on official occasions has been a challenge. 在正式场合带上她对我而言是一种挑战。

搭 on the occasion 在那时

扩 occasional adj 偶然的

- **camera** [ˈkæmrə] n 照相机

搭 digital camera 数码相机

- **selfie** [ˈselfi] n 自拍照

搭 take selfies 拍自拍

- **frame** [freɪm] n 框架，结构；支架

- **photograph** [ˈfəʊtəɡrɑːf] n 照片

搭 take photographs 拍照

动手练练看

1 根据句意和字母提示，完成句子。

❶ My parents took lots of ph__ __ __g__ __phs of us when we were small.

❷ I have a suit but I only wear it on special o__ __a__ __ons.

❸ Estelle kept a photograph of her mother in a silver f__ __m__.

❹ You have to apply for m__m__e__s__i__ of the sports club.

❺ If the weather is nice, we could have a p__c__i__ in the park.

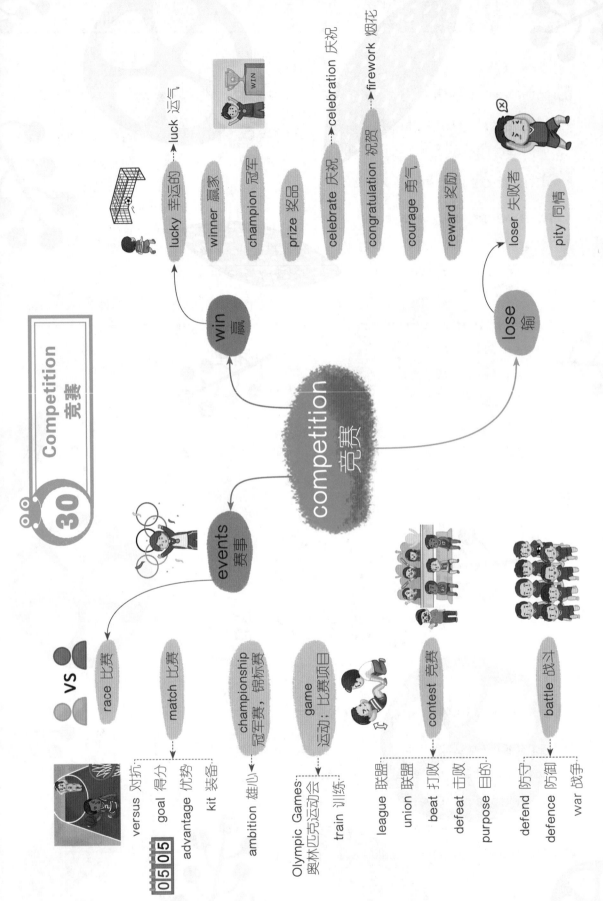

30 Competition 竞赛

competition 竞赛

win 赢

- lucky 幸运的 ----→ luck 运气
- winner 赢家
- champion 冠军
- prize 奖品
- celebrate 庆祝 ----→ celebration 庆祝
- congratulation 祝贺 ----→ firework 烟花
- courage 勇气
- reward 奖励

lose 输

- loser 失败者
- pity 同情

events 赛事

- race 比赛
  - versus 对抗
  - goal 得分
  - advantage 优势
  - kit 装备
- match 比赛
- championship 冠军赛，锦标赛
  - ambition 雄心
- game 运动；比赛项目
  - Olympic Games: 奥林匹克运动会
  - train 训练
- contest 竞赛
  - league 联盟
  - union 联盟
  - beat 打败
  - defeat 击败
  - purpose 目的
- battle 战斗
  - defend 防守
  - defence 防御
  - war 战争

- **competition** [ˌkɒmpəˈtɪʃən] n

竞赛

扩 competitor n 竞争者

- **win** [wɪn] v 赢，获胜；赢得，获得

搭 win prizes 获得奖项

- **lucky** [ˈlʌki] adj 幸运的

- **luck** [lʌk] n 运气，好运，幸运

搭 good luck 好运

反 unlucky adj 不幸的

- **winner** [ˈwɪnər] n 胜利者，赢家

反 loser n 失败者

- **champion** [ˈtʃæmpɪən] n 冠军

例 She is the world champion for the third year in succession. 她第三次蝉联世界冠军。

扩 championship n 冠军赛，总冠军

- **prize** [praɪz] n 奖品；奖金

- **celebrate** [ˈseləbreɪt] v 庆祝

- **celebration** [ˌseləˈbreɪʃən] n 庆祝

例 There were lively New Year celebrations all over town. 全城到处是庆祝新年的活动。

搭 birthday celebrations 生日庆祝

- **congratulation** [kənˌɡrætjʊˈleɪʃən] n 祝贺；贺词

- **firework** [ˈfaɪəwɜːk] n 烟花，烟火

- **courage** [ˈkʌrɪdʒ] n 勇气，勇敢

例 People should have the courage to stand up for their beliefs. 人们应该有勇气坚持自己的信仰。

近 bravery n 勇敢

- **reward** [rɪˈwɔːd] v n 奖励，回报

例 There's a reward for whoever finishes first. 无论谁先完成都会得到一份奖赏。

- **lose** [luːz] v 输；失去

搭 lose weight 减肥；lose face 丢面子

- **loser** [ˈluːzər] n 输家，失败者

- **pity** [ˈpɪti] n 同情；遗憾，可惜

例 I took pity on her and lent her the money. 我同情她，就把钱借给了她。

搭 what a pity 多么可惜

- **event** [ɪˈvent] n 赛事；重大事情

例 This year's Olympic Games will be the biggest ever sporting event. 今年的奥林匹克运动会将是历史上规模最大的体育赛事。

- **race** [reɪs] n 竞赛，比赛

- **match** [mætʃ] n 比赛；火柴 v 相配

搭 tennis match 网球比赛；match with 与……相匹配

- **versus** [ˈvɜːsəs] prep （表示两队或双方对阵）对

例 It is France versus Brazil in the final. 决赛是法国队对巴西队。

- **goal** [ɡəʊl] n 进球得分；球门；目标

例 Brazil won by three goals to one. 巴西队以三比一得分获胜。

近 aim n 目标; purpose n 目的

• **advantage** [əd'vɑ:ntɪdʒ] n 优势

例 For a goalkeeper, it's a great advantage to have big hands. 对守门员来说，长一双大手是很大的优势。

搭 take advantage of 利用

近 strength n 优势

反 disadvantage n 缺点，劣势

• **kit** [kɪt] n 装备，成套设备

例 We didn't have our sports kit with us. 我们没有运动装备。

• **championship** ['tʃæmpɪənʃɪp]

n 冠军赛，锦标赛

• **ambition** [æm'bɪʃən] n 雄心，

志向；野心

例 She doubts whether she'll ever be able to fulfil her ambition. 究竟是否能够实现自己的理想，她没有把握。

搭 achieved one's ambition 实现某人的目标

扩 ambitious adj 有野心的

• **game** [geɪm] n 运动；比赛项目；

游戏

• **train** ['treɪn] v 训练，培训 n 火车

例 All members of the team have trained in first aid. 全队队员都接受过急救培训。

• **contest** ['kɒntest] n 竞赛，比赛

例 She's won a lot of beauty contests. 她多次在选美竞赛中获胜。

扩 contestant n 参赛者

• **league** [li:g] n 联盟；联赛

例 Who do you think will win the league championship this year? 你认为谁会获得今年的联赛冠军？

• **union** ['ju:njən] n 联盟；联合

近 league n 联盟

• **beat** [bi:t] v 赢，打败 n （鼓的）

一击；（心脏等的）跳动

例 They were beaten hands down by their opponents. 他们被对手彻底打败了。

搭 heart beat 心跳

• **defeat** [dɪ'fi:t] v 击败，战胜 n 失败

例 They narrowly avoided defeat. 他们险些被打败。

• **purpose** ['pɜ:pəs] n 目的

搭 for the purpose of 为了……目的; on purpose 故意地

• **battle** ['bætəl] n 斗争；战斗 v 战斗

例 The battle for championship still goes on. 冠军之争还在继续。

• **defend** [dɪ'fend] v 防守；保护；辩解

近 guard v 保卫

• **defence** [dɪ'fens] n 防御，防守；辩护

例 The team has a strong attack, but its defence is weak. 这支队伍进攻能力很强，但防守能力很弱。

• **war** [wɔ:r] n 战争

动手练练看

1 根据句意和字母提示，完成句子。

❶ The world __ __am__ __on has only had two defeats in 20 fights.

❷ The whole town came out to c__ __ __brate his return from the war.

❸ He has been playing __ __amp__ __n__hip tennis for three years now.

❹ When it gets dark we'll let off the f__ __ __wo__ks.

❺ They finished the season at the top of the __ __ag__e（联赛）.

2 用方框中合适的单词补充完整句子。

> *celebration training battle war purpose*

❶ Our campaign's main _____ is to raise money.

❷ The troops prepared themselves to go into _____.

❸ A wedding is a joyful _____ of love.

❹ I used to do weight _____ years ago.

❺ The country was ruined by the _____.

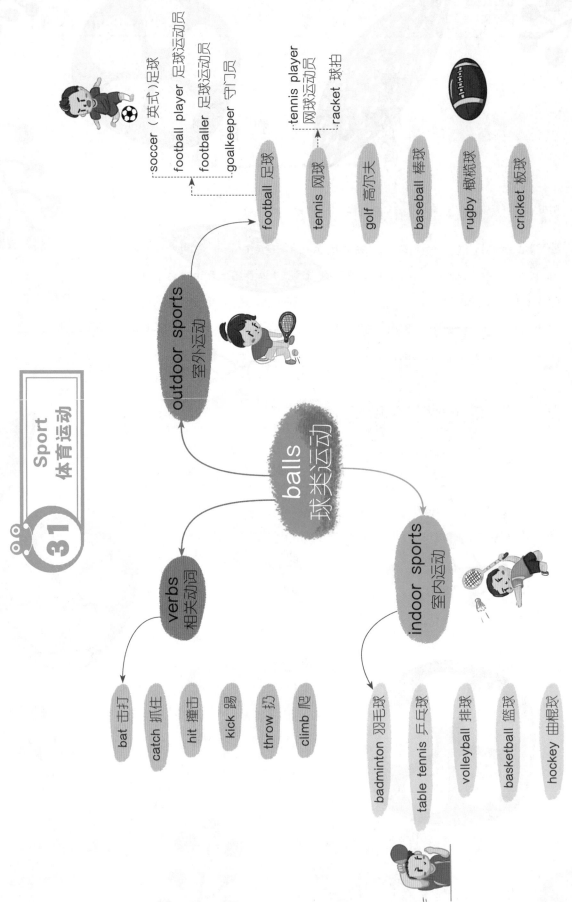

31

Sport
体育运动

balls
球类运动

outdoor sports
室外运动

indoor sports
室内运动

verbs
相关动词

football 足球

soccer（英式）足球
football player 足球运动员
footballer 足球运动员
goalkeeper 守门员

tennis 网球

tennis player 网球运动员
racket 球拍

golf 高尔夫

baseball 棒球

rugby 橄榄球

cricket 板球

badminton 羽毛球

table tennis 乒乓球

volleyball 排球

basketball 篮球

hockey 曲棍球

bat 击打

catch 抓住

hit 撞击

kick 踢

throw 扔

climb 爬

- **football** ['fʊtbɔːl] n 足球；橄榄球

- **soccer** ['sɒkər] n（英式）足球

- **footballer** ['fʊtbɔːlər] n 足球运动员

例 Ten footballers stood in a row on the sport ground. 运动场上一字站着十名足球运动员。
近 football player 足球运动员

- **goalkeeper** ['ɡəʊlˌkiːpər] n 守门员

- **tennis** ['tenɪs] n 网球

例 You can play tennis or go golfing. 你可以打网球，也可以去打高尔夫。

- **racket** ['rækɪt] n（网球、羽毛球等的）球拍

搭 a tennis racket 网球球拍

- **golf** [ɡɒlf] n 高尔夫

- **baseball** ['beɪsbɔːl] n 棒球

搭 play baseball 打棒球

- **rugby** ['rʌɡbi] n 橄榄球

- **cricket** ['krɪkɪt] n 板球；蟋蟀，蛐蛐

- **badminton** ['bædmɪntən] n 羽毛球；羽毛球运动

搭 play badminton 打羽毛球

- **table tennis** ['teɪbəl ˌtenɪs] n 乒乓球

- **volleyball** ['vɒlɪbɔːl] n 排球

搭 play volleyball 打排球

- **basketball** ['bɑːskɪtbɔːl] n 篮球；篮球运动

例 I used to play basketball. 我过去常打篮球。
搭 play basketball 打篮球

- **hockey** ['hɒki] n 曲棍球

搭 ice hockey 冰球

- **bat** [bæt] v 用球板击球 n 球拍，球棒

例 Jones will be the first to bat. 琼斯将是第一个击球的。
搭 a baseball bat 棒球球棒

- **catch** [kætʃ] v 抓住；接住；握住

例 He caught hold of my arm. 他一把抓住了我的胳膊。

- **hit** [hɪt] n 撞击；打 v 击中，打；命中

例 Just try to concentrate on hitting the ball. 把注意力集中在击球上。

- **kick** [kɪk] v 踢

例 I kicked the ball as hard as I could. 我用尽全力踢球。

- **throw** [θrəʊ] v 扔；投；掷

搭 throw away 扔掉

- **climb** [klaɪm] v 爬；攀登，登山 n 攀登

例 It's an hour's climb to the summit. 爬到顶峰需要一小时。

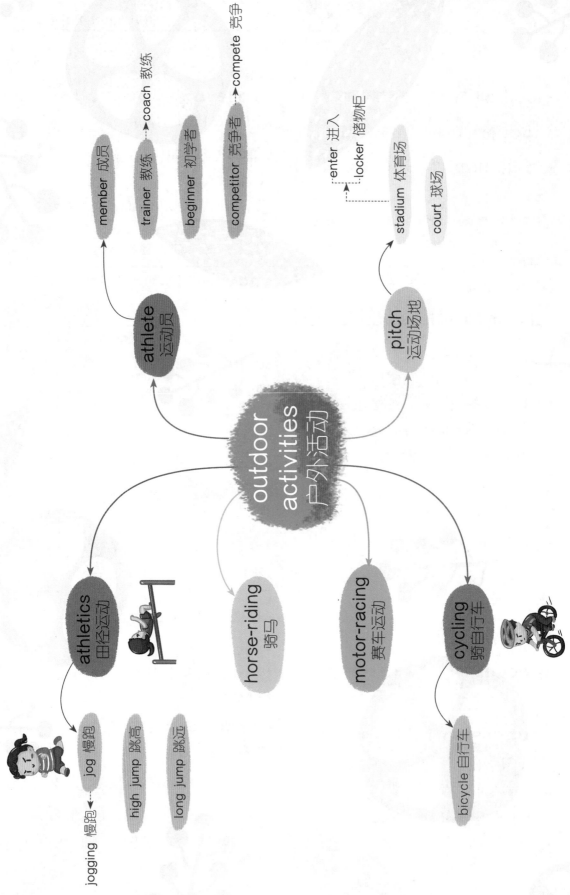

outdoor activities 户外活动

athlete 运动员
- member 成员
- trainer 教练 ---> coach 教练
- beginner 初学者
- competitor 竞争者 ---> compete 竞争

pitch 运动场地
- stadium 体育场 ---> enter 进入 / locker 储物柜
- court 球场

athletics 田径运动
- jog 慢跑 ---> jogging 慢跑
- high jump 跳高
- long jump 跳远

horse-riding 骑马

motor-racing 赛车运动

cycling 骑自行车
- bicycle 自行车

- **athlete** [ˈæθliːt] n 运动员

例 He became a professional athlete at the age of 16. 十六岁时他成了一名职业运动员。

- **member** [ˈmembər] n 成员；会员

- **trainer** [ˈtreɪnər] n 教练；培训师

例 A lot of wealthy people have their own personal trainer. 许多富人都有自己的私人健身教练。

- **coach** [kəʊtʃ] n 教练；长途汽车

搭 by coach 搭长途汽车；take the coach 坐长途汽车

- **beginner** [bɪˈɡɪnər] n 初学者

例 This judo class is for beginners only. 这门柔道课程是专为初学者开设的。

- **competitor** [kəmˈpetɪtər] n 竞争者

例 Over 200 competitors entered the race. 200 多名选手参加了赛跑。

扩 competition n 比赛

- **compete** [kəmˈpiːt] v 竞争；对抗；参加比赛（或竞赛）

例 Are you competing in the 100 metres? 你参加 100 米赛跑吗？

搭 compete against 与……竞争；compete in 参加……比赛

- **pitch** [pɪtʃ] n 运动场地；球场 v 抛；投球

搭 football pitch 足球场

- **stadium** [ˈsteɪdiəm] n 体育场

搭 national stadium 国家体育场

- **enter** [ˈentər] v 进入；加入；开始参加

- **locker** [ˈlɒkər] n 储物柜，寄存柜

- **court** [kɔːt] n 球场；法院

例 The hotel has several tennis courts. 该旅馆有几个网球场。

搭 tennis court 网球场

- **cycling** [ˈsaɪklɪŋ] n 骑自行车

例 He's keen on cycling. 他热衷于骑自行车。

搭 go cycling 去骑自行车

- **bicycle** [ˈbaɪsɪkəl] n 自行车

搭 by bicycle 骑车

- **motor-racing** [ˈməʊtə reɪsɪŋ] n 赛车运动

例 Williams is obsessive about motor-racing. 威廉斯痴迷于赛车运动。

- **horse-riding** [ˈhɔːs raɪdɪŋ] n 骑马

- **athletics** [æθˈletɪks] n 田径运动

例 You've given a lifetime of service to athletics. 你为田径运动贡献了一生。

- **jog** [dʒɒg] v 慢跑

例 "What do you do to keep fit?" "I jog and go swimming." 你是怎样保持健康的？"慢跑和游泳。"

- **high jump** [haɪ dʒʌmp] 跳高

- **long jump** [lɒŋ dʒʌmp] 跳远

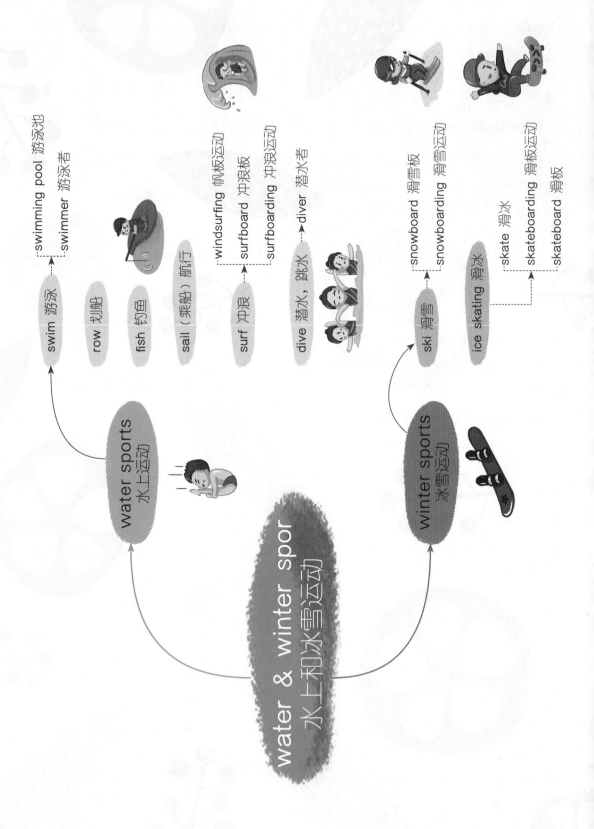

water & winter spor
水上和冰雪运动

water sports
水上运动

winter sports
冰雪运动

swim 游泳
swimming pool 游泳池
swimmer 游泳者

row 划船

fish 钓鱼

sail（乘船）航行

surf 冲浪
windsurfing 帆板运动
surfboard 冲浪板
surfboarding 冲浪运动

dive 潜水，跳水
diver 潜水者

ski 滑雪
snowboard 滑雪板
snowboarding 滑雪运动

ice skating 滑冰
skate 滑冰
skateboarding 滑板运动
skateboard 滑板

- **swim** [swɪm] **v** 游泳

搭 swimming pool 游泳池

- **swimmer** [ˈswɪmə(r)] **n** 游泳者

- **row** [rəʊ] **v** 划船 **n** 一排，一行

例 Grace rowed the boat out to sea again. 格雷斯又划着船出海了。

- **fish** [fɪʃ] **v** 钓鱼 **n** 鱼

扩 fisherman **n** 渔夫；fish and chips 炸鱼薯条

- **sail** [seɪl] **v** （乘船）航行 **n** 帆

例 The boat sailed along the coast. 那艘船沿着海岸航行。

- **surf** [sɜːf] **v** 冲浪；（互联网）浏览

- **windsurfing** [ˈwɪndˌsɜːfɪŋ] **n** 帆板运动

- **surfboard** [ˈsɜːfbɔːd] **n** 冲浪板

- **surfboarding** [ˈsɜːfbɔːdɪŋ] **n** 冲浪运动

- **dive** [daɪv] **v** **n** 潜水，跳水

- **diver** [ˈdaɪvər] **n** 潜水者

- **ski** [skiː] **v** 滑雪 **n** 滑雪板

- **snowboard** [ˈsnəʊbɔːd] **n** 滑雪板 **v** 参加滑雪（运动）

- **snowboarding** [ˈsnəʊbɔːdɪŋ] **n** 滑雪运动

- **ice skating** [ˈaɪs skeɪtɪŋ] 滑冰，溜冰

- **skate** [skeɪt] **v** 滑冰，溜冰

例 Can you skate? 你会滑冰吗？

- **skateboarding** [ˈskeɪtˌbɔːdɪŋ] **n** 滑板运动

- **skateboard** [ˈskeɪtbɔːd] **n** 滑板

动手练练看

1 根据句意和字母提示，完成句子。

❶ She was a national champion s__im__ __r.

❷ As a d__v__r, he worked several hours a day under the water.

❸ In the l__c__ __r room, Amanda changed her clothes quickly.

❹ He is also acknowledged as an excellent go__l__e__p__ __.

❺ He became a professional a__h__ __t__ at the age of 16.

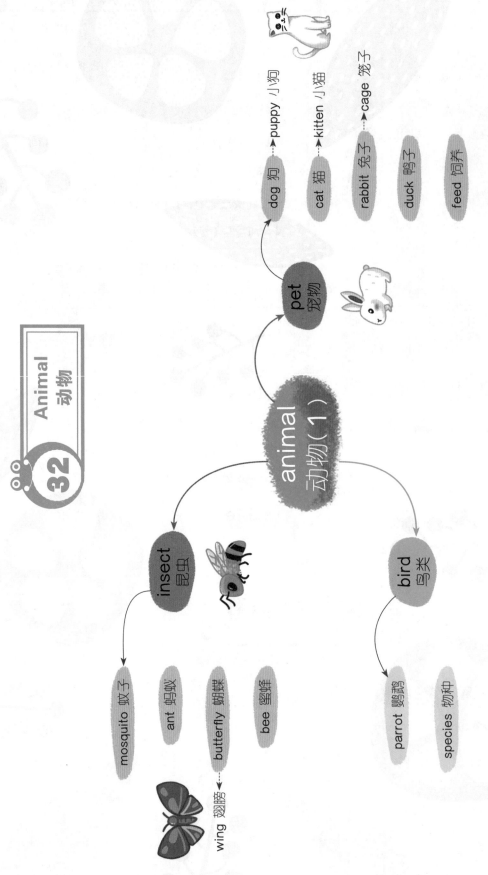

animal
动物（1）

pet
宠物

dog 狗 ---▶ puppy 小狗

cat 猫 ---▶ kitten 小猫

rabbit 兔子 ---▶ cage 笼子

duck 鸭子

feed 饲养

insect
昆虫

mosquito 蚊子

ant 蚂蚁

butterfly 蝴蝶 ---▶ wing 翅膀

bee 蜜蜂

bird
鸟类

parrot 鹦鹉

species 物种

- **bird** [bɜːd] n 鸟

- **parrot** [ˈpærət] n 鹦鹉

例 I saw an old parrot which could "talk". 我看见一只会"说话"的老鹦鹉。

- **species** [ˈspiːʃiːz] n 物种

例 Mountain gorillas are an endangered species. 山地大猩猩属于濒危物种。

搭 species diversity 物种多样性

- **pet** [pet] n 宠物 v 抚摸；亲吻

搭 a pet dog 宠物狗

- **dog** [dɒg] n 狗

- **puppy** [ˈpʌpi] n 小狗，幼犬

例 Our dog has just had four puppies. 我们的狗刚刚生了四只小狗。

- **cat** [kæt] n 猫

- **kitten** [ˈkɪtən] n 小猫

- **rabbit** [ˈræbɪt] n 兔子；兔肉；野兔

- **cage** [keɪdʒ] n 笼子 v 把（动物）关在笼中

例 The bird fluttered its wings in the cage. 鸟在笼子里扇翅膀。

- **duck** [dʌk] n 鸭子；鸭肉

- **feed** [fiːd] v 饲养，喂养；养活（全家、一群人）

例 When properly fed, they will grow up healthily. 饲养得当，它们就会健康成长。

搭 feed on 以……为食

- **insect** [ˈɪnsekt] n 昆虫

例 Ants, beetles, butterflies and flies are all insects. 蚂蚁、甲虫、蝴蝶和苍蝇都是昆虫。

搭 insect pest 害虫

- **mosquito** [məˈskiːtəʊ] n 蚊子

例 The warm damp air attracts a lot of mosquitoes. 温暖潮湿的空气招来了大量蚊子。

- **ant** [ænt] n 蚂蚁

- **butterfly** [ˈbʌtəflaɪ] n 蝴蝶

例 The butterfly fluttered from flower to flower. 蝴蝶在花丛中飞来飞去。

- **wing** [wɪŋ] n 翅膀；机翼

例 The bird flapped its wings. 那只鸟拍打着翅膀。

- **bee** [biː] n 蜜蜂

例 Bees buzzed lazily among the flowers. 蜜蜂在花丛中懒洋洋地嗡嗡叫着。

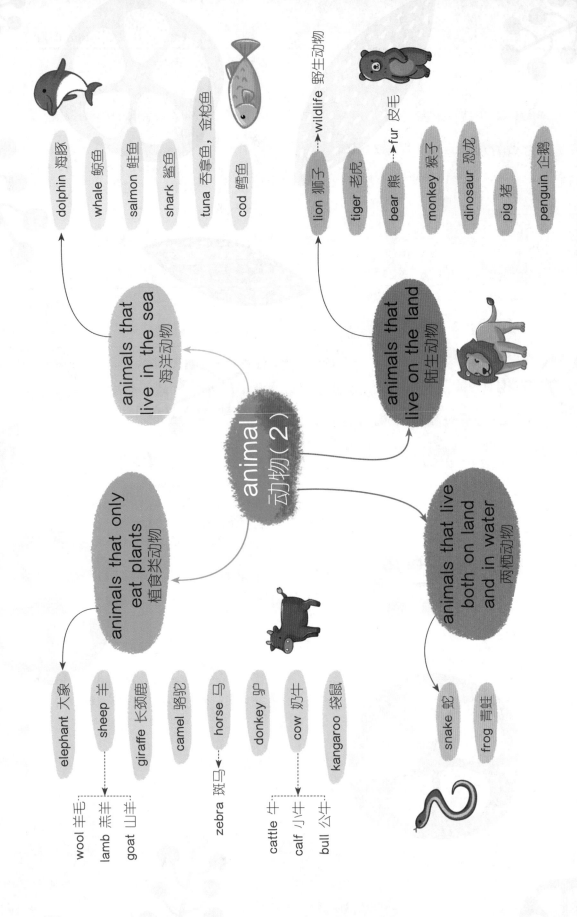

animal
动物（2）

animals that live in the sea
海洋动物

- dolphin 海豚
- whale 鲸鱼
- salmon 鲑鱼
- shark 鲨鱼
- tuna 吞拿鱼，金枪鱼
- cod 鳕鱼

animals that live on the land
陆生动物

- lion 狮子 ---→ wildlife 野生动物
- tiger 老虎
- bear 熊 ---→ fur 皮毛
- monkey 猴子
- dinosaur 恐龙
- pig 猪
- penguin 企鹅

animals that only eat plants
植食类动物

- elephant 大象
- sheep 羊 ---→ wool 羊毛
- sheep ---→ lamb 羔羊
- giraffe 长颈鹿 ---→ goat 山羊
- camel 骆驼
- horse 马 ---→ zebra 斑马
- donkey 驴
- cow 奶牛 ---→ cattle 牛
- cow ---→ calf 小牛
- kangaroo 袋鼠 ---→ bull 公牛

animals that live both on land and in water
两栖动物

- snake 蛇
- frog 青蛙

- **dolphin** [ˈdɒlfɪn] n 海豚

例 A dolphin leapt out of the water. 海豚跃出水面。

- **whale** [weɪl] n 鲸鱼，鲸

例 Whale was found washed up on the shore. 一头鲸被发现冲到了岸上。

- **salmon** [ˈsæmən] n 鲑鱼，鲑

- **shark** [ʃɑːk] n 鲨鱼；诈骗者

例 Panic swept through the swimmers as they saw the shark approaching. 游泳的人看见鲨鱼靠近时一片惊慌。

- **tuna** [ˈtʃuːnə] n 吞拿鱼，金枪鱼

例 Tuna stocks are declining rapidly due to overfishing. 由于过度捕捞，吞拿鱼库存量快速下降。

- **cod** [kɒd] n 鳕鱼

例 The government has decided to set a quota for cod fishing. 政府已经决定对鳕鱼捕捞设定限额。

- **lion** [ˈlaɪən] n 狮子

例 We heard a lion roar. 我们听见了狮子的吼声。

- **wildlife** [ˈwaɪldlaɪf] n 野生动物，野生生物

例 Development of the area would endanger wildlife. 开发这一地区将会危及野生生物。

- **tiger** [ˈtaɪɡər] n 老虎

例 The tiger is native to India. 这种老虎产于印度。

- **bear** [beər] n 熊 v 忍受，承受

搭 a polar bear 北极熊

- **fur** [fɜːr] n （动物的）毛皮

- **monkey** [ˈmʌŋki] n 猴子

例 The old man has a naughty monkey. 老人有一只顽皮的猴子。

- **dinosaur** [ˈdaɪnəsɔːr] n 恐龙

- **pig** [pɪɡ] n 猪

- **penguin** [ˈpeŋɡwɪn] n 企鹅

例 It is well known that penguins live in the Antarctic. 企鹅生活在南极洲是众所周知的。

- **snake** [sneɪk] n 蛇 v 曲折前行

例 Most people have an abhorrence of snake. 大部分人都厌恶蛇。

- **frog** [frɒɡ] n 青蛙

例 Frogs make a low noise called a croak. 青蛙会发出"呱呱"的低沉叫声。

- **elephant** [ˈelɪfənt] n 象，大象

例 The elephant is the largest living land animal. 象是现今陆地上最大的动物。

- **sheep** [ʃiːp] n 羊，绵羊

例 Sheep were grazing in the fields. 羊在野地里吃草。

- **wool** [wʊl] n 羊毛；毛线，毛料

例 Australia is one of the world's main producers of wool. 澳大利亚是世界上主要的羊毛产地之一。

- **lamb** [læm] n 羔羊，小羊；羊羔肉

例 The little lamb has four legs. 小羔羊长了四条腿。

- **goat** [gəʊt] n 山羊

- **giraffe** [dʒɪˈrɑːf] n 长颈鹿

例 The giraffe eats leaves. 长颈鹿吃树叶。

- **camel** [ˈkæməl] n 骆驼

- **horse** [hɔːs] n 马

- **zebra** [ˈzebrə] n 斑马

- **donkey** [ˈdɒŋki] n 驴

例 This donkey can carry two sacks of grain. 这头驴能驮两袋粮食。

- **cow** [kaʊ] n 奶牛，母牛

例 He kept a few dairy cows. 他养了几头奶牛。

- **cattle** [ˈkætəl] n 牛

例 The cattle are fed on barley. 这些牛要喂大麦。

搭 dairy cattle 奶牛

- **calf** [kɑːf] n 小牛，牛犊；小腿肚

- **bull** [bʊl] n 公牛

- **kangaroo** [ˌkæŋɡərˈuː] n 袋鼠

例 Kangaroo can jump very high. 袋鼠可以跳得非常高。

动手练练看

1 找出 10 个与动物相关的单词。

c	a	m	e	l	k	l	b	s
a	i	o	u	l	i	o	n	h
t	n	h	a	l	t	o	q	a
r	a	b	b	i	t	m	u	r
t	t	c	o	w	e	e	i	k
w	h	a	l	e	n	n	y	i
s	w	p	a	r	r	o	t	l
c	s	n	a	k	e	y	f	p

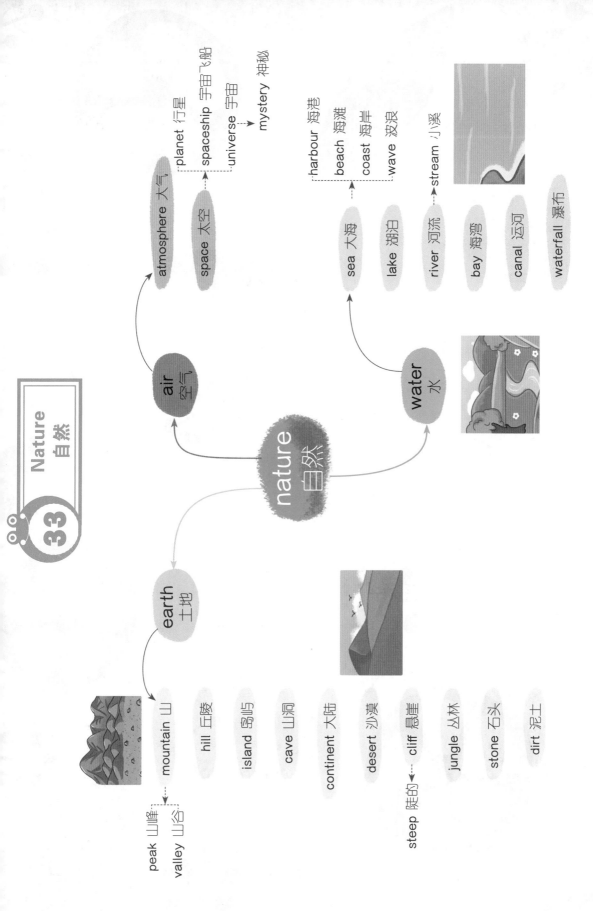

nature
自然

air
空气

atmosphere 大气

space 太空

planet 行星
spaceship 宇宙飞船
universe 宇宙
mystery 神秘

water
水

harbour 海港
beach 海滩
coast 海岸
wave 波浪

sea 大海

lake 湖泊

river 河流
stream 小溪

bay 海湾

canal 运河

waterfall 瀑布

earth
土地

peak 山峰
valley 山谷

mountain 山

hill 丘陵

island 岛屿

cave 山洞

continent 大陆

desert 沙漠

steep 陡的
cliff 悬崖

jungle 丛林

stone 石头

dirt 泥土

- **atmosphere** [ˈætməsfɪər] **n**

大气，大气层；气氛，氛围

例 These factories are releasing toxic gases into the atmosphere. 这些工厂向大气中排放有毒气体。

搭 earth's atmosphere 地球大气

- **space** [speɪs] **n** 太空；空间；空地

例 Who was the first human being in space? 谁是第一个进入太空的人？

- **planet** [ˈplænɪt] **n** 行星

- **spaceship** [ˈspeɪsʃɪp] **n** 宇宙飞船

例 He went into space in this spaceship. 他乘坐这艘宇宙飞船飞入了太空。

- **universe** [ˈjuːnɪvɜːs] **n** 宇宙

例 Is there intelligent life elsewhere in the universe? 宇宙中其他地方存在有智慧的生命吗？

扩 universal **adj** 普遍的

- **mystery** [ˈmɪstəri] **n** 神秘的事物，奥秘；神秘

扩 mysterious **adj** 神秘的

- **harbour** [ˈhɑːbər] **n** 海港，港湾

近 seaport **n** 海港

- **beach** [biːtʃ] **n** 海滩，沙滩

例 We spent the day on the beach. 我们在海滩度过了一整天。

搭 on the beach 在海滩上；go to the beach 去海滩

- **coast** [kəʊst] **n** 海岸，海滨

例 Rimini is a thriving resort on the east coast of Italy. 里米尼是意大利东海岸一个繁华的度假胜地。

- **wave** [weɪv] **n** 波浪，海浪 **v** 挥手，招手

例 His boat hit a wave and sank. 他的船撞上了一个波浪，沉了。

- **lake** [leɪk] **n** 湖泊

扩 lakeside **n** 湖边

- **river** [ˈrɪvər] **n** 河流

- **stream** [striːm] **n** 小溪；溪流

- **bay** [beɪ] **n** 海湾

例 We sailed into a beautiful bay. 我们驶进了一个美丽的海湾。

近 harbor **n** 港，海港；gulf **n** 海湾

- **canal** [kəˈnæl] **n** 运河；食道；气管

例 The canal is open to shipping. 运河可以通航了。

- **waterfall** [ˈwɔːtəfɔːl] **n** 瀑布

- **earth** [ɜːθ] **n** 土，泥；土地；陆地；地球

例 The earth moves round the sun. 地球围绕太阳旋转。

搭 on earth 究竟；on the earth 在地球上
近 land **n** 陆地；地面

- **mountain** [ˈmaʊntɪn] **n** 山

- **peak** [piːk] **n** 山峰；最高点，高峰

- **valley** [ˈvæli] **n** 山谷；溪谷；流域

例 A milky mist filled the valley. 乳白色的

薄雾弥漫了山谷。

- **hill** [hɪl] n 小山；丘陵

例 Their house is on the top of a hill. 他们的房子在小山顶上。

- **island** [ˈaɪlənd] n 岛屿

- **cave** [keɪv] n 山洞，洞穴

例 They were trapped in the cave for 19 hours. 他们被困在山洞里十九个小时。

- **continent** [ˈkɒntɪnənt] n 大陆；陆地；洲

例 She loved the African continent. 她热爱非洲大陆。

- **desert** [ˈdezət] n 沙漠，荒漠 v 抛弃，遗弃

- **cliff** [klɪf] n 悬崖

例 Keep away from the edge of the cliff—you might fall. 离悬崖边远一点——会掉下去的。

- **steep** [stiːp] adj 陡的，陡峭的；突然的，急剧的

例 The castle is set on a steep hillside. 城堡坐落在陡峭的山坡上。

- **jungle** [ˈdʒʌŋgəl] n 丛林

例 The lion is the king of the jungle. 狮子是丛林之王。

- **stone** [stəʊn] n 石头；岩石

例 The stone rolled down the hill. 石头滚下山坡。

- **dirt** [dɜːt] n 泥土；尘土；污垢

例 His coat was covered with dirt. 他的外套上满是泥土。

近 soil n 泥土

扩 dirty adj 脏的

1 根据句意和字母提示，完成句子。

❶ The Martian __ __m__ __ph__re contains only tiny amounts of water.

❷ The book tries to explain some of the __ __st__r__es of life.

❸ Campsites are usually situated along the __ __a__t, close to beaches.

❹ The c__ __ __l was built between 1793 and 1797.

❺ I couldn't hear what he was saying over the thunder of the __ __te__f__ __l.

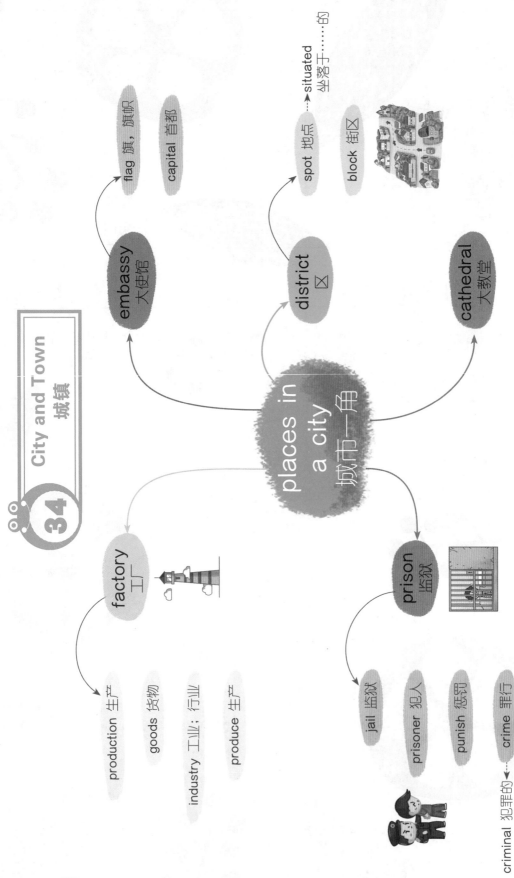

places in a city
城市一角

embassy 大使馆
flag 旗，旗帜
capital 首都

district 区
spot 地点 - - → situated 坐落于……的
block 街区

cathedral 大教堂

factory 工厂
production 生产
goods 货物
industry 工业；行业
produce 生产

prison 监狱
jail 监狱
prisoner 犯人
punish 惩罚
crime 罪行 - - → criminal 犯罪的

- **flag** [flæg] n 旗，旗帜
搭 national flag 国旗

- **capital** [ˈkæpɪtəl] n 首都；大写字母；资本
例 Australia's capital city is Canberra. 澳大利亚的首都是堪培拉。

- **district** [ˈdɪstrɪkt] n 区，地区，区域
例 I drove around the business district. 我绕着商业区行驶。
搭 residential district 居住区

- **spot** [spɒt] n 地点；点；斑点
例 This looks like a nice spot for a picnic. 这儿看起来是个野餐的好地方。

- **situate** [ˈsɪtʃueɪt] v 使位于；使坐落于
搭 be situated in 位于

- **block** [blɒk] n 街区；大块；大楼
例 The museum is just six blocks away. 博物馆离这儿只有六条街。

- **cathedral** [kəˈθiːdrəl] n 大教堂
近 church n 教堂

- **prison** [ˈprɪzən] n 监狱
例 Conditions in the prison are said to be appalling. 监狱里的条件据说糟透了。
搭 in prison 坐牢；put sb. in prison 把某人判入狱

- **jail** [dʒeɪl] n 监狱
搭 in jail 在监狱

- **prisoner** [ˈprɪzənər] n 犯人

例 The pilot and several passengers were held prisoner for 57 hours. 飞行员和几名乘客被歹徒扣押了五十七个小时。
近 criminal n 罪犯

- **punish** [ˈpʌnɪʃ] v 惩罚，处罚
例 He punished the class by giving them extra work. 他给这班学生多留了些作业作为对他们的惩罚。
搭 punish sb. for (doing) sth. 因某事处罚某人

- **crime** [kraɪm] n 罪行；犯罪
搭 commit a crime 犯罪
近 guilt n 犯罪，过失

- **criminal** [ˈkrɪmɪnəl] adj 犯罪的 n 罪犯
例 Her husband faces various criminal charges. 她丈夫面临多项刑事指控。

- **factory** [ˈfæktəri] n 工厂

- **production** [prəˈdʌkʃən] n 生产，制造
扩 product n 产品

- **goods** [gʊdz] n 货物，商品
例 Money can be exchanged for goods or services. 钱可以用来换取商品或服务。

- **industry** [ˈɪndəstri] n 工业；行业
扩 industrial adj 工业的

- **produce** [prəˈdʒuːs] v 生产
例 France produces a great deal of wine for export. 法国生产大量供出口的葡萄酒。
近 manufacture v 生产

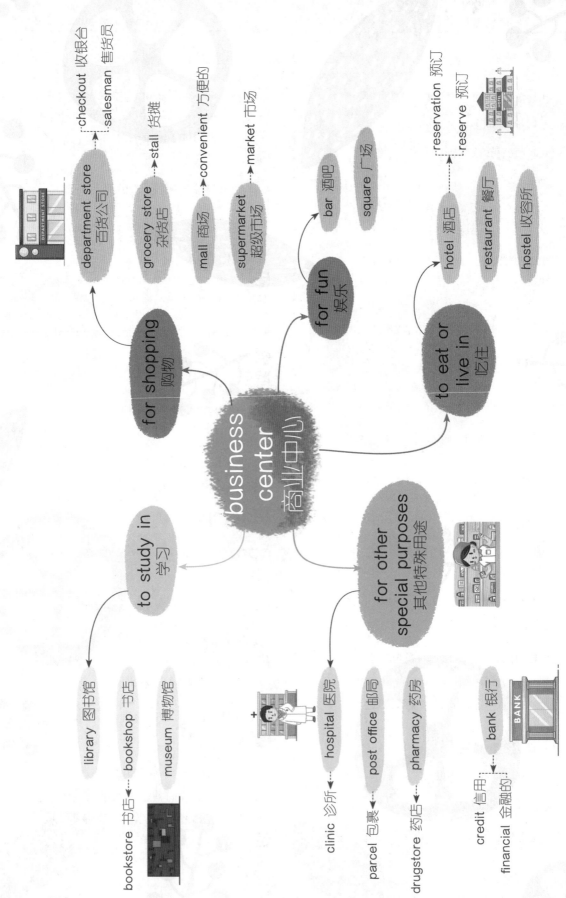

business center 商业中心

for shopping 购物
- department store 百货公司
  - checkout 收银台
  - salesman 售货员
- grocery store 杂货店
  - stall 货摊
- mall 商场
  - convenient 方便的
- supermarket 超级市场
  - market 市场

for fun 娱乐
- bar 酒吧
- square 广场

to eat or live in 吃住
- hotel 酒店
  - reservation 预订
  - reserve 预订
- restaurant 餐厅
- hostel 收容所

to study in 学习
- library 图书馆
- bookshop 书店
  - bookstore 书店
- museum 博物馆

for other special purposes 其他特殊用途
- hospital 医院
  - clinic 诊所
- post office 邮局
  - parcel 包裹
- pharmacy 药房
  - drugstore 药店
- bank 银行
  - credit 信用
  - financial 金融的

- **department store**

[dɪˈpɑːtmənt ˌstɔːr] 百货公司

- **checkout** [ˈtʃekaʊt] n 收银台；
结账

例 She works on the checkout at the local supermarket. 她在当地超市的收银台工作。

- **salesman** [ˈseɪlzmən] n 售货员

- **grocery** [ˈɡrəʊsəri] n 杂货店，
食品杂货店

- **stall** [stɔːl] n 货摊，摊位；牲畜棚
搭 market stall 街市摊位

- **mall** [mɔːl] n 商场；大型购物区，
购物中心

- **convenient** [kənˈviːniənt] adj
方便的，便利的

例 A bike is a very convenient way of getting around. 骑自行车四处走动很方便。
反 inconvenient adj 不方便的
扩 convenience n 便利

- **supermarket** [ˈsuːpəˌmɑːkɪt]
n 超级市场

- **market** [ˈmɑːkɪt] n 市场

- **bar** [bɑːr] n 酒吧；（出售饮料等的）
柜台

- **square** [skweər] n 广场；正方形，
四方形；平方

- **hotel** [həʊˈtel] n 酒店，宾馆

例 We stayed in a hotel on the beach. 我们住在一家滨海酒店。

- **reservation** [ˌrezəˈveɪʃən] n 预订；预约；保留意见
搭 make a reservation 预定

- **reserve** [rɪˈzɜːv] v 预订；保留

例 I'll reserve a table for five. 我要预订一个五人的餐位。
搭 reserve a table 预订桌子

- **restaurant** [ˈrestrɒnt] n 餐厅

- **hostel** [ˈhɒstəl] n 收容所；旅社

例 The hostel welcomes people in need. 这家收容所欢迎需要帮助的人。

- **hospital** [ˈhɒspɪtəl] n 医院

- **clinic** [ˈklɪnɪk] n 诊所；（医院的）
门诊部

例 Bring your baby to the clinic and we'll take a look at her. 把你的宝宝带到诊所来，我们给她检查一下。
搭 dental clinic 牙科诊所

- **post office** [ˈpəʊst ˌɒfɪs] 邮局

- **parcel** [ˈpɑːsəl] n 包裹，小包 v
包，裹好，打包

例 The parcel was wrapped in plain brown paper. 那个包裹是用普通牛皮纸包着的。

- **pharmacy** [ˈfɑːməsi] n 药房，
药店

- **drugstore** [ˈdrʌgstɔːr] n药店；
（兼售化妆品等的）药房

- **bank** [bæŋk] n银行；岸，河畔
扩 banker n银行家

- **credit** [ˈkredɪt] n信用；学分；赞扬
例 Does the hotel take credit cards? 这家旅馆接受信用卡付款吗？
搭 credit card 信用卡

- **financial** [faɪˈnænʃəl] adj金融的；
财务的

例 Tokyo is a major financial centre. 东京是主要的金融中心。
搭 financial crisis 金融危机

- **library** [ˈlaɪbrəri] n图书馆
搭 a public library 公共图书馆

- **bookshop** [ˈbʊkʃɒp] n书店

- **bookstore** [ˈbʊkˌstɔː(r)] n书店

- **museum** [mjuːˈziːəm] n博物馆
例 If you have time, pay a visit to the local museum. 你若有空，参观一下当地的博物馆。

动手练练看

1 将下面单词按照正确的顺序排列，组成完整的句子。

❶ vegetable/runs/a/in/fruit/and/stall/the market/he

_____

❷ long/there/a/at/the/queue/checkout/was

_____

❸ the bar/almost/find/her/in/every evening/six o'clock/you'll/about

_____

❹ clothing/parcels/also/sent/of/they/food/and

_____

❺ in/spent/he's/a/of/time/prison/lot/

_____

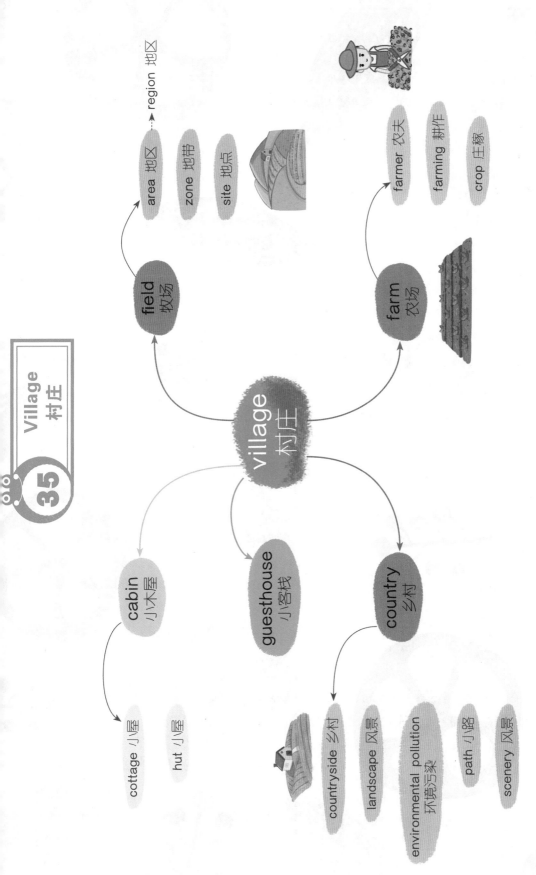

35

Village
村庄

village 村庄

field 牧场

area 地区 ----→ region 地区
zone 地带
site 地点

farm 农场

farmer 农夫
farming 耕作
crop 庄稼

cabin 小木屋

cottage 小屋
hut 小屋

guesthouse 小客栈

country 乡村

countryside 乡村
landscape 风景
environmental pollution 环境污染
path 小路
scenery 风景

- **field** [fi:ld] n 牧场；田；领域

例 We drove past fields of ripening wheat. 我们驱车经过快要成熟的麦田。

- **area** [ˈeəriə] n 地区，地域

- **region** [ˈriːdʒən] n 地区，地方

搭 administrative region 行政区域

- **zone** [zəʊn] n 地带；区，区域

例 This stretch of coast has been designated a danger zone. 这段海岸已被划定为危险地带。

搭 temperate zone 温带

- **site** [saɪt] n 地点，位置

例 The company hasn't yet chosen the site for the new hospital. 公司尚未选定新医院的院址。

- **farm** [fɑːm] n 农场

例 She spent the summer working on a farm. 她的夏天在农场劳作中度过了。

搭 farm workers 农场工人；a sheep farm 养羊场

- **farmer** [ˈfɑːmər] n 农夫，农民

- **crop** [krɒp] n 庄稼，作物

例 The main crops grown for export are coffee and rice. 主要的出口作物是咖啡和大米。

- **country** [ˈkʌntri] n 乡村；国家

例 I'm a simple country girl. 我是一个普普通通的乡村姑娘。

- **countryside** [ˈkʌntrisaɪd] n 乡村，农村

例 The countryside around there is beautiful. 那周围的乡村很美。

- **landscape** [ˈlændskeɪp] n 风景，景色

例 The cathedral dominates the landscape for miles around. 大教堂在方圆数英里的乡间高高耸立着。

搭 an urban landscape 都市景观
近 view n 风景

- **pollution** [pəˈluːʃən] n 污染

例 Only with combined effort can we solve the problem of environmental pollution. 只有共同努力，我们才能解决环境污染的问题。

搭 environmental pollution 环境污染

- **path** [pɑːθ] n 小路；路线

例 This is the path to the cliffs. 这条路通向悬崖。
近 road n 路

- **scenery** [ˈsiːnəri] n 风景

例 They stopped at the top of the hill to admire the scenery. 他们在山顶上停了下来，欣赏起风景来。

- **guesthouse** [ˈgesthaʊs] n 小客栈

- **cabin** [ˈkæbɪn] n 小木屋；座舱

- **cottage** [ˈkɒtɪdʒ] n 小屋

例 The cottage was cold and damp. 这小屋又冷又湿。

- **hut** [hʌt] n 小屋

1 根据句意和字母提示，完成句子。

❶ The l__ __dsc__ __e seemed to stretch into infinity.

❷ This area has some of the most awesome s__ __ __ery.

❸ The c__t__ __ge had a delightful sea view.

❹ The new technology was applied to f__ __m__ng.

❺ The best way to explore the c__ __nt__ __ __ide is on foot.

2 从方框中选择合适的单词填空。

··
 countryside   scenery   region   crop   environmental pollution
··

❶ The wine from this _____ is rich and fruity.

❷ I miss the quietness of the _____.

❸ The area is remarkable for its _____.

❹ Only with combined effort can we solve the problem of _____.

❺ Rice farmers here still plant and harvest their _____ by hand.

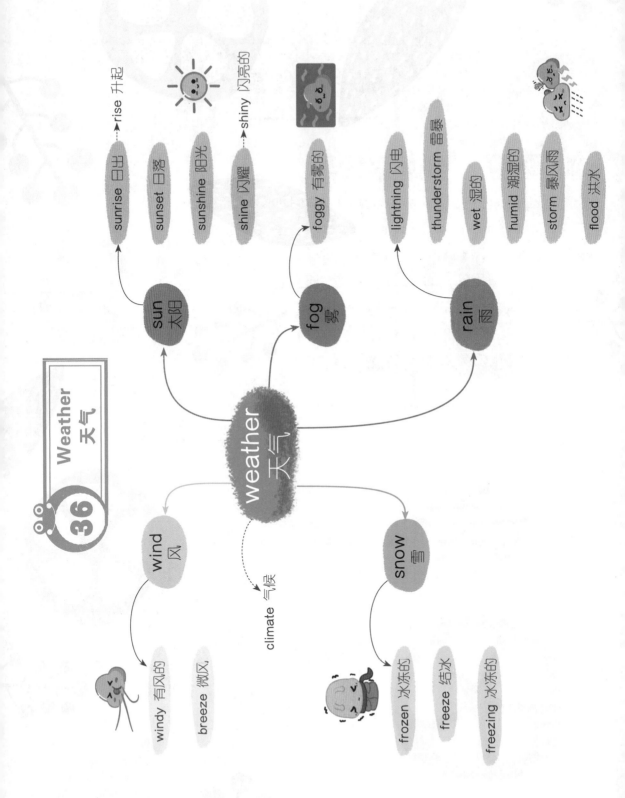

weather 天气

sun 太阳
sunrise 日出 ⟶ rise 升起
sunset 日落
sunshine 阳光
shine 闪耀 ⟶ shiny 闪亮的

fog 雾
foggy 有雾的

rain 雨
lightning 闪电
thunderstorm 雷暴
wet 湿的
humid 潮湿的
storm 暴风雨
flood 洪水

wind 风
windy 有风的
breeze 微风

climate 气候

snow 雪
frozen 冰冻的
freeze 结冰
freezing 冰冻的

- **sunrise** [ˈsʌnraɪz] n 日出；朝霞

例 They went out at sunrise to go bird-watching. 他们日出的时候就出去观鸟去了。

搭 at sunrise 日出时

近 dawn n 黎明

- **rise** [raɪz] v 升起，上升

例 The balloon rose gently into the air. 气球慢慢升入空中。

- **sunset** [ˈsʌnset] n 日落；傍晚；晚霞

搭 at sunset 日落时

- **sunshine** [ˈsʌnʃaɪn] n 阳光

- **shine** [ʃaɪn] v 闪耀；发光

例 Is that light shining in your eyes? 光晃你眼吗？

- **shiny** [ˈʃaɪni] adj 闪亮的

例 Her blonde hair was shiny and clean. 她的金发闪亮而整洁。

- **fog** [fɒg] n 雾

搭 heavy fog 浓雾

- **foggy** [ˈfɒgi] adj 有雾的

例 Foggy weather has made driving conditions very dangerous. 雾天开车很危险。

- **lightning** [ˈlaɪtnɪŋ] n 闪电

- **thunderstorm** [ˈθʌndəstɔːm] n 雷暴，雷雨

例 She got caught in a thunderstorm. 她遇上了雷雨。

- **wet** [wet] adj 湿的

例 My bike got wet in the rain. 我的自行车在雨中淋湿了。

- **humid** [ˈhjuːmɪd] adj 潮湿的

例 New York is very hot and humid in the summer. 纽约的夏天炎热潮湿。

搭 humid climate 潮湿气候

- **storm** [stɔːm] n 暴风雨

扩 rainstorm n 暴风雨；snowstorm n 暴风雪；sandstorm n 沙暴

- **flood** [flʌd] n 洪水；大量，大批 v（使）淹没

例 The whole town flooded when the river burst its banks. 河水决堤，整个镇子都淹了。

反 drought n 干旱

- **freeze** [friːz] v 结冰，冰冻

例 The ground had frozen solid. 地面已经冻得硬邦邦的了。

- **freezing** [ˈfriːzɪŋ] adj 极冷的；冰冻的

- **frozen** [ˈfrəʊzən] adj 冰冻的；冷封的

例 It was bitterly cold now and the ground was frozen hard. 现在天气冷极了，地面冻硬了。

- **wind** [wɪnd] n 风

- **windy** [ˈwɪndi] adj 有风的

- **breeze** [briːz] n 微风

- **climate** [ˈklaɪmət] n 气候

动手练练看

1 从表格中找出 11 个与天气相关的单词。

q	i	c	y	w	h	e	f
r	t	f	l	o	o	d	r
y	u	i	o	c	t	r	e
p	a	s	n	o	w	y	e
w	e	t	s	l	a	d	z
h	u	m	i	d	r	f	e
g	s	t	o	r	m	h	j

2 将下面单词按照分类填入合适的方框内。

thunderstorm dry warm ice rain storm
lightning freezing frozen sunshine

sunny	
rainy	
snowy	

37

A Week and Days
一周与天数

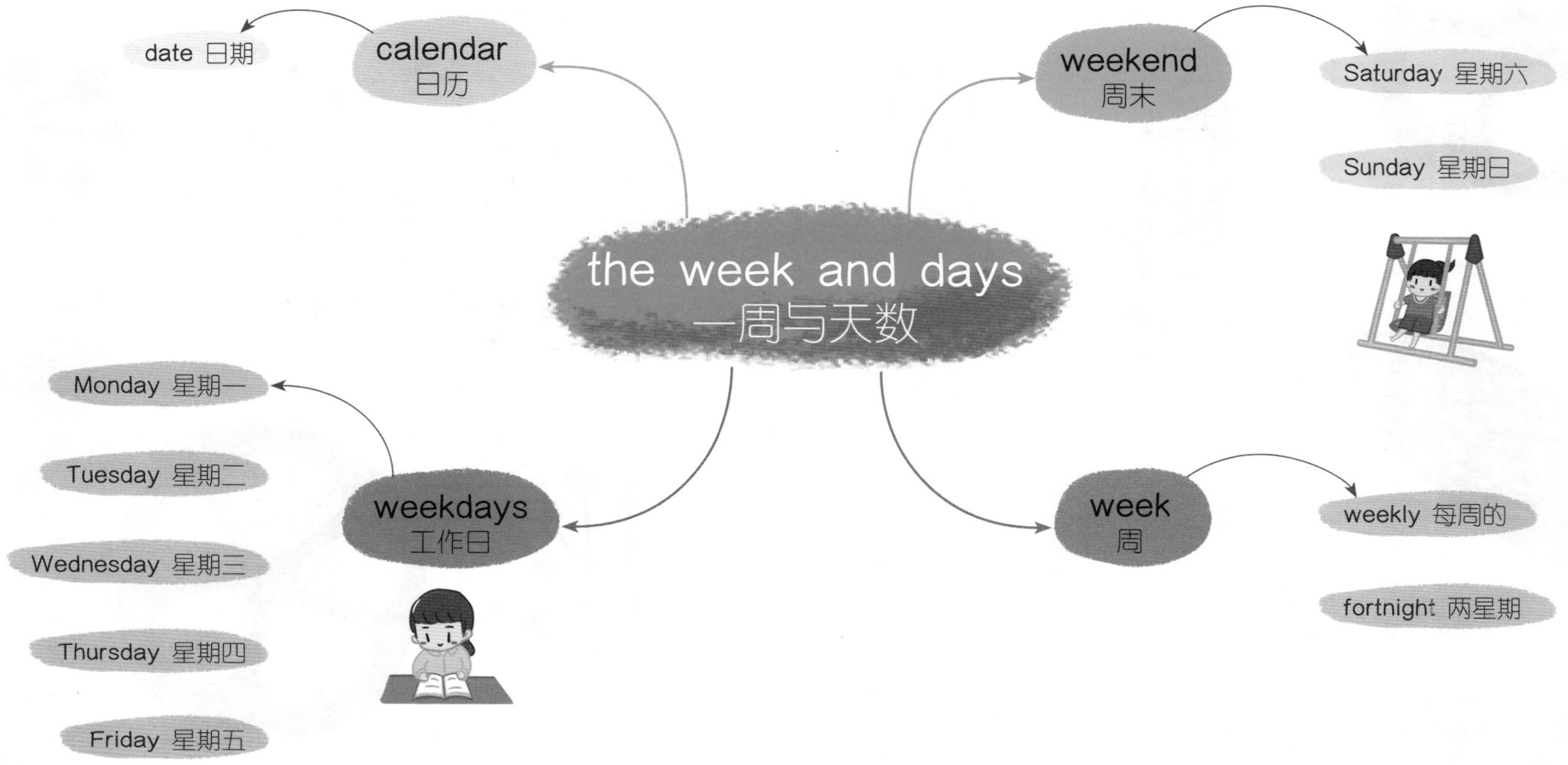

the week and days
一周与天数

weekend 周末
- Saturday 星期六
- Sunday 星期日

week 周
- weekly 每周的
- fortnight 两星期

calendar 日历
- date 日期

weekdays 工作日
- Monday 星期一
- Tuesday 星期二
- Wednesday 星期三
- Thursday 星期四
- Friday 星期五

- **week** [wiːk] n 周，星期，礼拜

- **weekend** [ˌwiːkˈend] n 周末
搭 at/on the weekend 在周末

- **Saturday** [ˈsætədeɪ] n 星期六

- **Sunday** [ˈsʌndeɪ] n 星期日

- **weekly** [ˈwiːkli] adj 每周的 n 周报；周刊 adv 一星期一次的，每周
搭 twice-weekly 每周两次的

- **fortnight** [ˈfɔːtnaɪt] n 两星期
例 I hope to be back in a fortnight. 我希望两周后回来。

- **weekday** [ˈwiːkdeɪ] n 工作日（星期一至星期五的任何一天）
例 On weekdays I'm usually in bed by ten o'clock. 工作日期间我通常10点前上床睡觉。
搭 on weekdays 在工作日

- **Monday** [ˈmʌndeɪ] n 星期一

- **Tuesday** [ˈtʃuːzdeɪ] n 星期二

- **Wednesday** [ˈwenzdeɪ] n 星期三

- **Thursday** [ˈθɜːzdeɪ] n 星期四

- **Friday** [ˈfraɪdeɪ] n 星期五

- **calendar** [ˈkæləndər] n 日历；日程表
例 An old calendar for 2020 was still hanging on the wall of her office. 她办公室墙上依然挂着2020年的日历。

- **date** [deɪt] n 日期；年代；时期 v 注明日期；确定年代
搭 date of birth 出生日期；up to date 最新的；out of date 过时的；date back to 追溯到；date from 起源于，追溯到

动手练练看

1 根据句意和字母提示，完成句子。

❶ I had a terrible n__ __htm__ __e last night.

❷ We spent a __ __rtn__ __ht in Rome looking at all the sights.

❸ There have been many changes in r__ __ __nt years.

❹ Men are doing more housework __ __wa__ays.

❺ It was after m__ __n__ __ht when we got home.

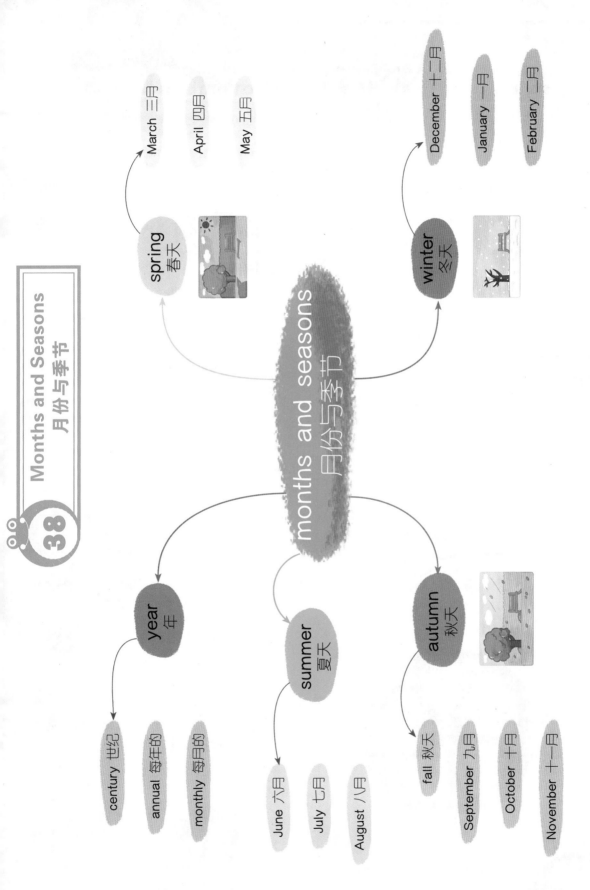

Months and Seasons
月份与季节

months and seasons
月份与季节

spring
春天

March 三月
April 四月
May 五月

winter
冬天

December 十二月
January 一月
February 二月

year
年

century 世纪
annual 每年的
monthly 每月的

summer
夏天

June 六月
July 七月
August 八月

autumn
秋天

fall 秋天
September 九月
October 十月
November 十一月

- **spring** [sprɪŋ] n 春天；弹簧；泉
搭 in (the) spring 在春天

- **March** [mɑːtʃ] n 三月
例 We postponed the match from March 5th to March 19th. 我们把比赛从三月五日推迟到三月十九日举行。

- **April** [ˈeɪprəl] n 四月

- **May** [meɪ] n 五月
例 Their son will start college in May. 他们的儿子将于五月份开始上大学。

- **winter** [ˈwɪntər] n 冬天，冬季
例 Icicles hang from tree braches in winter. 冬天树枝上挂着冰柱。
搭 in (the) winter 在冬天

- **December** [dɪˈsembər] n 十二月

- **January** [ˈdʒænjuəri] n 一月

- **February** [ˈfebruəri] n 二月
例 This warm weather is abnormal for February. 二月里这种温暖的天气不太正常。

- **autumn** [ˈɔːtəm] n 秋天，秋季
搭 in (the) autumn 在秋天

- **fall** [fɔːl] n 秋天 v 降落，落下

- **September** [sepˈtembər] n 九月

- **October** [ɒkˈtəʊbər] n 十月

- **November** [nəʊˈvembər] n 十一月

- **summer** [ˈsʌmər] n 夏天，夏季
搭 in (the) summer 在夏天；summer camp 夏令营

- **June** [dʒuːn] n 六月

- **July** [dʒuˈlaɪ] n 七月
例 Rainfall has been above normal this July. 今年 7 月份降雨量高于正常。

- **August** [ɔːˈgʌst] n 八月
例 In August the heat is barely tolerable. 8 月的炎热让人难以忍受。

- **century** [ˈsentʃəri] n 世纪，一百年
例 The city centre has scarcely changed in over a century. 一百多年来市中心几乎没有变化。

- **annual** [ˈænjuəl] adj 每年的；一年一次的 n 年刊
例 How much annual leave do you get? 你们的年假有多长？
近 yearly adj 每年的
扩 annually adv 每年

- **monthly** [ˈmʌnθli] adj 每月的；每月一次的 adv 每个月；每个月一次 n 月刊
例 The library gets the usual monthly publications. 这家图书馆订的是那些常见的月刊。

1 将下面单词按照分类填入合适的方框内。

> June July September winter summer autumn
> October February April May August December
> January spring November March

month	season

2 在正确的单词下面画√。

❶ January/Janar   ❷ Fabruary/February

❸ Martch/March   ❹ April/Aqril

❺ May/Mai   ❻ June/Jone

❼ Jully/July   ❽ August/Augost

❾ Setember/September   ❿ October/Octuber

⓫ Navember/ November   ⓬ December/Decembre

39 Colours 颜色

Colours
颜色

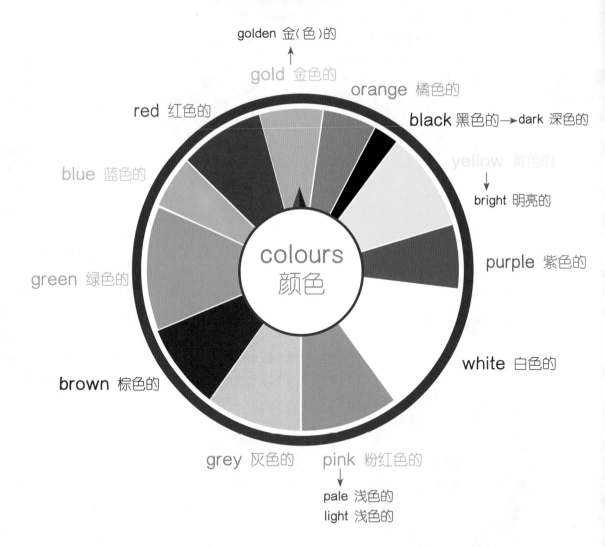

golden 金(色)的
↑
gold 金色的

orange 橘色的

red 红色的

black 黑色的 → dark 深色的

blue 蓝色的

yellow 黄色的
↓
bright 明亮的

colours
颜色

green 绿色的

purple 紫色的

brown 棕色的

white 白色的

grey 灰色的

pink 粉红色的
↓
pale 浅色的
light 浅色的

- **bright** [braɪt] adj 明亮的

例 The dress was bright red. 这件连衣裙是鲜红色的。

搭 bright colors 颜色鲜艳

- **blond** [blɒnd] adj 金发的，白肤金发碧眼的

例 I have blond hair and blue eyes. 我的头发是金黄色的，眼睛是蓝色的。

- **orange** [ˈɒrɪndʒ] adj 橘色的 n 橙子，柑橘；橘黄色

例 Orange is her favourite colour. 橙色是她最喜欢的颜色。

- **gold** [gəʊld] adj 金色的 n 金子

搭 a gold watch 金色的手表

- **golden** [ˈgəʊldən] adj 金（色）的；金质的

例 He tossed his golden curls in the breeze. 他摇动着脑袋，金黄色的头发随风颤动着。

搭 golden hair 金发

- **red** [red] adj 红色的 n 红色

搭 bright red 鲜红色的

- **blue** [bluː] adj 蓝色的 n 蓝色

- **green** [griːn] adj 绿色的 n 绿色

搭 green vegetables 绿色蔬菜；green tea 绿茶

- **brown** [braʊn] adj 棕色的 n 棕色

- **grey** [greɪ] adj 灰色的 n 灰色

搭 a grey sky 灰暗的天空

- **pink** [pɪŋk] adj 粉红色的 n 粉色

搭 pink flowers 粉色花朵

- **pale** [peɪl] adj 浅色的；（脸色或肤色）苍白的

例 He seems to be sick, for he appears pale. 看样子他病了，因为他面色看起来很苍白。

- **light** [laɪt] adj 浅色的；明亮的 n 光 v 点亮

搭 light up 点亮

- **white** [waɪt] adj 白色的 n 白色

搭 black and white 黑白相间的

- **purple** [ˈpɜːpəl] adj 紫色的 n 紫色

- **yellow** [ˈjeləʊ] adj 黄色的 n 黄色

- **black** [blæk] adj 黑色的 n 黑色

例 She often dresses in black. 她经常穿黑色衣服。

反 white adj 白色的

- **dark** [dɑːk] adj 深色的；黑暗的 n 黑暗；暗色

例 What time does it get dark in the summer? 夏季天什么时候黑？

搭 dark clouds 乌云；dark hair 乌黑的头发

1 根据句意和字母提示，完成句子。

❶ G＿ ＿ ＿ is the colour of ashes or of clouds on a rainy day.

❷ Something that is g＿ ＿ ＿ ＿ ＿ is bright yellow in colour.

❸ Something that is b＿ ＿ ＿ is the colour of the sky on a sunny day.

❹ P＿ ＿ ＿ is the colour between red and white.

❺ Something that is b＿ ＿ ＿ ＿ is the colour of earth or of wood.

❻ Something that is b＿ ＿ ＿ ＿ is of the darkest colour, like night or coal.

2 从下面方框中找出合适的单词填入空格中。

white   purple   silver   green   dark   orange

❶ Something that is ＿＿＿＿＿＿ is of a reddish–blue colour.

❷ When it is ＿＿＿＿＿＿, it has no or very little light, especially because it is night.

❸ Something that is ＿＿＿＿＿＿ is of a colour between red and yellow.

❹ ＿＿＿＿＿＿ is the colour of grass or leaves.

❺ Something that is ＿＿＿＿＿＿ is the colour of snow or milk.

❻ ＿＿＿＿＿＿ is the colour that are shiny and pale grey.

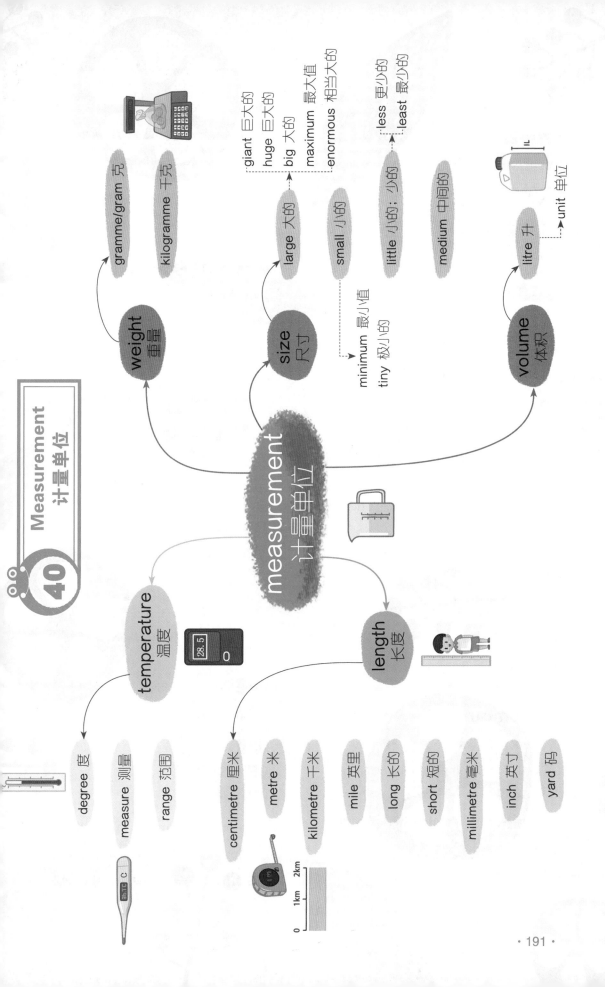

measurement
计量单位

weight
重量

gramme/gram 克
kilogramme 千克

size
尺寸

large 大的
giant 巨大的
huge 巨大的
big 大的
maximum 最大值
enormous 相当大的

small 小的
minimum 最小值
tiny 极小的

little 小的；少的
less 更少的
least 最少的

medium 中间的

volume
体积

litre 升
unit 单位

temperature
温度

degree 度
measure 测量
range 范围

length
长度

centimetre 厘米
metre 米
kilometre 千米
mile 英里
long 长的
short 短的
millimetre 毫米
inch 英寸
yard 码

0   1km   2km

- **weight** [weɪt] n 重量；体重

扩 lose weight 减肥

- **gram(me)** [græm] n 克

- **kilogramme** [ˈkɪləʊgræm] n 千克，公斤

- **size** [saɪz] n 尺寸，大小，号

例 What is the size of that window? 那扇窗户尺寸有多大？

- **large** [lɑːdʒ] adj 大的；大规模的

- **giant** [ˈdʒaɪənt] adj 巨大的，特大的 n 巨人

例 They were standing on top of a giant stone. 他们站在一个巨大的石头上。

- **huge** [hjuːdʒ] adj 巨大的；极多的

例 They live in a huge house. 他们住在一所很大的房子里。

近 enormous adj 巨大的

- **maximum** [ˈmæksɪməm] n 最大值；最大限度

例 What is the maximum you can afford to pay? 你最多能出多少钱？

- **enormous** [ɪˈnɔːməs] adj 相当大的，巨大的，庞大的

例 You've been an enormous help. 你真是帮了大忙。

- **minimum** [ˈmɪnɪməm] n 最小值；最低限度

搭 a minimum of 至少

- **tiny** [ˈtaɪni] adj 极小的，微小的

例 He wanted to curl into a tiny ball. 他想把自己蜷成一个小团。

- **little** [ˈlɪtəl] adj 小的；少的

搭 a little 一点儿

- **less** [les] adj 更少的

例 We must try to spend less money. 我们必须尽量少花一些钱。

- **least** [liːst] adv 最少 adj 小的，最少的

搭 at least 至少；least of all 最不，尤其不

- **medium** [ˈmiːdiəm] adj 中间的；中号的，中等的

例 The hats are made in three sizes: small, medium and large. 这些帽子分小、中、大三个尺码。

- **volume** [ˈvɒljuːm] n 体积；容积；音量

例 Which of these bottles do you think has the greater volume? 你认为这些瓶子中哪个容积最大？

- **litre** [ˈliːtər] n 升

搭 a litre of petrol 一升油

- **unit** [ˈjuːnɪt] n 单位；单元

搭 a unit of time 时间单位

- **length** [leŋθ] n 长度

例 The boat is ten metres in length. 这条船长 1 米。

- **centimetre** [ˈsentɪˌmiːtər] n 厘米

例 He is 1 meter 80 centimeters tall. 他身高一米八。

- **metre** ['miːtər] n 米
搭 square metre 平方米

- **kilometre** ['kɪləˌmiːtər] n 千米

- **mile** [maɪl] n 英里

- **long** [lɒŋ] adj 长的；长时间的，久的
搭 a long time 长时间；as long as 只要

- **short** [ʃɔːt] adj 短的；短期的；矮的
例 I'm fairly short but my brother's very tall. 我们家人都比较矮，可我弟弟却很高。

- **millimetre** ['mɪlimiːtə(r)] n 毫米
例 He shaved a millimetre off the block. 他把木头削去一毫米。

- **inch** [ɪntʃ] n 英寸
例 Twelve inches are equal to one foot.

12 英寸等于 1 英尺。

- **yard** [jɑːd] n 码（长度单位）；院子

- **temperature** ['temprətʃər] n 温度；气温
搭 have a temperature 发烧；take one's temperature 量某人的体温

- **degree** [dɪˈɡriː] n 度；程度；学位
例 It's over 30 degrees outside. 外面的温度超过了 30 度。

- **measure** ['meʒər] v 测量 n 措施
例 This machine measures your heart rate. 这台机器可测你的心率。

- **range** [reɪndʒ] n 范围；一系列
例 I offered her a range of options. 我给了她各种选择。
搭 a range of 一系列的

1 根据句意和字母提示，完成句子。

❶ The room is 6 m__t__es square.

❷ The doctor examined him and took his t__mp__rat__re.

❸ I'd rather live in a h__g__ town than a big city.

❹ You've been an e__o__m__ __s help.

❺ The nearest town is ten m__l__s away.

❻ The price r__ __ g __ is from ￥100 to ￥500.

synonym
近义词

incredible 难以置信的	⟷	unbelievable 难以置信的
initial 最初的	⟷	original 原始的
brief 短暂的	⟷	temporary 暂时的
obvious 明显的	⟷	clear 清晰的
reasonable 合理的	⟷	sensible 合理的；明智的
final 最后的	⟷	last 最后的
accurate 准确的	⟷	exact 精确的
common 普通的，平常的	⟷	general 普遍的
silly 傻的	⟷	stupid 笨的
gentle 温和的	⟷	mild 温和的
scary 恐怖的	⟷	horrible 可怕的 horror 恐惧
frightened 害怕的 horrified 害怕的	⟷	terrified 害怕的
tense 紧张的	⟷	nervous 紧张的 anxious 焦虑的

• **incredible** [ɪnˈkredəbəl] adj 难以置信的，惊人的；极好的

例 I felt I'd made an incredible discovery. 我感到自己有了一个惊人的发现。

• **unbelievable** [ˌʌnbɪˈliːvəbəl] adj 难以置信的；非常好（或坏、极端的）

例 She eats an unbelievable amount of food. 她的食量惊人。

• **initial** [ɪˈnɪʃəl] adj 最初的；第一的 n 首字母

例 The initial reaction has been excellent. 最初的反应极好。

• **original** [əˈrɪdʒənəl] adj 原始的，最早的 n 原版，原件

搭 original plan 原计划
扩 origin n 起源

• **brief** [briːf] adj 短暂的；简洁的

例 His acceptance speech was brief. 他的获奖感言很简短。
搭 brief introduction 简短介绍

• **temporary** [ˈtempərəri] adj 暂时的；短暂的

例 I'm looking for some temporary work. 我在找临时工作。

• **obvious** [ˈɒbviəs] adj 明显的，显然的

例 There is no obvious solution. 还没有明显的解决办法。
近 apparent adj 明显的，显而易见的

• **clear** [klɪər] adj 清晰的；晴朗的

v 清除；清理

• **reasonable** [ˈriːzənəbəl] adj 合理的

例 We sell quality food at reasonable prices. 我们以合理的价格出售优质食品。

• **sensible** [ˈsensəbəl] adj 明智的；合理的

例 I think the sensible thing to do is call and ask for directions. 我觉得明智之举是打个电话问好路。

• **final** [ˈfaɪnəl] adj 最后的，末尾的

搭 final exam 期末考试

• **last** [lɑːst] adj 最后的；上一次的 adv 最后 v 持续

例 I hate being the last one to arrive at a meeting. 我不愿意开会时最后一个到。

• **accurate** [ˈækjərət] adj 正确的，精确的

例 The figures they have used are just not accurate. 他们引用的数字太不准确。

• **exact** [ɪɡˈzækt] adj 精确的；严谨的

例 The exact time of the accident was 2:43 p.m. 事故发生的确切时间是下午2点43分。

• **common** [ˈkɒmən] adj 普通的，平常的

• **general** [ˈdʒenərəl] adj 普遍的；全体的；总的

例 The general opinion is that the conference was a success. 普遍认为这次会议是成功的。

- **silly** [ˈsɪli] adj 傻的，愚蠢的

近 foolish adj 愚蠢的

- **stupid** [ˈstjuːpɪd] adj 笨的；愚蠢的 n 傻子

搭 a stupid mistake 愚蠢的错误

- **gentle** [ˈdʒentəl] adj 温和的；慈祥的

例 He's very gentle with his kids. 他对孩子们很温和。

- **mild** [maɪld] adj 温和的；和善的

搭 mild climate 温和的气候
反 fierce adj 猛烈的

- **scary** [ˈskeəri] adj 恐怖的，可怕的

例 There's something very scary about him. 他身上有种非常吓人的东西。

- **horrible** [ˈhɒrəbəl] adj 可怕的

例 There was a horrible accident here yesterday. 昨天在这里发生了一起可怕的事故。

近 terrible adj 恐怖的

- **horror** [ˈhɒrər] n 恐惧，恐怖

搭 horror film 恐怖片

- **frightened** [ˈfraɪtənd] adj 害怕的

例 She gets frightened when he shouts at her. 他冲她吼时她很害怕。

搭 get frightened 感到害怕

- **horrified** [ˈhɒrɪfaɪd] adj 害怕的

扩 horrify v 使恐惧

- **terrified** [ˈterəfaɪd] adj 害怕的

例 I'm terrified of the dark. 我很怕黑。

扩 terrify v 恐吓

- **tense** [tens] adj 紧张的，担心的 n 时态

例 He's a very tense person. 他是个神经非常紧张的人。

近 stressed adj 紧张的；压力大的

- **nervous** [ˈnɜːvəs] adj 紧张的，焦虑的；担忧的

例 I was too nervous to speak. 我紧张得说不出话来。

反 relaxed adj 放松的

- **anxious** [ˈæŋkʃəs] adj 焦虑的；非常希望

例 You're likely to feel anxious and pressured. 你可能会感到焦虑并且有压力。

扩 anxiety n 焦虑

动手练练看

1 根据句意和字母提示，完成句子。

❶ It seems i__ __r __ __ib__e that no one foresaw the crisis.

❷ It would be s__n__ __bl__ to take an umbrella.

❸ There is g__n__r__ __ concern about rising crime rates.

❹ My mother always gets a bit a__x__o__ __ if we don't arrive when we say we will.

❺ We hope to become more a__ cu__a__e in predicting earthquakes.

❻ Whose s__ __p__d idea was it to travel at night?

2 从下面方框中找出合适的单词填入空格中。

temporary brief obvious reasonably exact

❶ I had a _____ look at her report before the meeting.

❷ Don't worry, his depression is only _____ – it'll soon pass.

❸ It's _____ (that) she doesn't like him.

❹ The _____ distance is 1.838 metres.

❺ She writes _____ good children's books.

42 Antonym 反义词

antonym 反义词（1）

available 有空的；可获得的	⟷	busy 忙碌的
old-fashioned 过时的 ancient 古老的	⟷	modern 现代的
certain 当然的；肯定的	⟷	doubtful 怀疑的
smooth 光滑的	⟷	rough 粗糙的
strict 严格的	⟷	casual 随便的
cute 可爱的	⟷	disgusting 令人恶心的
able 可以的	⟷	unable 不能的
alive 活着的	⟷	dead 死的
direct 直接的	⟷	indirect 间接的；迂回的
excellent 极好的 marvellous 极好的	⟷	terrible 糟糕的
willing 自愿的	⟷	unwilling 不情愿的
terrific 极好的 perfect 完美的	⟷	nasty 极坏的
welcome 受欢迎的 popular 流行的	⟷	unpopular 不流行的

- **available** [əˈveɪləbəl] adj 有空的；可获得的

例 Is this dress available in a larger size? 这件衣服有大一号的吗？

搭 be available to do sth. 有时间做某事

- **busy** [ˈbɪzi] adj 忙碌的

搭 be busy with sth. 忙于某事

- **old-fashioned** [ˌəʊldˈfæʃənd] adj 过时的；老式的

例 She's very old-fashioned in her outlook. 她的观点有点守旧。

近 outdated adj 过时的
反 up-to-date adj 新式的，最新的

- **ancient** [ˈeɪnʃənt] adj 古老的；古代的

例 The town is notable for its ancient harbour. 这座小镇因其古老的港口而出名。

- **modern** [ˈmɒdən] adj 现代的

- **certain** [ˈsɜːtən] adj 当然的；肯定的；某事，某人，某种

反 uncertain adj 不确定的

- **doubtful** [ˈdaʊtfəl] adj 怀疑的

例 This wine is of doubtful quality. 这酒的质量有问题。

- **smooth** [smuːð] adj 光滑的，平坦的

例 The road ahead was flat and smooth. 前面的路平坦光滑。

- **rough** [rʌf] adj 粗糙的；粗略的

例 The skin on her hands was hard and rough. 她手上的皮肤粗糙而没有弹性。

- **strict** [strɪkt] adj 严格的，严厉的

例 My parents were very strict with me when I was young. 我小的时候父母对我要求非常严格。

搭 be strict with sb. 对某人要求严格

- **casual** [ˈkæʒuəl] adj 随便的；不经意的；马虎的

例 We were allowed to wear casual dress on Fridays. 我们在星期五可以穿便服。

反 formal adj 正式的

- **cute** [kjuːt] adj 可爱的；漂亮迷人的

例 Young kangaroos are very cute. 袋鼠幼仔非常可爱。

近 lovely adj 可爱的，漂亮的

- **disgusting** [dɪsˈɡʌstɪŋ] adj 令人恶心的；使人反感的

- **able** [ˈeɪbəl] adj 可以的；有才能的

- **unable** [ʌnˈeɪbəl] adj 不能的

例 She was unable to keep back her tears. 她无法忍住泪水。

- **alive** [əˈlaɪv] adj 活着的

例 He must be 9 if he's still alive. 如果他还在世的话，肯定有 9 岁了。

- **dead** [ded] adj 死的，失去生命的

- **direct** [daɪˈrekt] adj 直接的；笔直的

例 Is there a direct train to Edinburgh? 有

到爱丁堡的直达列车吗?

- **indirect** [ˌɪndaɪˈrekt] adj 间接的，迂回的

例 The building collapsed as an indirect result of the heavy rain. 暴雨间接造成了那座楼房的倒塌。

- **excellent** [ˈeksələnt] adj 极好的；杰出的

- **marvellous** [ˈmɑːvələs] adj 极好的

例 The weather was marvellous. 天气棒极了。

- **terrible** [ˈterəbəl] adj 糟糕的

例 The weather was terrible. 天气糟透了。

- **willing** [ˈwɪlɪŋ] adj 自愿的；乐意的

例 I'm willing to give it a shot. 我愿意试试。

搭 be willing to do sth. 乐意做某事

- **unwilling** [ʌnˈwɪlɪŋ] adj 不情愿的；不愿意的

- **terrific** [təˈrɪfɪk] adj 极好的；非常的

例 I am completely energized and feeling terrific. 我现在充满了活力，感觉棒极了。

- **perfect** [ˈpɜːfekt][ˈpɜːrfɪkt] adj 完美的

例 It was a perfect summer's day. 那是个完美的夏日。

- **nasty** [ˈnɑːsti] adj 极坏的；恶心的

例 There's a nasty smell here. 这里有股难闻的气味。

近 dirty adj 肮脏的

- **welcome** [ˈwelkəm] adj 受欢迎的

例 The new appointment has been widely welcomed. 这一新的任命受到了广泛的欢迎。

- **popular** [ˈpɒpjələr] adj 流行的；受欢迎的

例 The exhibition is sure to be popular. 这个展览肯定受欢迎。

- **unpopular** [ʌnˈpɒpjələr] adj 不流行的；不受欢迎的

例 Night flights from the airport are unpopular. 从该机场发出的夜间航班非常不受欢迎。

antonym
反义词（2）

selfless 无私的	↔	selfish 自私的
loose 松的	↔	tight 紧的
likely 可能的	↔	unlikely 不可能的
complicated 复杂的	↔	plain 简单的
thick 厚的	↔	thin 薄的
colourful 多彩的	↔	colourless 无色的
awake 醒着的	↔	asleep 睡着的
equal 平等的	↔	unequal 不平等的
various 各种各样的	↔	single 单一的
sudden 突然的 unexpected 意外的	↔	gradual 逐渐的
former 之前的；前者的	↔	latter 后面的；后者的
frequent 频繁的	↔	rare 罕见的
narrow 窄的	↔	broad 宽的 wide 宽的；广泛的

- **selfless** [ˈselfləs] adj 无私的

例 She is a selfless girl. 她是个没私心的姑娘。

- **selfish** [ˈselfɪʃ] adj 自私的

例 She calls me lazy and selfish. 她说我又懒又自私。

- **loose** [luːs] adj 松的；不牢固的

例 Easy with that chair—one of its legs is loose. 小心搬动那椅子，有一条腿松了。

- **tight** [taɪt] adj 紧的，牢固的

例 This lid is on very tight. 这盖子盖得很紧。

- **likely** [ˈlaɪkli] adj 可能的；adv 可能地

例 Do remind me because I'm likely to forget. 一定要提醒我，因为我可能会忘记。

搭 be likely to do sth. 有可能做某事

- **unlikely** [ʌnˈlaɪkli] adj 不可能的

例 It's pretty unlikely that they'll turn up now — it's nearly ten o'clock. 他们现在不大可能来了——都快 1 点了。

搭 be unlikely to do sth. 不可能做某事

- **complicated** [ˈkɒmplɪkeɪtɪd] adj 复杂的，难懂的

例 I had to fill in this really complicated form. 我必须填写这张非常复杂的表格。

近 complex adj 复杂的

反 simple adj 简单的

- **plain** [pleɪn] adj 简单的；平的；n 平原

例 He prefers plain food — nothing too fancy. 他喜欢清淡简单的食物——不喜欢太讲究的。

- **thick** [θɪk] adj 厚的；浓密的

例 The walls are two metres thick. 墙有两米厚。

- **thin** [θɪn] adj 薄的；瘦的

近 slim adj 苗条的

- **colourful** [ˈkʌləfəl] adj 多彩的；生动的

例 It's a colourful painting. 这是一幅色彩缤纷的画。

搭 colourful life 多彩的生活

- **colourless** [ˈkʌlələs] adj 无色的；不生动的

例 Pure air is colourless and odourless. 纯空气是无色无味的。

- **awake** [əˈweɪk] adj 醒着的；清醒的

例 I drink a lot of coffee to keep me awake. 我喝了很多咖啡以保持头脑清醒。

搭 stay awake 保持醒着

扩 wake v 唤醒；awaken v 唤醒

- **asleep** [əˈsliːp] adj 睡着的

例 I've only just got up and I'm still half asleep. 我刚起床，还没完全醒呢。

搭 fall asleep 入睡

扩 sleepy adj 困的

- **equal** [ˈiːkwəl] adj 平等的 v 等于

例 One litre is equal to 1.76 imperial pints. 1 升等于 1.76 英制品脱。

搭 be equal to 等于

• **unequal** [ʌnˈiːkwəl] adj 不平等的

例 These unequal treaties were made under duress. 这些不平等条约是在强迫下签订的。

• **various** [ˈveərɪəs] adj 各种各样的；多方面的

• **variety** [vəˈraɪəti] n 种类；多样

例 When planning meals, you need to think about variety and taste as well as nutritional value. 做饭时，你既要考虑饭菜的营养价值，又要考虑饭菜的花样和味道。

搭 a variety of 各种各样的

• **single** [ˈsɪŋgəl] adj 单一的；单身的 n 单个

搭 single room 单间；single ticket 单程票

• **sudden** [ˈsʌdən] adj 突然的，意外的

例 He had a sudden heart attack while he was on holiday. 他度假时心脏病突然发作。

• **unexpected** [ˌʌnɪkˈspektɪd] adj 意外的，想不到的

例 Something unexpected occurred. 发生了一件出乎意料的事。

• **gradual** [ˈgrædʒuəl] adj 逐渐的

例 Losing weight is a slow, gradual process. 减肥是一个缓慢而逐渐的过程。

• **former** [ˈfɔːmər] adj 之前的；（两者中）前者的

例 The luxury apartments are in a former factory. 这些豪华公寓的前身是工厂厂房。

• **latter** [ˈlætər] adj （两者中）后者的；后面的

例 To be frank, I prefer the former to the latter. 坦白来讲，比起后者，我更喜欢前者。

• **frequent** [ˈfriːkwənt] adj 频繁的；时常发生的

例 The attacks were increasingly frequent and serious. 攻击变得越来越频繁，越来越猛烈。

扩 frequently adv 频繁地

• **rare** [reər] adj 罕见的；稀有的

例 It's very rare to find someone who combines such qualities. 具有此类综合素质的人是非常罕见的。

反 abundant adj 丰富的

• **narrow** [ˈnærəu] adj 窄的；有限的

例 The little village has very narrow streets. 小村子里的街道很窄。

• **broad** [brɔːd] adj 宽的；辽阔的

例 We walked down a broad avenue lined with trees. 我们走在林荫大道上。

反 narrow adj 窄的

• **wide** [waɪd] adj 宽的；广泛的

例 The swimming pool is five metres wide. 这个游泳池有 5 米宽。

antonym
反义词（3）

possible 可能的	⬌	impossible 不可能的
clean 干净的 tidy 整齐的	⬌	dirty 脏乱的 untidy 脏乱的
neat 整洁的	⬌	messy 脏乱的
rich 富有的	⬌	poor 贫穷的
excellent 很棒的	⬌	terrible 可怕的
important 重要的	⬌	unimportant 不重要的
hard 坚硬的	⬌	soft 柔软的
fair 公平的	⬌	unfair 不公平的
better 更好的	⬌	worse 更坏的
best 最好的	⬌	worst 最坏的
useful 有用的	⬌	useless 无用的
hopeful 有希望的	⬌	hopeless 绝望的
necessary 必要的 essential 必要的	⬌	unnecessary 不必要的

- **possible** [ˈpɒsəbəl] adj 可能的
例 I'll go as soon as possible. 我会尽快走。
搭 if possible 如果可以的话；as soon as possible 尽可能快
扩 possibility n 可能性

- **impossible** [ɪmˈpɒsəbəl] adj 不可能的

- **clean** [kliːn] adj 干净的，清洁的

- **tidy** [ˈtaɪdi] adj 整齐的，整洁的
例 They sat in her neat and tidy kitchen. 他们坐在她那干净整齐的厨房里。

- **dirty** [ˈdɜːti] adj 脏乱的；恶劣的
例 The dirty dishes are in the sink. 脏碟子在水槽中。

- **untidy** [ʌnˈtaɪdi] adj 脏乱的；不整洁的
例 She's really untidy at home. 她在家真的很邋遢。

- **neat** [niːt] adj 整洁的
例 Your house is always so neat—how do you manage it? 你的房子总是这么整洁——你是怎么做到的?

- **messy** [ˈmesi] adj 邋遢的；脏乱的
例 We can't play in a messy room. 我们不能在一个乱糟糟的房间里玩耍。
扩 mess n 杂乱；混乱

- **rich** [rɪtʃ] adj 富有的；肥沃的

- **poor** [pɔːr] adj 贫穷的；缺乏的

- **excellent** [ˈeksələnt] adj 很棒的；杰出的

- **terrible** [ˈterəbəl] adj 可怕的；很糟的
例 The weather was terrible. 天气糟透了。
扩 terribly adv 糟糕地；非常

- **important** [ɪmˈpɔːtənt] adj 重要的；重大的
扩 importance n 重要性；价值

- **unimportant** [ˌʌnɪmˈpɔːtənt] adj 不重要的

- **hard** [hɑːd] adj 坚硬的；努力的
例 Heating the clay makes it hard. 黏土加热会变硬。

- **soft** [sɒft] adj 柔软的；温柔的
例 I like chocolates with soft centres. 我喜欢软质夹心巧克力。
搭 soft drink 软饮料（不含酒精）

- **fair** [feər] adj 公平的；美丽的
近 just adj 公正的

- **unfair** [ʌnˈfeər] adj 不公平的
例 It's unfair to blame Robert. 责备罗伯特是不公平的。
近 unjust adj 不公平的

- **better** [ˈbetər] adj 更好的 adv 更好
搭 had better(not)do sth. 最好（不）做某事

- **worse** [wɜːs] adj 更坏的 adv 更坏
搭 get worse 加重，变得更糟

- **best** [best] adj 最好的 adv 最

搭 try one's best to do sth. 尽某人最大的努力做某事；be best for 对……是最好的

- **worst** [wɜːst] adj 最坏的 adv 最坏

搭 at worst 往最坏处说，充其量

- **useful** ['juːsfəl] adj 有用的；有益

例 Do the exercises serve any useful purpose? 这些练习有什么用处吗?

- **useless** ['juːsləs] adj 无用的；无效的

例 She knew it was useless to protest. 她知道抗议是没用的。

- **hopeful** ['həʊpfəl] adj 有希望的

例 They were hopeful of a successful agreement. 他们对成功达成协议充满希望。

搭 be hopeful about 对……抱有希望

近 promising adj 有希望的；有前途的

- **hopeless** ['həʊpləs] adj 绝望的

例 They searched for survivors but it was hopeless. 他们搜寻生还者，但没有什么希望。

- **necessary** ['nesəseri] adj 必要的；必需的

例 If necessary, we can always change the dates of our trip. 必要的话，我们随时可以改变旅行的日期。

- **essential** [ɪ'senʃəl] adj 必要的；至关重要的

例 Money is not essential to happiness. 金钱对于幸福并非必不可少。

- **unnecessary** [ʌn'nesəseri] adj 不必要的

动手练练看

1 根据句意和字母提示，完成句子。

❶ These shoes are much too t__g__ __.

❷ This decision is li__ __l__ to upset a lot of people.

❸ The instructions were rather c__m__l__ __a__e__.

❹ The flowers were c__l__ __rf__l and the scenery magnificent.

❺ Something u__e__ __e__t__d occurred.

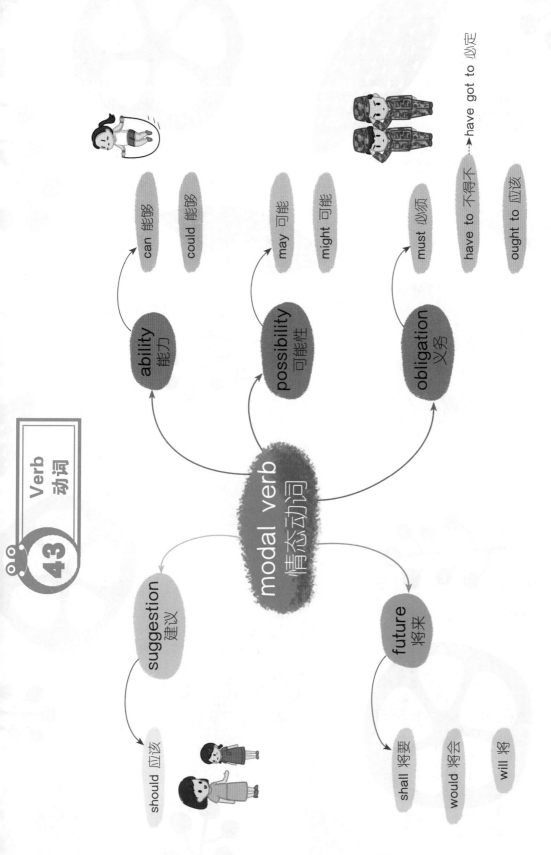

43

Verb
动词

modal verb
情态动词

ability
能力

can 能够

could 能够

possibility
可能性

may 可能

might 可能

obligation
义务

must 必须

have to 不得不 ----> have got to 必定

ought to 应该

suggestion
建议

should 应该

future
将来

shall 将要

would 将会

will 将

- **ability** [əˈbɪləti] n 能力

例 Almost everyone has some musical ability. 几乎人人都有一些音乐才能。

- **can** [kæn] modal 能够，会

例 She can speak four languages. 她会讲四门语言。

- **could** [kʊd] modal 能够

例 When I was younger I could stay up all night and not get tired. 我年轻时，通宵不睡觉都不觉得累。

- **possibility** [ˌpɒsəˈbɪləti] n 可能性

- **may** [meɪ] modal 可能

例 He may have missed his train. 他可能没赶上火车。

- **might** [maɪt] modal 可能；或许

例 I brought him some sandwiches because I thought he might be hungry. 我给他拿了些三明治，因为我想他可能饿了。

- **obligation** [ˌɒblɪˈgeɪʃən] n 义务

- **must** [mʌst] modal 必须

例 Meat must be cooked thoroughly. 肉必须完全煮熟。
扩 have to 不得不

- **have to** [ˈhæv tə] 不得不，必须

例 You don't have to knock — just walk in. 不必敲门——进来就是了。

- **ought to** [ˈɔːt tə] 应该，应当

例 He oughtn't to have been driving so fast. 他本不该把车开得那么快。

- **future** [ˈfjuːtʃər] n 将来

例 Sometimes I worry about the future. 有时候我担心未来。
搭 in the future 在未来

- **shall** [ʃæl] modal 将要

例 I shall never forget you. 我永远不会忘记你。

- **would** [wʊd] modal 将会

例 He said he would see his brother tomorrow. 他说明天要去见他的兄弟。
搭 would like to do sth. 想要做某事

- **will** [wɪl] modal 将

例 Will Susie be there? 苏茜会去吗？

- **suggestion** [səˈdʒestʃən] n 建议

例 I don't know what to wear tonight—do you have any suggestions? 我不知道今晚该穿什么——你有什么建议吗？

- **should** [ʃʊd] modal 应该

例 If you're annoyed with him, you should tell him. 如果你生他的气，就应该告诉他。
近 ought to 应该

verb 动词

• **accept** [ək'sept] Ⅴ 接受；承认

例 Do you accept credit cards? 你们接受信用卡支付吗？

搭 acceptable adj 可接受的

• **accompany** [ə'kʌmpəni] Ⅴ 陪伴，伴随

例 The course books are accompanied by four CDs. 这些课本配有四张光盘。

• **achieve** [ə'tʃiːv] Ⅴ 到达；实现

例 The medicine did not achieve the desired effect. 这种药未达到预期效果。

搭 achieve success 取得成功

• **achievement** [ə'tʃiːvmənt] n 达到；成就；完成

例 An Olympic silver medal is a remarkable achievement for one so young. 对于如此年轻的选手而言，夺得奥运会银牌是个了不起的成就。

搭 outstanding achievement 杰出的成就

近 accomplishment n 成就，完成

• **admire** [əd'maɪər] Ⅴ 敬佩；崇拜

例 We stood for a few moments, admiring the view. 我们驻足了一会儿，欣赏美丽的景色。

近 praise Ⅴ 赞美 n 赞扬

• **admit** [əd'mɪt] Ⅴ 承认；准许进入

例 She admitted making a mistake. 她承认自己犯了一个错误。

反 deny Ⅴ 否认

• **advance** [əd'vɑːns] Ⅴ 前进；adj 预先的，事先的

例 The troops advanced on the city. 军队向该城前进。

搭 in advance 预先，提前

• **affect** [ə'fekt] Ⅴ 影响；感染

例 Both buildings were badly affected by the fire. 两座楼都在大火中严重受损。

近 influence Ⅴ n 影响

• **afford** [ə'fɔːd] Ⅴ 负担得起；给予，提供

例 Few people are able to afford cars like that. 很少有人买得起那样的车。

扩 affordable adj 负担得起的

• **announce** [ə'naʊns] Ⅴ 宣布；声明

近 declare Ⅴ 宣告

扩 announcement n 公告

• **annoy** [ə'nɔɪ] Ⅴ 惹恼；打搅

例 Tina really annoyed me in the meeting this morning. 在今天上午的会上，蒂娜真是把我气坏了。

扩 annoyed adj 感到烦恼的；annoying adj 讨厌的

• **apologise** [ə'pɒlədʒaɪz] Ⅴ 道歉

例 I must apologise for missing our appointment yesterday. 我必须为错过昨天的约会道歉。

扩 apology n 道歉

• **appear** [əˈpɪər] v 出现；似乎

例 He suddenly appeared in the doorway. 他突然出现在门口。

反 disappear v 消失

扩 appearance n 出现，外貌

• **apply** [əˈplaɪ] v 申请；应用

例 I've applied for a new job with the local newspaper. 我已经申请了地方报纸的一个职位。

搭 apply for 申请，请求；apply to 应用于

• **approach** [əˈprəʊtʃ] v 接近 n 方法，方式；接近

例 We could just see the train approaching in the distance. 我们刚好能看到火车从远处驶来。

近 method n 方法

• **argue** [ˈɑːɡjuː] v 争论，辩论

例 The children are always arguing. 孩子们老是吵个不休。

搭 argue with 和……争吵；argue about sth. 争论某事

扩 argument v 争吵

• **arrange** [əˈreɪndʒ] v 安排；筹划

例 The meeting has been arranged for Wednesday. 会议已经安排在了周三。

近 prepare v 准备

扩 arrangement n 安排

• **attach** [əˈtætʃ] v 附加；贴上

• **attack** [əˈtæk] v n 攻击；抨击

例 He was attacked and seriously injured by a gang of youths. 他被一帮年轻人打成重伤。

• **attempt** [əˈtempt] v n 企图，试图

例 He attempted to escape through a window. 他企图跳窗逃跑。

搭 attempt to do sth. 尝试去做某事

• **attend** [əˈtend] v 出席；致力于

例 Over two hundred people attended the funeral. 两百多人参加了葬礼。

近 present v 出席

反 absent v 缺席

• **avoid** [əˈvɔɪd] v 避免；避开

例 I'm anxious to avoid the motorway at rush hours. 在交通高峰时段，我对高速公路唯恐避之不及。

搭 avoid doing sth. 避免做某事

• **bite** [baɪt] v 咬 n 咬；一口

例 He bit into the apple. 他咬了一口苹果。

• **blame** [bleɪm] v n 责备；责怪

例 Hugh blames his mother for his lack of confidence. 休把自己缺乏自信心归咎于他的母亲。

• **blow** [bləʊ] v 吹

例 I blew the dust off the books. 我吹掉了书上的灰尘。

• **bomb** [bɒm] v 轰炸 n 炸弹

例 Air force jets bombed the airport. 空军喷气机轰炸了机场。

• **burn** [bɜːn] v 燃烧；烧毁

例 He was badly burned in the blaze. 他在大火中严重烧伤。

- **bury** [ˈberi] v 埋；埋葬

例 His father is buried in the cemetery on the hill. 他的父亲葬在山上的墓地里。

- **care** [keər] v 照顾；关心

搭 take care of 照顾，照料

- **challenge** [ˈtʃælɪndʒ] v n 挑战

扩 challenging adj 有挑战性的

- **cheat** [tʃiːt] v 欺骗；作弊

例 They cheat people by charging too much for building materials. 他们通过多收建筑材料费欺骗顾客。

搭 cheat in the exam 考试作弊

- **complain** [kəmˈpleɪn] v 抱怨

例 Lots of people have complained about the noise. 许多人抱怨过这噪声。

扩 complaint n 抱怨

- **confirm** [kənˈfɜːm] v 确认；证实

- **comfort** [ˈkʌmfət] v 安慰 n 舒适；安慰

扩 comfortable adj 舒适的

- **comment** [ˈkɒment] v n 评论；解释

搭 comment on 对……评论

近 opinion n 意见

- **compare** [kəmˈpeər] v 对比，比较

例 That seems expensive—have you compared prices in other shops? 那好像很贵——你有没有比较一下其他店里的价格?

- **consist** [kənˈsɪst] v 组成；在于

搭 consist of 由……构成

近 be made up of 由……构成

- **contain** [kənˈteɪn] v 包含，含有

例 Try to avoid food which contains a lot of fat. 尽量别吃脂肪含量高的食物。

- **control** [kənˈtrəʊl] v n 控制；抑制

例 If you can't control your dog, put it on a lead! 要是你管不住你的狗，就给它拴上皮带!

搭 out of control 失去控制；under control 处于控制之下

- **convince** [kənˈvɪns] v 说服；使确信

例 He managed to convince the jury of his innocence. 他使陪审团相信他是无辜的。

- **damage** [ˈdæmɪdʒ] v n 毁坏；损害

例 Many buildings were badly damaged during the war. 许多建筑物在战争中严重受损。

搭 serious damage 严重的损伤

近 harm v n 损害，伤害

- **declare** [dɪˈkleər] v 宣布，声明

例 They declared their support for the proposal. 他们宣布支持这个提议。

近 announce v 宣布

扩 declaration n 宣告

- **decorate** [ˈdekəreɪt] v 装饰；布置

例 They decorated the wedding car with ribbons and flowers. 他们用彩带和鲜花装点婚车。

- **decrease** [dɪˈkriːs] v n 减少，降低

搭 decrease by 减少了……
反 increase v n 增加

- **deliver** [dɪˈlɪvər] v 递交；运送

例 Mail is delivered to our office twice a day. 邮差每天给我们办公室投递两次邮件。
扩 delivery n 递送；递送的货物

- **deserve** [dɪˈzɜːv] v 应受；应得；值得

例 They certainly deserved to win that game. 他们当然应该赢得那场比赛。

- **destroy** [dɪˈstrɔɪ] v 破坏；摧毁

例 Most of the old part of the city was destroyed by bombs during the war. 该城的大部分老城区都在战争中被炸毁了。
扩 destruction n 破坏；destructive adj 破坏性的

- **develop** [dɪˈveləp] v 发展；增进

例 I'm looking for a job which will enable me to develop my skills. 我在寻找一份可以提高自己技能的工作。
近 progress v n 前进，进步
扩 development n 发展；发育

- **dig** [dɪg] v 挖，掘

例 Digging in the garden is good exercise. 在花园里挖土是一种很好的锻炼。

- **disappear** [ˌdɪsəˈpɪər] v 消失；失踪

反 appear v 出现
扩 disappearance n 消失

- **discover** [dɪˈskʌvər] v 发现；发觉

例 Who discovered America? 谁发现了美洲？
扩 discovery n 发现

- **display** [dɪˈspleɪ] v 展示；显示；表现

例 These statistics display a definite trend. 这些统计数据表现出一种明显的趋势。
搭 on display 展出
近 exhibit v 展览；显示

- **disturb** [dɪˈstɜːb] v 打扰；妨碍

例 Please don't disturb your sister—she's trying to do her homework. 请不要打扰你姐姐——她正在做家庭作业。
扩 disturbing adj 令人不安的

- **drag** [dræg] v 拖拉，拖曳

- **drop** [drɒp] v 下降；掉下 n 滴

例 Temperatures can drop to freezing at night. 晚上气温能降到零度以下。
近 fall v 落下；下降

- **fasten** [ˈfɑːsən] v 紧扣，系牢

例 This shirt fastens at the back. 这件衬衣是在后背系扣的。

- **fetch** [fetʃ] v （去）拿来；取回

- **float** [fləʊt] v 使漂浮

例 An empty bottle will float. 空瓶子能浮起来。

- **flow** [fləʊ] v 流动；传播

例 Many short rivers flow into the Pacific Ocean. 许多小河汇入太平洋。

- **fold** [fəʊld] v 折叠，翻折

例 The table folds up when not in use. 桌子不用时可以折叠起来。

- **forecast** ['fɔːkɑːst] v n 预测，预报

例 Can you forecast where the economy is heading? 你能预测经济的发展方向吗？

搭 weather forecast 天气预报

近 predict v 预言，预告

- **forgive** [fəˈgɪv] v 原谅；谅解

例 I'd never forgive myself if anything happened to the kids. 要是孩子们有个三长两短，我永远也不会原谅自己。

- **entertain** [entəˈteɪn] v 使有兴趣；娱乐

例 We hired a magician to entertain the children. 我们雇了一位魔术师表演节目让孩子们开心。

扩 entertainment n 娱乐

- **exchange** [ɪksˈtʃeɪndʒ] v n 交换；交易

例 We only exchange notes and traveller's cheques. 我们只兑换纸币和旅行支票。

搭 exchange ideas 交换想法

- **glance** [glɑːns] v 瞥见，扫视 n 一瞥

例 He glanced up from his book as I passed. 我走过的时候，正埋头读书的他抬头瞥了我一眼。

搭 at a glance 一瞥； glance at 看一下

- **greet** [griːt] v 问候；迎接

例 He greeted me at the door. 他在门口迎接我。

搭 greeting n 问候

- **guide** [gaɪd] v 指导 n 指南

例 He should have let his instinct guide him. 他本该让直觉指导他的行动。

搭 tour guide 导游

扩 guidebook n 指导书

- **hide** [haɪd] v 隐藏

- **hunt** [hʌnt] v 捕猎；搜寻

例 Some animals hunt at night. 有些动物在夜间猎食。

搭 hunt for 搜寻

- **identify** [aɪˈdentɪfaɪ] v 鉴定；识别；辨认出

- **ignore** [ɪgˈnɔːr] v 忽视；不理睬

例 I smiled at her but she just ignored me. 我对她笑了笑，可她根本没理睬我。

近 neglect v 忽视

扩 ignorance n 无知

- **influence** ['ɪnfluəns] v n 影响

搭 have an influence on 对……有影响

扩 influential adj 有影响力的

- **inform** [ɪnˈfɔːm] v 通知；告诉

例 I informed my boss that I was going to be away next week. 我告诉老板下周我不在。

- **injure** ['ɪndʒər] v 伤害，损害

例 She fell and injured her shoulder. 她摔伤了肩膀。

近 hurt v 受伤，伤害

扩 injured adj 受伤的；injury n 伤痛

• insist [ɪnˈsɪst] v 坚持，强调

例 She insisted on seeing her lawyer. 她坚持要见她的律师。

• install [ɪnˈstɔːl] v 安装；任命

例 The plumber is coming tomorrow to install the new washing machine. 水管工明天来安装新的洗衣机。

近 fit v 安装

反 disassemble v 拆卸

扩 installation n 安装

• interrupt [ˌɪntəˈrʌpt] v 打断；插嘴

例 I wish you'd stop interrupting. 但愿你别打断我的话。

• interview [ˈɪntəvjuː] v 采访；面试

例 I had an interview for a job with a publisher. 我参加了一家出版公司的求职面试。

• introduce [ˌɪntrəˈdʒuːs] v 介绍；引进

扩 introduction n 介绍；引言

• invent [ɪnˈvent] v 发明

例 He invented the first electric clock. 他发明了第一个电动钟。

近 create v 创造

扩 invention n 发明；发明物

• lead [liːd] v 带领；致使

例 I think we've chosen the right person to lead the expedition. 我认为我们已经找到了带领这支探险队的合适人选。

扩 leader n 领导者

• manage [ˈmænɪdʒ] v 安排；设法（做成某事）；管理

例 Did you manage to get any bread? 你弄到面包了吗？

搭 manage to do sth. 设法做某事

• mention [ˈmenʃən] v 提及，谈到

例 I'll mention your ideas to Jacinta. 我会跟哈辛塔说一下你的想法。

搭 not to mention 更不用说

• operate [ˈɒpəreɪt] v 操作；开刀，动手术

例 How do you operate the remote control unit? 你是怎么操作这个遥控器的？

扩 operation n 操作；运作；手术

• pause [pɔːz] v 暂停；间歇

例 He talked for two hours without pausing for breath. 他谈了两个小时，没有停下来喘口气。

• persuade [pəˈsweɪd] v 劝服；说服

例 If she doesn't want to go, nothing will persuade her. 如果她不想去，什么也劝不动她。

搭 persuade sb. to do sth. 说服某人做某事

近 convince v 劝说

• pray [preɪ] v 祈祷，祈望

例 She knelt and prayed silently. 她跪下默默祈祷。

• **predict** [prɪˈdɪkt] v 预测，预知

例 It's still not possible to accurately predict the occurrence of earthquakes. 现在仍无法准确预报地震的发生。

近 forecast v 预言

• **promise** [ˈprɒmɪs] v 保证；承诺

例 He promised faithfully to call me every week. 他信誓旦旦地保证每周都给我打电话。

搭 break one's promise 食言，说话不算数

• **provide** [prəˈvaɪd] v 提供；规定

例 All meals are provided at no additional cost. 膳食均免费提供。

• **quit** [kwɪt] v 停止；离开；退出

例 I'm going to quit smoking. 我准备戒烟。

搭 quit doing sth. 停止做某事

反 join v 加入

• **react** [riˈækt] v 反应；反抗

例 They reacted violently to the news. 他们对这条新闻反应强烈。

• **recommend** [ˌrekəˈmend] v 推荐；建议

例 She has been recommended for promotion. 已经有人推荐她升职。

扩 recommendation n 推荐

• **reduce** [rɪˈdʒuːs] v 减少；降低

例 Do nuclear weapons really reduce the risk of war? 核武器真的可以减小战争爆发的危险吗？

搭 reduce by 减少了

扩 reduction n 减少

• **relieve** [rɪˈliːv] v 缓解；减轻；使感到宽慰

例 Being able to tell the truth at last seemed to relieve her. 能够最后讲出真话似乎使她感到轻松。

• **replace** [rɪˈpleɪs] v 取代，代替

• **require** [rɪˈkwaɪər] v 要求；需要

例 You are required by law to stop your car after an accident. 法律规定，发生事故后必须停车。

扩 requirement n 要求

• **rescue** [ˈreskjuː] v 营救，援救

例 The lifeboat rescued the sailors from the sinking boat. 救生艇将水手们从正在下沉的船上救起。

• **ruin** [ˈruːɪn] v 毁坏，毁灭

例 Her injury ruined her chances of winning the race. 她受了伤，毁掉了赢得比赛的机会。

• **scream** [skriːm] v 尖叫

• **search** [sɜːtʃ] v 探寻；搜索

例 The police searched the woods for the missing boy. 警察在树林中搜寻失踪的男孩。

搭 search for 寻找；in search of 搜寻，搜索

• **separate** [ˈsepərət] v 分离；区分 adj 单独的；独立的

例 I try to keep meat separate from other food in the fridge. 我尽量把肉同冰箱里的其他食物分开放。

- **slip** [slɪp] Ⅴ 滑动；滑倒

例 She slipped on the ice. 她在冰上滑倒了。

- **spill** [spɪl] Ⅴ 溅出；散落

例 I spilled coffee on my silk shirt. 我把咖啡洒到丝绸衬衫上了。

- **touch** [tʌtʃ] Ⅴ ⒩ 触碰；感动

例 He touched the girl on the arm to get her attention. 他碰了碰女孩的胳膊以引起她的注意。

搭 get/keep in touch with 与……取得联系；stay in touch 保持联系

近 contact Ⅴ ⒩ 接触；联络

扩 touched adj 受感动的

- **transfer** [trænsˈfɜːr] Ⅴ 转 让；转接；转移（地方）

例 He has been transferred to a hospital. 他被转到了一家医院。

扩 transferable adj 可转让的

- **worth** [wɜːθ] Ⅴ 值得 ⒩ 价值

例 Most things worth having never come easy. 大多数值得拥有的东西一向来之不易。

搭 be worth doing sth. 值得做某事

扩 worthy adj 值得的

动手练练看

1 用所给单词的正确形式填空。

❶ Wine is _____(make) from grapes.

❷ The drought has _____(lead) to widespread loss of life.

❸ She _____(lie) down on the soft and comfortable bed when she arrived home.

❹ He will _____(require) surgery on his left knee.

❺ The thieves _____(replace) the original painting with a copy last Sunday night.

❻ The noise _____(keep) him awake last night.

❼ It is impossible to _____(predict) what the eventual outcome will be.

❽ No one was _____(persuade) by his arguments.

❾ Morris _____(ignore) the question and continued his monologue.

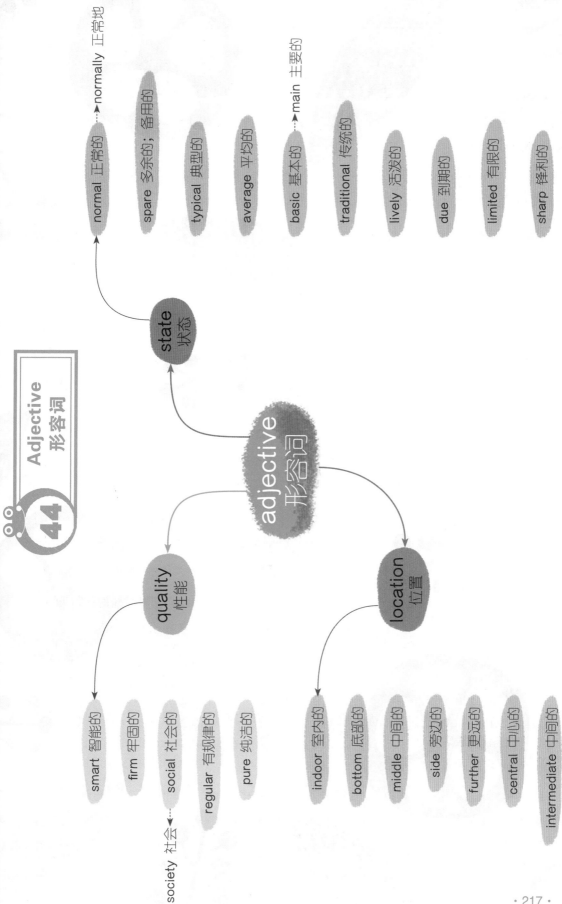

adjective
形容词

state
状态

normal 正常的 ----→ normally 正常地

spare 多余的；备用的

typical 典型的

average 平均的

basic 基本的 ----→ main 主要的

traditional 传统的

lively 活泼的

due 到期的

limited 有限的

sharp 锋利的

quality
性能

smart 智能的

firm 牢固的

social 社会的 ----→ society 社会

regular 有规律的

pure 纯洁的

location
位置

indoor 室内的

bottom 底部的

middle 中间的

side 旁边的

further 更远的

central 中心的

intermediate 中间的

- **normal** [ˈnɔːməl] adj 正常的；平常的
近 ordinary adj 普通的
扩 normally adv 正常地；通常地

- **spare** [speər] adj 多余的；备用的
搭 spare time 空闲时间

- **typical** [ˈtɪpɪkəl] adj 典型的，有代表性的

- **average** [ˈævərɪdʒ] adj 平均的；普通的

- **basic** [ˈbeɪsɪk] adj 基本的；基础的
搭 basic knowledge 基础知识
近 fundamental adj 基础的
扩 basis n 基础

- **main** [meɪn] adj 主要的，最重要的

- **traditional** [trəˈdɪʃənəl] adj 传统的，守旧的

- **lively** [ˈlaɪvli] adj 活泼的；活跃的

- **due** [dʒuː] adj 到期的；预期的
例 What time is the next bus due? 下一趟公交车什么时候来？

- **limited** [ˈlɪmɪtɪd] adj 有限的
例 Unfortunately, my time is limited. 遗憾的是，我的时间有限。
扩 limitless adj 无限制的

- **sharp** [ʃɑːp] adj 锋利的；（言行）尖刻的；急剧的

- **indoor** [ˌɪnˈdɔːr] adj 室内的

反 outdoor adj 户外的

- **bottom** [ˈbɒtəm] adj 底部的；最下面的

- **middle** [ˈmɪdəl] adj 中间的

- **side** [saɪd] adj 旁边的 n 方面；面，侧面
搭 on the other side of 在……的另一边；from all sides 四面八方

- **further** [ˈfɜːðər] adj 更远的 adv 进一步地
例 Every day she sinks further and further into depression. 她一天天地消沉下去。

- **central** [ˈsentrəl] adj 中心的；中央的
扩 centre n 中心

- **intermediate** [ˌɪntəˈmiːdɪət] adj 中间的；中级的
近 medium adj 中等的

- **smart** [smɑːt] adj 智能的；聪明的
近 intelligent adj 聪明的
反 stupid adj 愚蠢的

- **firm** [fɜːm] adj 牢固的；坚硬的

- **social** [ˈsəʊʃəl] adj 社会的，社交的
例 I had an active social life when I was at college. 上大学时，我的社交生活很丰富。

- **regular** [ˈregjələr] adj 有规律的；经常的

- **pure** [pjʊər] adj 纯洁的；纯的

动手练练看

1 根据句意和字母提示，完成句子。

❶ Many of them will have s__a__p blades（刀刃）.

❷ This is a t__ __i__al example of Roman pottery.

❸ Students are categorized as novice, i__ __e__m__d__a__e, or advanced.

❹ She felt a f__r__ grasp on her arm.

❺ We're going to be meeting there on a r__ __ul__r basis.

❻ Unfortunately, my time is l__m__ __e__.

2 读句子，将画线部分的字母按照正确的顺序排列，拼写在右侧横线上。

❶ He has a <u>vliley</u> sense of humour and appears naturally confident. _____

❷ This offer is for a <u>iimlted</u> period only. _____

❸ Let's consider this point <u>rfutehr</u>. _____

❹ The next meeting is <u>ued</u> to be held in three months' time. _____

❺ She goes to her doctor for <u>greualr</u> check-ups. _____

45 Preposition
介词

preposition: places
介词：地点

on/upon
在……上

above/over
在……上方

under/below/beneath
在……下方

inside
在……内

before/in front of
在……前面

behind
在……后面

beside/next to
在……旁边

near/close to
靠近，接近

opposite
与……相对

between
在(两者)之间

among
在……之间

- **on** [ɒn] prep 在……上

例 Look at all the books on your desk! 看看你书桌上这么多书!

- **upon** [əˈpɒn] prep 在……上

例 Upon her head she wore a black velvet hat. 她头戴一顶黑色天鹅绒帽子。

搭 once upon a time 从前

近 onto prep 在……之上

- **above** [əˈbʌv] prep 在……上方

例 There's a mirror above the sink. 洗碗槽上方有面镜子。

搭 above all 最重要的是

- **over** [ˈəʊvər] prep 在……正上方

例 The sign over the door said "Exit". 门上方的牌子上写着"出口"。

- **under** [ˈʌndər] prep 在……正下方

- **below** [bɪˈləʊ] prep 在……下方

例 The author's name was printed below the title. 作者的名字登在标题之下。

- **beneath** [bɪˈniːθ] prep 在……下面

- **inside** [ɪnˈsaɪd] prep 在……内

例 What's inside the box? 盒子里面是什么?

- **before** [bɪˈfɔː(r)] prep 在 …… 前面 conj 在……以前

近 in front of 在……前面

- **behind** [bɪˈhaɪnd] prep 在…… 后面

例 I hung my coat behind the door. 我把大衣挂在门后了。

近 in back of 在……后面

- **beside** [bɪˈsaɪd] prep 在……旁边

例 Come and sit here beside me. 过来坐在我身边。

- **next to** [nekst tə] 靠近;在……旁边

例 She sat down next to him on the sofa. 她在沙发上靠着他坐下来。

- **near** [nɪər] prep 在……附近

例 Is there a restaurant near here? 这附近有餐馆吗?

近 close to 靠近

扩 nearby adv 附近 adj 附近的

- **opposite** [ˈɒpəzɪt] prep 与……相对

例 They sat opposite each other. 他们面对面地坐着。

搭 opposite side 相反的方面

- **between** [bɪˈtwiːn] prep 在(两者)之间

例 Standing between the two adults was a small child. 站在两个大人之间的是个小孩。

搭 between A and B 在 A 和 B 之间

- **among** [əˈmʌŋ] prep 在……之间

例 I saw a few familiar faces among the crowd. 我在人群中看见了几张熟悉的面孔。

preposition: movements and others
介词：移动与其他

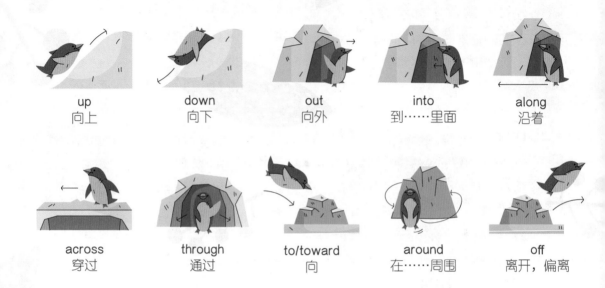

up
向上

down
向下

out
向外

into
到……里面

along
沿着

across
穿过

through
通过

to/toward
向

around
在……周围

off
离开，偏离

without
没有

against
靠着；反对

via
通过

by
通过；
在……之前

including
包括

others
其他介词

regarding
关于

of
属于

than
比

with
用；有

about
大约；关于

- **up** [ʌp] `adv` 向上，朝上 `prep` 在……上面

- **down** [daʊn] `adv` 向下，朝下 `prep` 在……下面

- **out** [aʊt] `prep` 向外
`例` He leaned out of the window. 他将身子探出窗外。

- **into** [ˈɪntuː] `prep` 到……里面
`搭` break into 强行闯入

- **along** [əˈlɒŋ] `prep` 沿着
`例` Cars were parked all along the road. 沿路停满了汽车。

- **across** [əˈkrɒs] `prep` 穿过，越过
`例` They're building a new bridge across the river. 他们正在河上修建新桥。

- **through** [θruː] `prep` 通过
`例` They walked slowly through the woods. 他们缓步穿过树林。
`搭` go through 穿过

- **towards** [təˈwɔː(r)dz] `prep` 向
`例` She stood up and walked towards him. 她站起身来，向他走去。

- **around** [əˈraʊnd] `prep` 在……周围；围绕

`例` We sat around the table. 我们围着桌子坐着。

- **off** [ɒf] `prep` 离开，偏离
`例` He fell off his bike. 他从自行车上掉了下来。

- **about** [əˈbaʊt] `prep` 关于；大约
`近` concerning `prep` 关于

- **regarding** [rɪˈɡɑːdɪŋ] `prep` 关于

- **by** [baɪ] `prep` 通过；在……之前
`搭` by the age of 在……岁的时候

- **via** [ˈvaɪə] `prep` 通过

- **against** [əˈɡenst] `prep` 反对；和……相比；与……相反
`搭` against one's will 违背某人的意愿

- **without** [wɪˈðaʊt] `prep` 没有……

- **including** [ɪnˈkluːdɪŋ] `prep` 包括……在内

- **of** [əv] `prep` 属于

- **than** [ðæn] `prep` 比
`搭` more than 多于；less than 少于

- **with** [wɪð] `prep` 用……；有……

动手练练看

1 用下面的单词填空，完成句子。

> *on   between   despite   without   within   behind   below   by*

❶ The sun sinks _____ the horizon.

❷ They plan to go to Beijing _____ train.

❸ There are some oranges _____ the table.

❹ Who's the girl standing _____ Lily.

❺ I sit down _____ James and John.

❻ He solved the problem _____ difficulty.

❼ He should arrive _____ the next half-hour.

❽ He got the job _____ his lack of experience.

2 选择正确的单词填空。

❶ Jack goes to work _____(at/by/in) boat.

❷ I was born _____(at/in/on) April 5th,2008.

❸ —Where are the cars?

   —They are _____(between/under/among) the tree.

❹ The bus stop is _____(behind/front/between) the hotel and the bookshop.

❺ We have lots of questions _____ (regarding/by/via) sodium, meat and dairy.

附录 A   参考答案

01 | Home and House 家

1

① tube   ② basin   ③ litter   ④ freezer
⑤ tap

02 | Family Members 家庭成员

① grandfather   ② uncle   ③ sister ④ mother
⑤ bride

03 | People 人

1

① pregnant   ② relationship   ③ romance
④ population   ⑤ private

2

① period   ② enemy   ③ birthday
④ childhood   ⑤ gender   ⑥ strangers

04 | Body and Face 身体与脸

1

① beard   ② blood   ③ brain   ④ stomach
⑤ throat   ⑥ tongue

05 | Appearance and Character 外貌与性格

1

① One of the main attractions of this job
   is the opportunity to travel.
② Be a bit more confident in yourself.

③ I took my elderly parents to look at
   some new houses.
④ It would be sensible to take an umbrella.
⑤ They want less passive ways of filling
   their time.

2

① attract   ② beauty   ③ cute
④ handsome   ⑤ similar

06 | Feelings and Emotions 感受与情绪

1

e	g	l	a	d	s
d	k	t	m	e	a
a	x	i	u	l	t
d	c	r	s	i	i
z	c	e	i	g	s
s	a	d	n	h	f
z	l	o	g	t	i
s	m	r	n	e	e
p	r	o	u	d	d

07 | Company 公司

1

① signature   ② department   ③ pile
④ product   ⑤ demand

2

① unemployment   ② labels   ③ salary
④ conditions   ⑤ branch   ⑥ refund

08 | Government 政府

1
① elections ② arrested ③ court
④ firefighters ⑤ vote

2
① government ② kingdom ③ palace
④ prince ⑤ law

09 | Occupation and Company 职业与公司

1
① dentist ② detective ③ musician
④ speaker ⑤ babysitter

10 | Clothes and Accessory 服饰

1
① get dressed ② ironing ③ collar
④ trainers ⑤ pocket ⑥ fashionable
⑦ sunglasses

2

upper body	lower body	upper and lower body
blouse	trousers	pyjamas
jacket	underpants	uniform
T-shirt	tights	raincoat
pullover	shorts	swimsuit
sweatshirt	skirt	suit

11 | Illness 疾病

1
① painful ② disability ③ prevent
④ emergency ⑤ urgently

12 | Fruits and Vegetable 水果与蔬菜

1
① carrot ② pea ③ onion ④ garlic
⑤ mushroom ⑥ chilli

2

vegetable	fruit
garlic	mango
mushroom	lemon
onion	strawberry
pepper	grape
broccoli	melon
carrot	coconut
cabbage	peach
bean	pineapple
peanut	banana
	olive

13 | Food and Tableware 食物与餐具

1
① powder ② fry ③ stir ④ grill
⑤ Flour

2

something to eat	something to drink
French fries	juice
sandwich	milk
burger	mineral water
chips	tea
pizza	coffee
pasta	lemonade
	yoghurt

14 | Education 教育

1
① ceremony ② gymnastics ③ yoga
④ calculator ⑤ noticeboard

15 | Teacher 教师

1
① stories ② programme ③ instructions
④ instances ⑤ explanation

2
① b ② a ③ g ④ d ⑤ c ⑥ e ⑦ f

3
① instance ② underline ③ instruction
④ explanation ⑤ advice

16 | Student 学生

1
① b ② d ③ a ④ c ⑤ e

2
① examiner ② recognise ③ discussion
④ thought ⑤ solution

3
① solution ② thought ③ concentrate
④ object ⑤ doubt

17 | Preparing for a Test 准备考试

1
① e ② d ③ a ④ b ⑤ c

2
① A ② B ③ A ④ B

18 | Subject 科目

1
① history ② biology ③ mathematics
④ economics ⑤ geography ⑥ physics

19 | Mind Verb 心智类动词

1
① fancy ② Trust ③ regret
④ confuse ⑤ hope ⑥ disappoint

2

positive expression	negative expression
inspire	dislike
like	fear
prefer	disappointment
trust	confused

20 | Contact and Communication 联系与交流

1
① phone ② address ③ dial
④ chat ⑤ email

21 | Computer 电脑

1
① upload ② online ③ user
④ website ⑤ digital ⑥ technology

2
① screen ② laptop ③ keyboard
④ deleted ⑤ password

22 | Entertainment 娱乐

1
① sculpture ② statue ③ gallery
④ leisure ⑤ collection

23 | Media and Music 媒体与音乐

1⃣

d	a	n	c	e	q	c
r	f	u	g	t	w	o
u	l	i	u	y	e	n
m	u	s	i	c	r	c
o	t	p	t	a	s	e
f	e	j	a	z	z	r
d	g	h	r	a	p	t

24 | Travel 旅行

1⃣
① passport ② distance ③ returned
④ border ⑤ southern

2⃣
① depart ② postpone ③ expedition
④ Tourism ⑤ reach

25 | Public Transportation 公共交通

1⃣
① a ② c ③ b ④ d ⑤ e

2⃣
① The plane took off with a full load.
② Train fares are going up again.
③ We're going to the Channel Islands by ferry.
④ He made a forced landing on a motorway.
⑤ They're going on a cruise round the Med.

26 | Other Kinds of Transportation 其他交通工具

1⃣

air	sea	land
rocket helicopter	boat	cycle lorry scooter van truck

2⃣
① plane ② petrol, fuel ③ machines
④ brakes ⑤ helmet

27 | Traffic Facilities 交通设施

1⃣
① bridge ② signpost ③ pavement
④ pedestrians ⑤ tunnel

2⃣
① airline ② interval ③ roundabout
④ ground ⑤ bridge

3⃣
① c ② b ③ e ④ d ⑤ a

28 | Shopping 购物

1⃣
① property ② currency ③ discount
④ luxury ⑤ cheque

2⃣
① second-hand ② waste ③ duty-free
④ lottery ⑤ tax

29 | Holiday 假日

1⃣
① photographs ② occasions ③ frame
④ membership ⑤ picnic

30 | Competition 竞赛

1⃣
① champion ② celebrate ③ championship
④ fireworks ⑤ league

2
① purpose　② battle　③ celebration
④ training　⑤ war

31 | Sport 体育运动

1
① swimmer　② diver　③ locker
④ goalkeeper　⑤ athlete

32 | Animal 动物

1

c	a	m	e	l	k	l	b	s
a	i	o	u	l	i	o	n	h
t	n	h	a	l	t	o	q	a
r	a	b	b	i	t	m	u	r
t	t	c	o	w	e	e	i	k
w	h	a	l	e	n	n	y	i
s	w	p	a	r	r	o	t	l
c	s	n	a	k	e	y	f	p

33 | Nature 自然

1
① atmosphere　② mysteries　③ coast
④ canal　⑤ waterfall

34 | City and Town 城镇

1
① He runs a fruit and vegetable stall in the market.
② There was a long queue at the checkout.
③ You'll find her in the bar about six o'clock almost every evening.
④ They also sent parcels of food and clothing.
⑤ He's spent a lot of time in prison.

35 | Village 村庄

1
① landscape　② scenery　③ cottage

④ farming　⑤ countryside

2
① region　② countryside　③ scenery
④ environmental pollution　⑤ crop

36 | Weather 天气

q	i	c	y	w	h	e	f
r	t	f	l	o	o	d	r
y	u	i	o	c	t	r	e
p	a	s	n	o	w	y	z
w	e	t	s	l	a	d	z
h	u	m	i	d	r	f	e
g	s	t	o	r	m	h	j

2

sunny	dry warm sunshine
rainy	thunderstorm rain storm lighting
snowy	ice freezing frozen

37 | A week and Days 一周与天数

1
① nightmare　② fortnight　③ recent
④ nowadays　⑤ midnight

38 | Months and Seasons 月份与季节

1

month		season
June	July	winter
September	October	summer
February	April	autumn
August	May	spring
January	December	
March	November	

2

① January ② February ③ March
④ April ⑤ May ⑥ June
⑦ July ⑧ August ⑨ September
⑩ October ⑪ November ⑫ December

39 | Colours 颜色

1

① Grey ② golden ③ blue ④ Pink
⑤ brown ⑥ black

2

① purple ② dark ③ orange
④ green ⑤ white ⑥ silver

40 | Measurement 计量单位

1

① metres ② temperature ③ huge
④ enormous ⑤ miles ⑥ range

41 | Synonym 近义词

1

① incredible ② sensible ③ general
④ anxious ⑤ accurate ⑥ stupid

2

① brief ② temporary ③ obvious
④ exact ⑤ reasonably

42 | Antonym 反义词

1

① tight ② likely ③ complicated
④ colorful ⑤ unexpected

43 | Verb 动词

1

① made ② led ③ lied
④ require ⑤ replaced ⑥ kept
⑦ predict ⑧ persuaded ⑨ ignored

44 | Adjective 形容词

1

① sharp ② typical ③ intermediate
④ firm ⑤ regular ⑥ limited

2

① lively ② limited ③ further
④ due ⑤ regular

45 | Preposition 介词

1

① below ② by ③ on ④ behind
⑤ between ⑥ without ⑦ within
⑧ despite

2

① by ② on ③ under ④ between
⑤ regarding